GOTTFRIED ARNOLD
**Gießener Antrittsvorlesung
sowie andere Dokumente
seiner Gießener Zeit
und Gedoppelter Lebenslauf**

EDITION PIETISMUSTEXTE (EPT)

Im Auftrag der Historischen Kommission zur Erforschung
des Pietismus herausgegeben von Hans-Jürgen Schrader,
Günter Balders, Dieter Ising und Christof Windhorst

Band 4

Die „Edition Pietismustexte" ist die neue Folge
der Serie „Kleine Texte des Pietismus".

Gottfried Arnold

Gießener Antrittsvorlesung sowie andere Dokumente seiner Gießener Zeit und Gedoppelter Lebenslauf

Herausgegeben von Hans Schneider

 EVANGELISCHE VERLAGSANSTALT
Leipzig

Verantwortlicher Redakteur des Bandes:
Dieter Ising

Die Deutsche Bibliothek verzeichnet diese Publikation in der
Deutschen Nationalbibliographie; detaillierte bibliographische
Daten sind im Internet über http://dnb.ddb.de abrufbar

Das Buch wurde auf alterungsbeständigem Papier gedruckt.

Umschlag und Innenlayout: behnelux gestaltung, Halle
Umschlagbild: Gedoppelter Lebenslauf, Titelkupfer (s. Nachwort)
Satz: Druckerei Böhlau, Leipzig
Druck: Hubert & Co., Göttingen

ISBN 978-3-374-02883-2
www.eva-leipzig.de

Inhalt

1. Vorlesungsverzeichnis der Universität Gießen

(Einblattdruck)

für das Sommersemester 1697

mit Ankündigung der Vorlesungen Arnolds

Ankündigung der Vorlesungen Arnolds
im Vorlesungsverzeichnis des Sommersemesters 1697
(Ausschnitt)

GOTHOFREDUS ARNOLDI, designatus
Prof[essor] Histor[iarum]
Ord[inarius] Ludovicianae[1] huic redditus publicè
privatimq[ue] Historiam
tam Universalem, quàm Specialem Regnorum,
Rerumpublicarum & c. profitebitur.

Gottfried Arnold, designierter ordentlicher Professor
der Geschichte, an diese Ludoviciana berufen,
wird öffentlich und privat sowohl die allgemeine
als auch die spezielle Geschichte der Reiche,
Staaten etc. vortragen.

---

1   (Academia) Ludoviciana = Ludwigsuniversität war (bis 1945) der Name
    der Universität Gießen (nach ihrem Gründer Landgraf Ludwig V. von Hes-
    sen-Darmstadt).

2. Arnolds Gießener Religionsrevers[1]

Ich Endes unterschriebener bekenne hiemit wißentlich und wohlbedächtlich[2] als der Durchläuchtigste Fürst und Herr, Herr Ernst Ludwig,[3] Landgraff zu Heßen, Fürst zu Herßfeld, Graff zu Catzenelnbogen, Dietz, Ziegenhain und Nidda, Schaumburg, Ysenburg und Büdingen, mein gnädigster Fürst und Herr, mir Andeutung thun laßen,[4] daß seine Fürstliche Durchlaucht mich zum Professor Dero löblicher Universität Gießen gnädigst auff und anzunehmen geneigt und willig seye, so fern Ihre Fürstliche Durchlaucht ich vorhin der Religion halber genugsam versichern[5] werde, damit sich dieselbe jetzo und künfftig für denen daher besorgenden Beschwernüßen desto baß assecurirt und gewahret wißen möchte.[6] Daß ich darauff in wahrer Gottesfurcht erwogen, daß, welche in Religions-Sachen mit dem Munde ein anders als im Hertzen billichen und bekennen,[7] dieselbige den ewigen Gott verspotten und ihre weltliche Obrigkeit hienieden auff Erden mit gefärbten[8] Worten betriegen und verführen und dasselbige hiernächst mit ihrer Seelen theuer und allzu theuer werden bezahlen müßen.

1 Konfessionelle Verpflichtungserklärung. S. Nachwort.
2 „Mit vollem Bewusstsein und nach reiflicher Überlegung",
3 Landgraf Ernst Ludwig von Hessen-Darmstadt (* 1667, reg. 1678–1739). Vgl. Friedrich Knöpp, NDB 4 (1959), Sp. 612 f.; Manfred Knodt, Die Regenten von Hessen-Darmstadt, Darmstadt ³1989, S. 33–37; Mack 7 f.
4 Andeuten ist ein „beliebtes Wort für Befehlende" (DWb 1,315): Gefallen/ Missfallen, Gnade/Ungnade usw. äußern.
5 „Durch Versprechen, Verpflichtung, rechtliche Bindung sicher machen, fest, sicher stellen" (DWb 25,1301).
6 „Sich vor den deshalb befürchteten Schwierigkeiten umso mehr abgesichert und vorgesehen wissen möchte".
7 Vgl. Röm 10,10: „Denn so man von Herzen glaubt, so wird man gerecht; und so man mit dem Munde bekennt, so wird man selig."
8 Falschen, täuschenden; vgl. DWb 3,1325.

Dem allen nach habe ich zu rechter gewißer Bekandtnuß[9] meiner Religion,[10] auff also geschehene gnädigste Befragung, durchaus kein Bedencken gehabt, mich zu erklären, was meine Religion seye. Bezeuge
5 hiemit durch Außfertigung,[11] auch in und mit Krafft dießer gegen-wertigen Schrifft,[12] mit Anruffung der Heiligen Hochgelobten Dreyeinigkeit, bey Verlust meiner Seelen Seeligkeit, an eines geschworenen leiblichen Eydes statt,[13] daß in meinem Hertzen, in meinem Sinn
10 und in meinen Gedancken die ungeänderte Augspurgische Confession,[14] wie dieselbe in anno 1530 weiland Kaiser Carolo dem fünfften,[15] aller hochlöblichster Gedächtnis von etlichen protestirenden[16] Churfürsten und Ständen[17], und benandtlich[18] auch von weiland[19] Herrn
15 Landgraff Philipsen dem eltern[20] Hochseligen,[21] über-

---

9   Bekennen, Bekenntnis.
10 Konfession.
11 Abfassung, Ausstellung (eines Schriftstücks).
12 Schreiben, Schriftstück.
13 Anstelle eines leiblichen (körperlichen), d. h. persönlich abgelegten Eides leistete Arnold den Religionsrevers in Form einer schriftlichen eidesstattlichen Erklärung.
14 Confessio Augustana, die grundlegende Bekenntnisschrift der lutherischen Reichsstände, die am 25. Juni 1530 auf dem Reichstag in Augsburg Kaiser Karl V. überreicht wurde. Das Attribut „ungeändert" (invariata) bezeichnet die Urfassung von 1530, die im Unterschied zu der veränderten (in der Abendmahlslehre abgeschwächten) Version von 1540 (Confessio Augustana Variata) in den konfessionellen Konflikten der Reformationszeit von den meisten lutherischen Kirchen als verbindliches Bekenntnis angenommen wurde. Vgl. Christian Peters, RGG⁴ 1 (1998), Sp. 953–956.
15 Kaiser Karl V. (*1500, seit 1519 römisch-deutscher König, seit 1530 Kaiser, † 1558). Vgl. Alfred Kohler, RGG⁴ 4 (2001), Sp. 818–819.
16 Protestierende Stände (Protestanten) wurden die evangelischen Reichsstände genannt, die 1529 auf dem Reichstag in Speyer eine Protestation gegen die Aufhebung des Reichsabschieds von Speyer 1526 vollzogen hatten, in dem sie eine Berechtigung zur Durchführung der Reformation in ihren Territorien und Städten gesehen hatten.
17 Zu den Unterzeichnern zählten der Kurfürst von Sachsen, sechs Fürsten und sechs freie Reichsstädte.
18 Benandtlich = benamentlich, namentlich.
19 Seinerzeit, damals.
20 Philipp der Großmütige (1504–1567), „der Ältere". Vgl. Gerhard Müller, RGG⁴ 6 (2003), Sp. 1270–1271.
21 Im Titel „selig" verstorbener hoher Personen, vgl. DWb 10,1632.

geben worden, auch dero Apologie,[22] wie ingleichen concordia Wittenbergensis de anno 1536,[23] Schmalkaldische Artickel 1537[24] und Catechismus[25] D. Lutheri, wie solche stücke ins gesamt, biß auffs Jahr 1604 einschlieslich, bey Regierung weiland Herrn Landgraff Ludwigs des eltern[26] p.[27] Christseligen,[28] in Seiner Gottseeligen[29] Fürstlichen Durchlaucht Oberfürstenthum Heßen,[30] in Kirchen und Schulen, laut der Fürstlich Heßischen allgemeinen Kirchen agendten[31] behalten worden, seyen in Gottes Wort, Prophetischen und Apostolischen Schrifften gegründet, in welcher Confession ich, durch die Gnade Gottes mit unerschrocken Herzen vor dem Richterstuhl Jesu Christi erscheinen[32] und deßhalben rechenschafft geben, darwieder auch nicht

---

22 Apologie, Verteidigungsschrift der Confessio Augustana gegenüber den Einwänden der katholischen Seite. Vgl. Christian Peters, RGG[4] 1 (1998), Sp. 632.

23 Die Wittenberger Konkordie von 1536 ist eine Übereinkunft zwischen Luther und den oberdeutschen Theologen, in der versucht wurde, die theologischen Differenzen in der Auffassung des Abendmahls zu überwinden. Vgl. Gerhard Müller, RGG[4] 8 (2005), Sp. 1667 f.

24 Die von Luther 1537 verfasste Zusammenfassung der evangelischen Lehre galt seit 1580 in den meisten lutherischen Kirchen als Bekenntnisschrift. Vgl. Hans Martin Müller, RGG[4] 7 (2004), Sp. 928 f.

25 Gemeint sind, wie aus dem Formular für den Amtseid hervorgeht, „beede Catechismi" Luthers, der Kleine und der Große Katechismus. Vgl. Hans-Jürgen Fraas, RGG[4] 4 (2001), Sp. 864–866.

26 Ludwig IV. von Hessen-Marburg (1567–1604), „der Ältere" im Unterschied zu Ludwig V. Zu seiner Religionspolitik vgl. Manfred Rudersdorf, Ludwig IV. Landgraf von Hessen-Marburg 1537–1604. Landesteilung und Luthertum in Hessen, Mainz 1991, Kap. VII.

27 Pergo (fahre fort) – usw. (statt des vollständigen Titels).

28 In Christus selig verstorbenen.

29 In Gott selig verstorbenen.

30 Oberfürstentum Hessen: die Oberhessen umfassende Landgrafschaft Hessen-Marburg. Dazu gehörte auch Gießen, das aber bei der Teilung Oberhessens nach dem Tod Ludwigs IV. an Hessen-Darmstadt fiel.

31 Agenda Das ist: Kirchenordnung wie es im Fürstenthumb Hessen mit verkündigung Göttliches worts, reichung der heiligen Sacramenten und andern Christlichen handlungen und Ceremonien gehalten werden soll 1574. In: Die evangelischen Kirchenordnungen des XVI. Jahrhunderts. Bd. 8: Hessen [bearb. v. Hannelore Jahr]. Hg. v. Emil Sehling. Tübingen 1965, S. 408–464.

32 Vgl. 2Kor 5,10.

11

heimlich noch offentlich reden, lehren oder schreiben, sondern vermittelst der Gnade Gottes beständig dabey verbleiben will.

Ob es auch Sache wäre,[33] daß der ewige Gott aus ge-
5 rechtem Urtheil mich also fallen ließe, daß ich künfftig einer andern Meinung würde, wofür seine Allmacht demüthig gebeten sey, und mich bey meiner Bekandtnuß biß in mein seelig Ende hierin zu stärcken und zu schützen geruhen wolle, item,[34] wenn ich mercken oder spü-
10 ren würde, daß unter den Professoribus Publicis, Praeceptoribus Classicis[35] oder andern Kirchen und Schul Dienern[36] jemand der obgedachten[37] reinen ungeänderten Augspurgischen Confession nicht wäre oder dagegen schreiben oder reden thäte, so soll und will Seiner
15 Fürstlichen Durchlaucht und in Mangel Derselben Dero Fürstlichen Erben, Regierenden Fürsten zu Heßen Darmstädtischer Linie, oder ja zum wenigsten Dero geheimen Räthen[38] ich es schrifftlich sobald ankündigen und zu erkennen geben und mich daran Gunst,
20 Freundschafft, Gaab, Geschenk oder einigen andern respect nicht irren laßen, alles zu dem Ende,[37] daß Gottes Ehre befördert, Verführung von Menschen verhütet und abgewendet, auch den Testamentlichen Verordnungen, die weiland Herr Landgraff Ludwig zu Heßen
25 der eltere,[40] nachmahls auch Herr Landgraff Ludwig der Jüngere,[41] beide Hochseelige,[42] hinterlaßen haben,

---

33 „Wenn auch der Fall einträte".
34 Ebenso, ferner.
35 Lehrern am Gießener Paedagogium.
36 Bediensteten von Kirche und Schule; Pfarrern und Lehrern.
37 Oben erwähnten.
38 Geheimer (= vertrauter) Rat: Titel der obersten (Regierungs-) Beamten.
39 Zweck.
40 S. o. Anm. 26. Zu seinem Testament von 1595 vgl. Rudersdorf [wie Anm. 26] 252–263.
41 Ludwig V. von Hessen-Darmstadt (1596–1626). Zu seiner religionspolitischen Haltung vgl. Hellmuth Rössler, Grundzüge der Entwicklung Hessen-Darmstadts, in: Blätter für deutsche Landesgeschichte 97 (1961), S. 74–98; Rudersdorf [wie Anm. 26] 247–249.

in den Puncten die Lehr, Kirchen und Schulen besagend, destoweniger contravenirt,[43] sondern dero inhältlichen Begriff stattlich und allenthalben verantwortlich gelebet werde,[44] wie ich denn auch, wenn ich etwas sehe, höre oder erfahre, daß krafft angeregter[45] fürstlichen Testamenten zu verbeßern oder in achtzunehmen stehet, daßelbige allezeit in Schrifften[46] mit Fleiß erinnern will und soll. In Urkund meiner Handunterschrifft und auffgedrückten gewönlichen Petschafftes,[47] Geschehen und gegeben zu Gießen, den 1. Tag des Monats Septembris Anno Christi 1697.

(Siegel Arnolds) Gottfried Arnold manu propria[48]

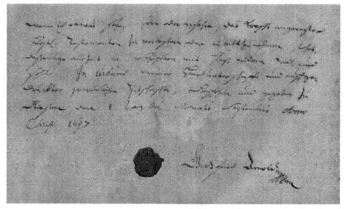

Schluss des Reverses mit Siegel und
eigenhändiger Unterschrift Arnolds

---

42 S. o. Anm. 21.
43 Zuwiderläuft.
44 „Was deren Inhalt begreift (umfasst), geziemend und überall (auch möglich: in jeder Beziehung, DWb 1,219) verantwortlich gelebt werde".
45 Angeführt, erwähnt. DWb 1,424.
46 Schriftlich.
47 Petschaft bezeichnet den Siegelstempel; auch das von diesem in Wachs eingedrückte Siegel wird so genannt.
48 Eigenhändig.

3. Eintrag im Dekanatsbuch der Gießener Philosophischen Fakultät über Arnolds Amtsantritt

Die 2. Sept[embris]
Orationem suam Inauguralem habuit
D[omi]N[us] Godofredus Arnold, Professor
Historiarum legitime vocatus, postquam
eodem die non tantum Reversalia
Relig[ionis] ediderat, sed et in Consistorio
Publ[ico] praesente Rect[ore][1] et Cancellario[2]

---

1   Rektor war Michael Bernhard Valentini (1657–1729). Als Professor für
     Physik in Gießen seit 1686 etablierte er dort die Experimentalphysik. Im
     Jahre 1697 bekleidete er das Amt des Rektors, wechselte im selben Jahr
     auf einen Lehrstuhl für Medizin. Vgl. Strieder 16, S. 261–280; Julius Leo-
     pold Pagel, ADB 39 (1895), S. 468–469; Mack 68. 250 f. 263 f.; Ulrike Enke,
     Gelehrtenleben im späten 17. Jahrhundert – eine Annäherung an den Gie-
     ßener Medizinprofessor Michael Bernhard Valentini (1657–1729), in: Me-
     dizinhistorisches Journal 42 (2007), S. 299-329. Hans Georg Gundel, Rek-
     torenliste der Universität Gießen 1605/07-1971, Gießen 1979, S. 14, Nr. 92.
2   Kanzler war 1697 Dr. Jakob Schröder. Er war kein Mitglied der Juristi-
     schen Fakultät, die laut der Universitätssatzung von 1629 eigentlich den

Acad[emiae]
Serenissimo Principi[3] Totiq[ue] Acad[emiae] jureju-
rando se obstrinxerat.

Am 2. September
hielt seine Antrittsvorlesung Herr Gottfried Arnold,
rechtmäßig als Professor der Geschichte berufen, nachdem er an demselben Tag nicht nur den Religionsrevers
ausgefertigt, sondern auch in öffentlicher Sitzung in
Gegenwart des Rektors und des Kanzlers der Hochschule sich dem durchlauchtigsten Fürsten und der
ganzen Hochschule eidlich verpflichtet hatte.

Kanzler aus ihren Reihen stellen sollte, sondern Geheimer Rat in hessen-
darmstädtischen Diensten. Er wurde am 5. Januar 1694 von Landgraf
Ernst Ludwig zum Kanzler der Universität Gießen ernannt (Universitätsarchiv Gießen, Allg. Nr. 1190). Frdl. Hinweis von Dr. Eva-Marie Felschow,
Gießen.

3   Landgraf Ernst Ludwig (s. o. Text 2, Anm. 3).

GOTHOFREDI ARNOLDI

Historiarum Professoris Publici Gisseni

COMMENTATIO

De

CORRUPTO

HISTORIARUM

STUDIO

auspicii loco proposita

in Consessu Procerum

ACADEMIÆ GISSENÆ

Francofurti sumptibus

JOANNIS DAVIDIS ZUNNERI.

Anno M DC. XCVII.

GOTHOFREDI ARNOLDI

Historiarum Professoris Publici Gisseni

COMMENTATIO

De

CORRUPTO

HISTORIARUM

STUDIO

auspicii loco proposita

in Consessu Procerum

ACADEMIAE GISSENAE

Francofurti sumptibus

JOANNIS DAVIDIS ZUNNERI.[1]

Anno M DC XCVII.

---

1   Johann David Zunner d. J. († 1704), bedeutender Verleger in Frankfurt
     a. M. von 1665 bis 1704, bei dem viele Veröffentlichungen Philipp Jacob
     Speners und andere pietistische Werke erschienen. Zunners Erben führten
     den Verlag bis 1733 bzw. 1736 weiter. Vgl. Josef Benzing, Die deutschen
     Verleger des 16. und 17. Jahrhunderts. Eine Neubearbeitung, in: Archiv
     für Geschichte des Buchwesens 18 (1977), Sp. 1078 – 1322, hier Sp. 1311;
     David Paisey, Deutsche Buchdrucker, Buchhändler und Verleger 1701–
     1750, Wiesbaden 1988, S. 298. – Zu der unzutreffenden Behauptung in der
     älteren Literatur, Arnold sei vor seinem ersten Quedlinburger Aufenthalt
     Korrektor bei Zunner gewesen, vgl. Dibelius 52 f.

Gottfried Arnold

Öffentlicher Professor der Geschichte in Gießen

Abhandlung

über

das verdorbene Studium der Geschichte

als Antrittsvorlesung gehalten

vor den hohen Herren

der Universität Gießen

Frankfurt in Verlegung von

Johann David Zunner

1697

[2] *Serenissimo Potentissimoque*

PRINCIPI AC DOMINO,

DOMINO

ERNESTO LUDOVICO[2]

LANDGRAVIO HASSIAE,

PRINCIPI HERSFELDIAE,

Comiti in Cattimeliboco, Dezia, Ziegenhainia,

Nidda, Schaumburgo, Ysenburgo,

Budinga, & c. &c.

DOMINO SUO MULTO CLEMENTISS[IMO]

Hoc cultus literari genere pietatis partes

conatus explere,

Aeternam Felicitatem

ac dignam

PRINCIPE CHRISTIANO

apprecatus

PRAESIDIUM

Ad tuendam Probitatem amplificandaque Studia

expetiit

Quam potuit demississime Subjectissimeque

G. ARNOLDUS

---

2   S. o. Text 2, Anm. 3.

Dem Durchlauchtigsten und Hochmächtigen

Fürsten und Herrn,

Herrn

Ernst Ludwig

Landgraf von Hessen,

Fürst von Hersfeld,

Graf in Katzenelnbogen, Dietz, Ziegenhain,

Nidda, Schaumburg, Ysenburg,

Büdingen etc. etc.

Seinem allergnädigsten Herrn.

Im Bemühen, durch diese wissenschaftliche

Form Verehrung zu erweisen,

wünscht ewige und angemessene Seligkeit,

vom christlichen Fürsten

erbittet Schutz zur Bewahrung der Rechtschaffenheit

und zur Förderung der Studien

möglichst untertänig und unterwürfig

G. Arnold

[3] ACADEMIAE GISSENAE RECTOR
D. MICHAEL BERNHARDUS VALENTINI[3].
Totusque Senatus Academicus Nobiliss[imis]
Academiae Civibus
5 S[alutem] P[lurimam] D[icunt].

Optimi saepe pessimam corruptionem esse, si quid
aliud, sane rerum historiarum perversio ad oculum
ostendit, quae ut veritate sua lucentes Juris publici fun-
10 damenta firmaque Regnorum et Imperiorum stabili-
menta sunt, ita sive dolo sive negligentia corruptae in-
tegris saepe Regionibus atque Regnis exitium porten-
dunt. Tristissimum hujus rei exemplum praebet
Bellum, quo Germania hactenus affligitur, Decennale,[4]
15 cui injustissimae exterorum praetensiones, quibus era-
dicatis primum aut suppressis Antiquae Germaniae historiis, Regionum suarum terminos ampliare gestiunt,
aut speciem aliquam aut occasionem primitus dede-
runt. Habebat equidem quam plurima eaque pondero-
20 sissima momenta, quibus a Cluverio[5] jam dudum ele-
gantes circumscriptos Germaniae fines statuminare po-
terat Conringius[6] Polyhistor, sed aureum, quod

---

3   Michael Bernhard Valentini. S. o. Text 3, Anm. 1.
4   Der Pfälzische Erbfolgekrieg (1688–1697), auch Orléansscher Krieg oder
     Neunjähriger Krieg genannt, ausgelöst durch den Tod des pfälzischen Kur-
     fürsten Karl II., gehört zu den Reunionskriegen Ludwigs XIV., mit denen
     er im letzten Drittel des 17. Jahrhunderts eine aggressive militärische Ex-
     pansion betrieb. S. u. Anm. 12. Teile der Landgrafschaft Hessen-Darm-
     stadt, deren Landesuniversität Gießen war, wurden im Verlauf des Krieges
     von französischen Truppen besetzt, darunter die Residenzstadt Darm-
     stadt, so dass sich Landgraf und Regierung jahrelang in Nidda und Gießen
     aufhalten mussten.
5   Philipp Clüver (Cluverius) (1580–1622), Geograph und Historiker. Ge-
     meint ist sein Werk: Germaniae antiquae libri tres […], Leiden 1616 u. ö.
     Vgl. Peter Fuchs, NDB 3 (1957), Sp. 295 f.
6   Hermann Conring (1606–1681), Professor in Helmstedt, veröffentlichte
     u. a. De finibus Imperii Germanici libri duo, Helmstedt 1654 u. ö. Vgl. Mi-
     chael Stolleis (Hg.), Hermann Conring (1606–1681). Beiträge zu Leben und
     Werk, Berlin 1983; Inge Mager, RGG[4] 2 (1999), Sp. 450–451.

Der Rektor der Universität Gießen Dr. Michael Bernhard Valentini und der gesamte akademische Senat entbieten den ehrwürdigen Mitgliedern der Universität ihren Gruß.

Dass die Verderbnis des Besten immer die allerschlimmste ist, führt uns nichts so sehr vor Augen wie der Verfall der Geschichte. Diese ist, wenn sie in ihrer Wahrheit erstrahlt, Grundlage des öffentlichen Rechts und ein festes Fundament für König- und Kaiserreiche; wenn sie aber mit Vorsatz oder aus Nachlässigkeit verfälscht wurde, kündigt sie oft blühenden Ländern und Reichen den Untergang an. Ein höchst beklagenswertes Beispiel hierfür ist der zehnjährige Krieg, von dem Deutschland bis heute heimgesucht wird. Vorwand und Anlass für diesen waren die gänzlich ungerechtfertigten Ansprüche der Ausländer, auf Grund welcher sie, nachdem sie zuvor die Geschichtsschreibung des alten Deutschlands teils vernichtet, teils unterdrückt hatten, die Grenzen ihres Territoriums weiter vorzuschieben gedenken. Der Polyhistor Conring hatte freilich sehr viele und gewichtige Argumente, mit denen er die schon lange zuvor von Clüver angemessen beschriebenen Grenzen Deutschlands eindeutig hätte stützen können; der goldene Maulkorb, den der schlaue französische

23

Astutissimus Galliarum Rex[7] ipsi injecit, capistrum obstitit, quo minus in vulgus exe-[4]undo fictitiis ejus praetensionibus obicem figere potuerunt. Nec parilia Obrechti[8] fundamenta, quorum in Prodromo Rerum
5 Alsaticarum[9] nobis spem olim fecit, hactenus detecta sunt, postquam simili stratagemate per summos honorum apices in partes Gallicas sive raptus sive captus[10] fuit.[11] Hinc ruptis et corruptis seculorum pristinorum foederibus et historiis, iniquissimis suis postulatis facile
10 colorem addere novisque Reunionibus[12] vix unquam unctos aliorum terminos suis subdole adjicere potuerunt. Quid quod in prioribus seculis corruptelarum

---

7   König Ludwig XIV. von Frankreich (*1635, reg. 1661–1715), der „Sonnenkönig". Vgl. Peter Geiss, RGG⁴ 5 (2002), Sp. 542.

8   Ulrich Obrecht (1646–1701), Jurist, Historiker, Philologe, Professor in Straßburg. Vgl. Harry Breßlau, ADB 24 (1886), S. 119–121.

9   Ulrich Obrecht, Alsaticarum rerum prodromus, Straßburg 1681. Die Schrift verfolgte auch ein aktuelles Interesse, indem sie den Umfang der durch den Frieden von Münster 1648 begründeten französischen Herrschaftsrechte im Elsass untersuchte und sich gegen deren Erweiterung aussprach sowie die völlige Unabhängigkeit der Stadt Straßburg von bischöflicher Herrschaft behauptete und mit diesem Argument die Ansprüche, die Frankreich wegen jener angeblichen bischöflichen Rechte auf die Stadt erhob, bestritt. Bald nach der Besetzung Straßburgs durch die französischen Truppen wurde Obrechts Schrift beschlagnahmt.

10 Wortspiel.

11 Obrecht schloss sich bald dem neuen Machthaber an. Im April 1682 wurde er zum Doctor juris promoviert und erhielt zu seiner historischen noch die Professur des Reichs- und Staatsrechts an der Universität Straßburg; im August desselben Jahres stattete er Ludwig XIV. aus Anlass der Geburt eines Sohnes des Kronprinzen durch einen begeisterten Panegyricus seinen Dank ab. Sein großes historisches Werk ließ er liegen und suchte unter der französischen Regierung Karriere zu machen. In einer Denkschrift schlug er vor, in Straßburg einen königlichen Prätor einzusetzen, der den neuen Souverän beim Rat vertreten und den Verkehr zwischen den städtischen Behörden und dem königlichen Hof von Versailles vermitteln sollte. Die Regierung gab aber zu verstehen, dass sie nur einem Katholiken ein so wichtiges Amt anvertrauen könne. Nachdem Obrecht 1684 zur katholischen Kirche konvertiert war, wurde er im April 1685 zum Prätor ernannt.

12 Reunion (französ. réunion = „Wiedervereinigung") bezeichnet das Ziel der Politik König Ludwigs XIV. in der zweiten Hälfte des 17. Jahrhunderts, die auf die Annexion jener Gebiete des Heiligen Römischen Reiches gerichtet war, die nach französischer Auffassung mit bestimmten unter französischer Souveränität stehenden Territorien rechtlich verbunden waren und daher mit diesen „wiedervereint" werden sollten.

König ihm verpasst hat, verhinderte jedoch, dass diese
[Argumente] öffentlich [wurden und] dessen angemaß-
ten Ansprüchen einen Riegel hätten vorschieben können. Gleichermaßen sind auch die „Grundlagen"
Obrechts, auf die er uns in seiner „Einleitung in die Ge-   5
schichte des Elsass" einst Hoffnung machte, bisher
nicht veröffentlicht worden, da er durch eine ähnliche
List, nämlich durch die Verleihung sehr hoher Ehren-
stellungen, auf die Seite der Franzosen sei es durch Verführung oder Gewalt gebracht wurde. Nachdem so also   10
die alten Bündnisse gebrochen und die Geschichtswerke verfälscht waren, konnten sie ihren höchst un-
gerechten Forderungen leicht den Anstrich von Wahrheit verleihen und mit neuen Reunionen die Grenzge-
biete anderer listig ihren Gebieten hinzufügen, die   15
kaum jemals so verbunden gewesen waren. Was das angeht, dass in den früheren Jahrhunderten ebenfalls An-
zeichen für Verderbnis dieser Art vorhanden sind:

ejusmodi vestigia prostant, cum non tantum Graeci, quorum fides hinc sublesta est, historiis suis fabulas saepe immiscuerunt, sed et de Odoardo quodam Angliae Rege enarrat Boëtius[13], quod debellata Scotia omnes
5 Scotorum Historias Vulcano obtulerit, ne per easdem umquam potentiam Antecessorum aut in Memoriam sibi revocare aut in exemplum proponere sicque turbas aliquando et motus intestinos movere possent.[14] Quantae vero corruptelae Historiam Ecclesiasticam infece-
10 rint, quibus aut antiquissimos Christianorum ritus suppresserunt aut fanaticis Ethnicorum superstitionibus deturparunt Heterodoxi, vel unicum illustris Spanhemii[15] votum testatur, dum in Praef[atione] ad Introd[uctionem] in Hist[oriam] S[acram] „Utinam exstaret,“ in-
15 quit, „S[acrae] Historiae hic fructus, quo haec nostra tempora ex prioribus emendarentur, et praeterita illa ac superiora Ecclesiae veteris Orbi Christiano postliminio redderentur!“[16] Possent et aliorum hac in parte desideria fusius exponi, nisi fundum hunc iam dudum et ex-
20 coluisset et occupasset Vir Nobil[issimus] atque Excell[entissimus] D[omi]N[us] GOTHOFREDUS ARNOLDUS, qui a Celsissimo Hassorum Principe, D[omi]N[o] ERNESTO LUDOVICO,[17] Hassiae Landgravio, Principe Hersfeldiae etc. etc., Domino nostro
25 Clementissimo, gratiosissime designatam sibi *Historia-*

---

13 Hector Boece (Boetius/Boethios/Boethius) (1465–1536), schottischer Gelehrter und Historiker.

14 Scotorum historiae a prima gentis origine, cum aliarum et rerum et gentium illustratione non vulgari [...], Paris 1527. Neudrucke: The Chronicles of Scotland, Edinburgh/London 1941; New York 1965; Amsterdam 1977.

15 Friedrich Spanheim d. J. (1632–1701). 1656 Professor der Theologie in Heidelberg, 1670 in Leiden, hier seit 1672 Bibliothekar der Universität. Vgl. Erich Wenneker, BBKL 10 (1995), Sp. 885–887; Christoph Strohm, RGG⁴ 7 (2004), Sp. 1537–1538.

16 Friedrich Spanheim, Brevis Introductio Ad Historiam Sacram Utriusque Testamenti, Ac praecipue Christianam, Leiden 1694, S. 14 (dort: „nascentis ecclesiae postliminio Belgicae nostrae Orbique Christiano redderentur“).

17 S.o. Text 2, Anm. 3.

nicht nur die Griechen, deren Glaubwürdigkeit hier
ganz gering ist, fügten ihrer Geschichtsschreibung immer wieder erdichtete Fabeln bei, auch [Hector] Boëtius
erzählt von Odoard, einem früheren König Angliens, er
habe nach der Eroberung Schottlands alle Geschichts-   5
werke der Schotten ins Feuer geworfen, damit sie sich
durch diese nie mehr die Machtfülle ihrer Vorfahren
weder ins Gedächtnis rufen noch zum Vorbild nehmen
und so die Massen zu einem Aufstand im Inneren ermutigen könnten. Wie viele Verderbnisse aber die Kir-   10
chengeschichte verunstalten, mit welchen die Anders-
gläubigen die uralten Riten der Christenheit unterdrückt oder durch fanatische Irrlehren der Heiden
besudelt haben, bezeugt schon allein das Urteil des an-
gesehenen Spanheim, der in der Vorrede zur „Einlei-   15
tung in die Kirchengeschichte" sagt: „Wenn doch wenigstens dieser Nutzen der Kirchengeschichte einträte,
dass unsere Zeit gemäß den früheren Zeiten verbessert
würde und jene vergangenen früheren Einrichtungen
der alten Kirche der Christenheit durch die Wiederher-   20
stellung des ursprünglichen Zustands zurückgegeben
würden."
Hierfür könnten auch die Forderungen anderer angeführt werden; insbesondere hat dieses Gebiet der edle
und hervorragende Herr Kollege Gottfried Arnold, der   25
vom durchlauchtigsten Fürsten der Hessen, Herrn
Ernst Ludwig, Landgraf von Hessen, Fürst von Hersfeld etc., unserem gütigsten Herrn, so überaus wohl-

rum Professionem compta eruditaque propediem Oratione Inaugurali de corrupto Historiarum studio pro more auspicabitur, et quicquid ad selectissimi[5]hujus argumenti elucidationem facere videbitur, data opera
5 publice exponet: Historiam, inquam, exponet universam et speciatim Ecclesiasticam apparatu quidem et subsidiis sufficientibus esse instructam, sed nec tanta fide nec pari prudentia huc usque tractatam esse, adeo ut maxima indigeat emendatione. Quemadmodum ita-
10 que reliquae disciplinae seculo hoc prorsus alia ab eruditis ratione proponuntur: sic in eo posthac erit totus, ut errores ab Historicis commissos ad oculum ostendat, mendacia fabulasque convellat, studia partium pravosque affectus in Scriptoribus observet ceterasque cor-
15 ruptarum Historiarum causas in apricum proferat, non alium in finem quam ut veritas in profundo Democriti puteo hactenus abscondita eruatur, innocentia vindicetur, reliquae Facultates adjuventur et corruptae hactenus Ecclesiae Status serio emendetur. Vestrum autem
20 erit, CIVES ACADEMIAE LECTISSIMI, Viri solertissimi, propositum applausu vestro urgere, zelo vestro discendique ardore animum ipsi addere et de rebus arduis et selectissimis dicturo sequenti Jovis[18] die Hora X. antemeridiana vacivas et curiosas aures praebere. Hoc uni-
25 verso Senatui Academico Novoque tum Oratori tum Professori gratum, Vobis autem fructuosum et decorum erit.

---

18   2. September.

wollend für das Amt eines Professors für Geschichte bestimmt wurde, schon längst in seiner ganzen Breite
bearbeitet und vertreten; er wird in Kürze nach akademischen Brauch in einer Antrittsvorlesung mit erlesener
Beredsamkeit über den schlechten Zustand der Ge-   5
schichtswissenschaft sprechen und alles, was zur Erhel-
lung dieses wichtigen Themas beitragen kann, mit großer Sorgfalt darlegen. Ich wage zu sagen, dass er zeigen
wird, dass die Universalgeschichte, besonders aber die
Kirchengeschichte, zwar mit einem Methodenapparat   10
und entsprechenden Hilfsmitteln ausgestattet ist, dass
sie bisher jedoch weder mit ausreichender Integrität
noch Klugheit betrieben wurde, und daher entscheidende Verbesserungen benötigt. So wie die übrigen Dis-
ziplinen in unserer Zeit von den Gelehrten in einem   15
neuen System vorgestellt werden, so wird auch er sich
bemühen, die Fehler, die von den Historikern gemacht
wurden, zu identifizieren, die Lügen und erdachten Geschichten zu zerpflücken, parteiische Einstellungen und
missgünstige Stellungnahmen bei den Autoren aufzu-   20
decken und die sonstigen Gründe für die Verderbnis der
Geschichte ans helle Licht zu bringen; und zwar zu keinem anderen Zweck, als dass die bisher in der Grube De-
mokrits verborgene Wahrheit eruiert, die Reinheit gesi-
chert, die übrigen Fakultäten unterstützt und der bis   25
heute andauernde schlechte Zustand der Kirche endlich
gebessert werde. Euch wird es also obliegen, erlauchte
akademische Gemeinde und gelehrte Männer, das Vorhaben mit eurer Zustimmung zu befördern, ihm mit eif-
rigem Wissensdrang eure Aufmerksamkeit zu schenken   30
und ihm am kommenden Donnerstag, morgens um 10
Uhr, wenn er über dieses schwierige und wichtige Thema
sprechen wird, ein offenes und interessiertes Ohr zu lei-
hen. Den gesamten Senat der Universität und den neuen
Redner und Professor wird dies freuen, Euch aber zum   35
Nutzen und zur Zierde gereichen.

Valete! P[erscri]P[tum] die 29. Aug[usti] An[no] 1697 sub Sigillo Acad[emiae] Majori.[19]

L[ocus] S[igilli][20]

---

19 Das „große Siegel" der Universität (sigillum maius) war das offizielle Dienstsiegel des Rektors, „quo edicta, mandata atque decreta totius Academiae et omnia, quae publicam confirmationem requirunt, munienda erunt". Vgl. Hans Georg Gundel, Die Siegel der Universität Gießen. Historische und sphragistische Untersuchungen, Gießen 1983, bes. S. 20–22, 34, 55–71; Abbildung: Tafel IV.

20 Die Abkürzung „L. S." (Locus sigilli = Platz des Siegels) bezeichnet in Abschriften, Abdrucken oder Übersetzungen von Urkunden die Stelle auf dem Dokument, an der sich in der Originalurkunde das Siegel des Ausstellers oder der beurkundenden Person bzw. Behörde befindet. Zu Gießen vgl. Gundel, Siegel 68–70.

Seid gegrüßt. Gegeben am 29. August 1697 unter dem großen Siegel der Universität.

[6][Gothofredus Arnoldus:]
De corrupto Historiarum Studio.
P[raemissis] P[raemittendis].[21]

5 Quoties antiquitatum monimenta pondero atque inter-
valla temporum partier, toties quidem memorabilia
quaevis literis consigno, sed hujus maxime seculi fata
prorsus admiranda deprehendo. Ponentur haec singula
alias in medium, quando in praesentiarum Historiae ra-
10 tiones commemorandae sunt, in quantum illa et veterum
et Patrum avorumque res gestas contemplatur. Evenit,
fateor, Historiae, et inprimis sacrae, ista felicitas, ut cum
recentiora quaevis annotentur, tum maxime infinita
ferme antiquitatis documenta ex oblivionis periculo hu-
15 cusque sint erepta. Qua in re velut aemulas se mutuo vi-
dimus Europae nationes, ut jam ex initio hujus seculi ad-
miremur *Casaubonos*[22], *Scaligeros*[23], *Forbesios*[24], *Vos-
sios*[25], *Grotios*[26], Baronios[27], *Petavios*[28], *Sirmondos*[29].

---

21 Die Abkürzung P. P. = praemissis praemittendis „unter Vorausschickung
des Vorauszuschickenden" steht im Druck für die eigentlich vorauszuschickenden und in der mündlichen Rede vorgetragenen Anreden, Titel
usw.

22 Isaac Casaubon (1599–1614), reformierter Gelehrter, Professor der griechischen Sprache in Genf, Montpellier, Lyon, Paris; Bibliothekar Heinrichs
IV., Übersiedlung nach London, Abt Jakobs I., verfasste: De Rebus sacris et
ecclesiasticis exercitationes XVI. Ad Cardinalis Baronii Prolegomena in
Annales, Genf 1654. Diese Ausgabe besaß Arnold (Catalogus Bibliothecae
19 Nr. 92). Vgl. Irene Dingel, RGG⁴ 2 (1999), Sp. 76–77.

23 Joseph Juste Scaliger (1540–1609), franz. Philologe und Historiker, Begründer der wissenschaftlichen Chronologie. Vgl. Adolf Lumpe, BBKL 8
(1995), Sp. 1489–1492; Christoph Strohm, RGG⁴ 7 (2004), Sp. 856.

24 John Forbes of Corse (1593–1648), 1620–1640 Professor der Theologie in
Aberdeen, verfasste: Instructiones historico-theologicae de doctrina Chri-
stiana et vario rerum statu ortisque erroribus et controversis, jam inde a
temporibus Apostolicis, ad tempora usque seculi decimi-septimi priora,
Amsterdam 1643; 1663; Genf 1680.

25 Gerardus Johannes Voss (1577–1649), reformierter Theologe, Philologe
und Historiker. Vgl. Hans-Josef Krey, BBKL 13 (1998), Sp. 98–100; Christoph Strohm, RGG⁴ 8 (2005), Sp. 1227.

26 Hugo Grotius (1583–1645), Philosoph, Theologe, Jurist, „Vater des Völ-
kerrechts". Vgl. Christoph Link, RGG⁴ 3 (2000), Sp. 1303–1304.

[Gottfried Arnold:]
Über die Verderbtheit der Geschichtsschreibung

Sooft ich über die Quellen der Vorzeit nachdenke und
die Zeitenfolge einteile, ebenso oft schreibe ich mir 5
manches Erwähnenswerte auf; besonders die Entwicklung unseres Jahrhunderts aber sehe ich als bemer-
kenswert an. Dies muss jedoch im Einzelnen bei anderer Gelegenheit vorgetragen werden, da hier die Geschichtswissenschaft behandelt werden soll, insofern 10
diese die Geschichte der Antike und unserer Väter und
Vorväter zum Gegenstand hat. Die Geschichte, und gerade auch die Kirchengeschichte, bringt zugestande-
nermaßen den Nutzen mit sich, dass, so wie Neueres
niedergeschrieben wird, gerade auch die nahezu uner- 15
messliche Fülle von Dokumenten aus der Vorzeit bis
heute der Gefahr des Vergessenwerdens entzogen ist.
Wir sehen die Nationen Europas auf diesem Gebiet
gleichsam miteinander wetteifern, sodass wir bereits zu
Beginn unseres Jahrhunderts Männer vom Schlage 20
eines Casaubon, Scaliger, Forbes, Voss, Grotius, Baronius, Petau, Sirmond bestaunen.

Jam sucessu temporum industriam veneremur et labores *Rigaltii*[30], *Jac[obi] Gothofredi*[31], *Salmasii*[32], *Usserii*[33], *Labbei*[34], *Valesii*[35], *Combefisii*[36]. Porro etiam *Cotelerios*[37], *Dacherios*[38], *Baluzios*[39], *Blondellos*[40], *Moinios*[41],

27 Caesar Baronius (1538–1607), Verfasser der Annales ecclesiastici 1588–1607. Luigi Gulia (ed.). Baronio e le sue fonti, Sora 2009; Heribert Smolinsky, RGG[4] 1 (1998), Sp. 1135.
28 Denis Petau (Dionysius Petavius; 1583–1652), franz. Jesuit, Theologe und Philologe. Michael Hofmann, Theologie, Dogma und Dogmenentwicklung im theologischen Werk Denis Petau's. Mit einem biographischen und einem bibliographischen Anhang, Bern u. a.1976; Rolf Decot, RGG[4] 6 (2003), Sp. 1151.
29 Jacques Sirmond (1559–1651), Jesuit, franz. Kirchenhistoriker, Mitarbeiter an Baronius' Annalen. Vgl. Birgit Bernard, BBKL 10 (1995), Sp. 533–535; Rolf Decot, RGG[4] 7 (2004), Sp. 1352.
30 Nicolas Rigault (1577–1654), franz. Humanist, Hofbibliothekar und Philologe.
31 Jacques Godefroy (1587–1652). Bruno Schmidlin/Alfred Dufour (edd.), Jacques Godefroy (1587–1652) et l'humanisme juridique a Geneve, Basel 1991.
32 Claude Saumaise (Salmasius; 1588–1653), franz. reformierter Polyhistor. Vgl. Georg von Laubmann, RE[3] 17 (1906), S. 397–399; Ute Önnerfors, BBKL 8 (1994), Sp. 1232 f.; Christoph Strohm, RGG[4] 7 (2004), Sp. 799–800.
33 James Ussher (1581–1656), anglikanischer Erzbischof von Armagh und Primas von Irland, Verfasser kirchenhistorischer Werke. Vgl. Peter Mommer, BBKL 12 (1997), Sp. 979–983; N. Scott Amos, RGG[4] 8 (2005), Sp. 859. Arnold besaß dessen Veterum Epistolarum Hibernicarum Sylloge [...], Herborn 1696 (Catalogus 20 Nr. 108).
34 Philippe Labbé (1607–1667), franz. Jesuit, der philologische, geographische und historische Werke verfasste. Sein Hauptwerk ist die Herausgabe (zusammen mit Gabriel Cossart) der Dokumente der allgemeinen und Provinzialkonzilien in 17 Bänden: Sacrosancta Concilia ad regiam editionem exacta, Paris 1671 ff. Vgl. Henri Quentin, Jean-Dominique Mansi et les grandes collections conciliaires, Paris 1900; Rolf Decot, RGG[4] 5 (2002), Sp. 4 f.
35 Henri de Valois (Valesius) (1603–1676), Philologe und Kirchenhistoriker. Vgl. Pierre Périchon, LThK[2] 10 (1965), Sp. 605; Christoph Strohm, RGG[4] 8 (2005), Sp. 876–877.
36 François Combefis (1605–1679), franz. Dominikaner, Philosoph und Theologe. Vgl. René Metz, LThK[2] 3 (1959), Sp. 15.
37 Jean Baptiste Cotelier (1697–1686), kath. Theologe. Karl Rudolf Hagenbach/Carl Pfender, RE[3] 4 (1898), S. 305f.; René Metz, LThK[2] 3 (1959), Sp. 76. Arnold besaß die drei Bände von Coteliers Ecclesiae Graecae Monumenta (Catalogus 10 Nr. 21).
38 Jean-Luc D'Achery (1609–1685), Benediktiner. Vgl. Albrecht Vogel/Carl Pfender, RE[3] 4 (1898), S. 401; René Metz, LThK[2] 1 (1957), Sp. 108.
39 Étienne Baluze (1630–1718), franz. Historiker und Kanonist. Vgl. Amy Gaston Bonet-Maury, RE[3] 2 (1897), S. 379 f.; René Metz, LThK[2] 1 (1957), Sp. 1214 f.; Jean Boutier (ed.). Étienne Baluze, 1630–1718. Érudition et pouvoirs dans l'Europe classique, Limoges, 2008.

Aus den darauf folgenden Zeiten bewundern wir den Fleiß und die Werke von Männern wie Rigault, Jacques Godefroy, Saumaise, Ussher, Labbé, Valesius, Combefis. Ferner schätzen wir Männer wie Cotelier, D'Achery, Baluze, Blondel, LeMoine, Gude, Conring, Ménage.   5

Gudios[42], *Conringos*[43], *Menagios*[44] in pretio habeamus.
Denique proximis retro annis *Huetios*[45], *Caveos*[46], *Morhofios*[47], *Dodwellos*[48], *Pearsonios*[49], *Larroquanos*[50], *Papebrochios*[51], *Mabillonios*[52], *Zigleros*[53], *Seckendorfios*[54],
5 *Ittigios*[55] recordemur.

40   David Blondel (1590–1655), franz. reformierter Theologe und Historiker, seit 1650 Prof. der Geschichte in Amsterdam. Vgl. Amy Gaston Bonet-Maury, RE³ 3 (1897), S. 261 f.; Remigius Bäumer, LThK² 2 (1958), Sp. 532 f.; Thomas Klingebiel, RGG⁴ 1 (1998), Sp. 1643.

41   Gemeint ist wohl Étienne LeMoyne (1624–1689), reformierter Theologe. Arnold besaß dessen Varia sacra seu sylloge variorum opusculorum graecorum ad rem ecclesiasticam spectantium, 2 Bde., Leiden 1685 (Catalogus 11 Nr. 27).

42   Marquard Gude (1635–1689), Philologe, Bibliothekar, Epigraphiker. Vgl. Wolfgang Milde, Schleswig-Holsteinisches Biographisches Lexikon 5 (1979), S. 102–106.

43   S. o. Anm. 6.

44   Wahrscheinlich ist gemeint Gilles Ménage (1613–1692), franz. Dichter und Philologe. Vgl. Elvire Samfiresco, Ménage. Polémiste, philologue, poète, Paris 1902 [Reprint: Genf 1971].

45   Pierre Daniel Huet (1630–1721), franz. Gelehrter, Bischof von Soissons, später von Avranches. Vgl. René Metz, LThK² 5 (1960), Sp. 506; Irene Dingel, RGG⁴ 3 (2000), Sp. 1923. S. u. Anm. 68 f.

46   William Cave (1637–1713), verfasste: Scriptorum Ecclesiasticorum Historia Literaria, Genf 1693–1699; Primitive Christianity; or, the Religion of the ancient Christians in the first ages of the Gospel, London 1673 u. ö.; deutsch: Erstes Christenthum/ oder Gottesdienst der alten Christen in den ersten Zeiten des Evangelii. Aus dem Englischen anitzo übersetzet, Leipzig 1694. Vgl. Rudolf Buddensieg, RE³ 3 (1897), S. 767 f. – Dieses Werk diente Arnold als Vorbild für seine Schrift Die erste Liebe. Vgl. Schneider, Aufsätze: 194–196.

47   Daniel Georg Morhof (1639–1691), seit 1660 Professor der Dichtkunst, später der Geschichte und Bibliothekar, Begründer der allgemeinen Literaturgeschichte und Polyhistor.

48   Henry Dodwell (1641–1711), Theologe und Historiker, Professor für Geschichte in Oxford. Vgl. Sheridan W. Gilley, RGG⁴ 2 (1999), Sp. 893.

49   John Pearson (1613–1686), Bischof von Chester. Vgl. Grayson Carter, RGG⁴ 6 (2003), Sp. 1077.

50   Gemeint ist wohl Matthieu de Larroque (1619–1684), franz. reformierter Pastor und Gelehrter. Arnold besaß: Adversariorum sacrorum libri tres. Accedit diatriba de legione fulminatrice autore Dan. Larroquano, Leiden 1688 (Catalogus 43 Nr. 141).

51   Daniel Papebroch (1628–1714). Vgl. Édouard de Moreau, LThK² 8 (1963), Sp. 33 f.

52   Jean Mabillon (1632–1707), französ. Benediktiner, Kirchenhistoriker, Begründer der historischen Hilfswissenschaften. Vgl. Gallus Heer, LThK² 6 (1961), Sp. 1254 f.; Georgios Fatouros, BBKL 5 (1993), Sp. 511–514; Christel Butterweck, RGG⁴ 5 (2002), Sp. 634.

53   Wahrscheinlich: Caspar Ziegler (1621–1690), bedeutender Jurist, Professor in Wittenberg, vielseitiger Gelehrter. Vgl. Kenneth Appold, RGG⁴ 8

Aus der jüngsten Vergangenheit können wir schließlich Männer wie Huet, Cave, Morhof, Dodwell, Pearson, Larroque, Papebroch, Mabillon, Ziegler, Seckendorf, Ittig anführen.

Quin in hac Academia atque in his regionibus Hassiacis exstiterunt, qui Graeca Latinaque studia magnopere amplificarunt, ac cum Cl[arissimo] Viro *Jo[anne] Conrado Dieterico*[56] omnia praeclara praestiterunt. **[7]**

5

II. Vehementer etiam in his ceterisque omnibus probandum est, quidquid industriae ac fidei attulerunt, ut Historia indubitata temporum testis atque veritatis lux iure suo haberi queat. Sane si tantum ejus apparatum
10 respicias, tot vasta Scriptorum volumina, tot noviter eruta monimenta, non est, quod de penuria conqueramur. Ingratus sit atque insigniter impudens, qui neget inexhaustos Virorum Maximorum labores, conquirendis, eruendis illustrandisque et vindicandis historiis im-
15 pensos.

III. Ast neque ad injuriam neque incommoda cujusquam pertinere arbitror, si dixero: Historiam, et Sacram maxime, naevis suis insignibus adhuc tum laborare
20 multaque ab antiquis et majoribus vel corrupta vel plane ficta et falsa ad posteros transmissa observari. Tot insuper apud plerosque Scriptores veritati adversa exstare, ut ab iis quidem exemplum diligentiae capiendum, sed delectus tamen rerum cum cura sit habendus.

(2005), Sp. 1859. Arnold, der ihn aus seiner Wittenberger Studienzeit kannte, besaß eine Reihe von Schriften Zieglers (Catalogus 8 Nr. 10 und Nr. 12; 9 Nr. 18; 26 Nr. 186; 63 Nr. 42).

54 Veit Ludwig von Seckendorf (1626–1692), Politiker und Polyhistor. Vgl. Veronika Albrecht-Birkner, RGG⁴ 7 (2004), Sp. 1085–1086; Solveig Strauch, Veit Ludwig von Seckendorff (1626–1692). Reformationsgeschichtsschreibung – Reformation des Lebens – Selbstbestimmung zwischen lutherischer Orthodoxie, Pietismus und Frühaufklärung, Münster 2005.

55 Thomas Ittig (1643–1710), luth. Theologe und Historiker. Vgl. Gotthard Lechler, ADB 14 (1881), S. 645 f. Arnold besaß Ittigs Bibliotheca Patrum Apostolicorum Graeco-Latina [...], Leipzig 1699, und eine Reihe weiterer Schriften (Catalogus 46 Nr. 192; 9 Nr. 19; 12 Nr. 36; 20 Nr. 106; 24 Nr. XXIV).

56 Johann Conrad Dietrich (1612–1667), Philologe, Bibliothekar, Archivar, seit 1650 Professor der Historie und Griechischen Sprache in Gießen. Vgl. Strieder 3 (1783), S. 45–55.

Selbst an dieser Universität und in diesen hessischen Landen gab es Männer, die das Studium des Griechischen und Lateinischen mit großem Einsatz vorantrieben und die zusammen mit dem hochberühmten Herrn Johann Konrad Dietrich alles großartig vertreten haben. 5

II. Mit Nachdruck ist bei diesen und anderen anzuerkennen, wie viel Fleiß und Integrität sie mitbrachten, so dass die Geschichte unzweifelhaft ihrem Anspruch gemäß als Zeuge ihrer Zeit und als Licht der Wahrheit 10 gelten darf. Allein schon wenn man den Quellenapparat in Betracht zieht, die umfangreichen Bücher von Autoren, die zahlreichen, erst kürzlich eruierten Dokumente, gibt es keinen Grund, uns über mangelnden Stoff zu beklagen. Undankbar und geradezu unver- 15 schämt wäre derjenige, der den unermüdlichen Eifer bedeutender Männer, der beim Sammeln, Eruieren, Erläutern und Darlegen der geschichtlichen Quellen aufgebracht wurde, bestreiten wollte.

20

III. Dennoch glaube ich nicht, dass ich irgendjemandem eine Beleidigung und ein Unrecht zufüge, wenn ich behaupte, dass die Geschichte, und vor allem die Kirchengeschichte, bis heute an erheblichen Mängeln leidet, und dass man sehen kann, dass von der Antike und von un- 25 seren Vorfahren vieles verderbt oder gar schlichtweg erfunden und der Nachwelt falsch überliefert wurde. Darüber hinaus gibt es bei den meisten Autoren etliches, was konträr zur Wahrheit steht, so dass man sich an ihnen zwar ein Beispiel für Sammeleifer nehmen kann, die 30 Quellenauswahl aber mit Vorsicht zu genießen ist. Dies will ich im Vertrauen auf euer Wohlwollen, meine hochgeschätzten Zuhörer aus allen Ständen, in aller Deutlichkeit darlegen und mit geeigneten Argumenten zeigen, was es ist, aus welchen Ursachen und aus wel- 35 chen Quellen es fließt.

Id jam apertius evincam, ac quale sit, quibusque ex causis ac fontibus manaverit, vestra, Auditores omnium Ordinum Honoratissimi, benevolentia confisus idoneis argumentis commonstrabo.

5

IV. Exempli interest et Ecclesiae reique publicae refert, ut gestarum rerum documenta non commemorentur magis simpliciter, quam ex initiis causisque eventorum ac usibus legitime et ex vero dijudicentur. Planius dicam
10 atque omne Historici officium in ea laude complectar, si suis omnia ponderibus aestimet, nihil temere vel ex partium studio proponat, aut quae ejusmodi sunt, ut ad vanam fluxamque delectationem captationemve gloriae ac commodorum spectent, adeoque inter simulacra et lar-
15 vas una cum auctoribus suis evanescat.

V. Repetenda igitur omnis Historiae ratio a Deo est, cujus Spiritum neque virtus neque prona impertiendi voluntas destituit. Hujus ex lumine uti omnia sapien-
20 tiae ac doctrinae instrumenta sumi debent, ita, constitutis per eum Historiae sub-[8]sidiis commoda quaelibet inde sunt arcessenda. Parum tamen dixi, nisi addidero, illum demum Historicum geminum[57] et ad mentem divinam formatum esse, qui revocatus a corrupto impioque
25 naturae depravatae sensu de integro sit ex Deo genitus animoque prorsus immutatus, initiatus vero per fidem soli Christo et conjunctus. Is vero totum se Deo credit atque perversae rationi voluntatique ac ceteris rebus caducis sponte renuntiat seque ad Christum Jesum
30 unice revocat imitandum pariter atque amore complectendum. Tum vero sua omnia ab auspiciis ductuque Numinis pendere intelliget, ac per preces serias et fidei obsequium, idque simplex et infucatum vires obtinere in-

---

57   Sic! Zu lesen ist wohl: genuinum.

IV. Es ist wichtig anzumerken – und dies bezieht sich so- wohl auf die Kirche als auch auf den Staat –, dass die ge- schichtlichen Dokumente am reinsten der Erinnerung bewahrt werden, wenn sie nach ihren Anfängen, Be- weggründen und Wirkungen genau der Wahrheit ent- sprechend bewertet werden. Um es noch deutlicher zu sagen: Die Arbeit des Historikers werde ich dann loben, wenn er alles nach seiner Bedeutung richtig ein- schätzt, nichts leichtfertig oder aus Parteilichkeit dar- stellt, noch solche Dinge, die eher auf nichtigen und flüchtigen Genuss, auf Haschen nach Ehre und An- nehmlichkeiten zielen, so dass sie zwischen Scheinbil- dern und Gespenstern zusammen mit ihren Urhebern dahinschwinden.

V. Die Geschichtswissenschaft ist also von Gott herzu- leiten, dessen Geist es weder an der Kraft noch an der Bereitschaft auszuteilen fehlen lässt. So wie aus Gottes Licht alle Instrumente der Weisheit und Gelehrsamkeit genommen werden müssen, so sind auch alle Hilfsmit- tel der Geschichte von dort zu nehmen, da er diese ein- gesetzt hat. Ich hätte dennoch zu wenig gesagt, wenn ich nicht noch hinzufügte, dass jener echte Geist der Geschichte vollends dem göttlichen Numen nachgebil- det ist, der, einmal von dem verdorbenen und gottlosen Sinn einer depravierten Natur zurückgerufen, ganz von Gott ausgeht, völlig unverändert im Herzen, eingeführt durch den Glauben und allein Christus verbunden ist. Dieser vertraut sich ganz Gott an und gibt von sich aus schlechte Gedanken und Wünsche und die anderen nichtigen Dinge auf, er bezieht sich ausschließlich auf Jesus Christus, um ihn nachzuahmen und gleicherma- ßen in Liebe zu umfangen. Dann wird er anerkennen, dass alle seine Werke von der Leitung und Führung Gottes abhängen und dies wird mit aufrichtigen Gebe- ten und in der Erfüllung seines Glaubens dem schlich-

ducet animum, quibus cupiditates frangat et Christi institutis temperet.

VI. Tales qui sunt, non omnia credunt temere, quae alii
5 vel ex ingenio vel mala fide confinxerunt. Sed procul studio et percipiunt ab aliis relata et ipsi auctores ex vero reddunt, causasque ac eventa rerum apud animum profunde repetunt; tum etiam distinguunt omnia suis spatiis et quid rectum pravumque sit, idonee demonstrant.
10 Tantum vero abest, ut historiarum veritatem convellant, ut sciant potius et prodant ipsi momenta rerum consiliaque et opera Numinis supremi perspecta habeant designentque feliciter, quae ante et post hominum corruptionem a Deo geniisque ac hominibus sint perpetrata. Quae
15 universa eo spectant, ut tota ἀποκαταστάσεως πάντων ratio[58] animis obversetur, oculusque per sapientiae divinae harmoniam ex praeteritis temporibus per praesentem aetatem in futura atque ipsam aeternitatem figatur. Denique ut tota Historici mens in solo Deo, quatenus ille
20 tandem omnia in omnibus futurus est,[59] insistat atque conquiescat.

VII. Partienda quidem hoc modo sunt argumenta rerum ac prout illae geruntur, ex auctoribus idoneis omnino depromenda. Verum imprimis ductu Dei dispiciendum, quid iuri divino ac moribus optimis conveniat et auctore Deo non **[9]** obscure et in speciem solum comprobetur. Ita Historicus verax nec documenta humana spernit,

---

58 Die Lehre von der Apokatastasis panton (griech. ἀποκατάστασις πάντων, Wiederbringung aller, Allversöhnung) besagt, dass am Ende der Heilsgeschichte nach einem Läuterungsprozess auch alle bösen Menschen, ja sogar der Teufel, die Seligkeit erlangen; es gibt demnach keine ewige Verdamnis. Vgl. Ruth Albrecht, Johanna Eleonora Petersen. Theologische Schriftstellerin des frühen Pietismus, Göttingen 2005, S. 271–300.
59 Vgl. 1Kor 15,28.

ten und unverbildetem Geist die Kraft geben, mit der er
die Begierden überwinden und durch Christi Gebote in
Schach halten kann.

VI. Solche Menschen glauben nicht blindlings alles, was 5
andere teils mit Phantasie, teils in böser Absicht er-
dacht haben, sondern sie nehmen ohne falschen Eifer
auf, was von anderen berichtet wurde, und sie selbst geben als Autoren dies der Wahrheit gemäß weiter und suchen genau die Ursachen und Wirkungen tief in ihrem 10
Herzen zu verstehen. Dann teilen sie auch alles nach
Zeit und Raum ein und zeigen in geeigneter Weise, was
recht und was unrecht ist. Weit davon entfernt, dass sie
die Wahrheit der Geschichte verdrehen, sollen sie, damit sie eher selbst die Bedeutung der Geschehnisse ver- 15
stehen und dies weitergeben, Gottes Ratschluss und
Wirken im Auge behalten und mit gutem Erfolg darstellen, was vor und was nach dem Verderben (Sünden-
fall) der Menschen von Gott, von den geistigen Mächten
und von Menschen getan wurde. Dies alles zielt darauf, 20
dass der gesamte Plan der Wiederbringung aller von
den Menschen wahrgenommen wird und dass das Auge
durch die Harmonie der göttlichen Weisheit aus der
Vergangenheit über die Gegenwart auf die Zukunft und
auf die Ewigkeit gerichtet wird, sodass schließlich der 25
ganze Sinn des Historikers allein in Gott, insofern dieser alles in allem sein wird, Halt und Ruhe findet.

VII. Die Darstellung der Ereignisse ist also auf diese
Weise einzuteilen und so, wie sie sich abgespielt haben, 30
den geeigneten Autoren zu entnehmen. Zunächst muss
aber unter Gottes Führung herausgefunden werden,
was dem göttlichen Recht und den besten Sitten angemessen ist und was mit Gottes Hilfe nicht unverständ-
lich ist und nur dem Anschein nach verstanden wird. So 35
verachtet der wahre Historiker weder die Zeugnisse der

neque ex ingenio quidquam comminiscitur, quando illi
expeditum est σοφίαν ἀρχαίων ἐκζητεῖν, διήγησιν ἀνδρῶν
ὀνομαστῶν συντηρεῖν,* quod aeternae Patris sapientiae
JESU CHRISTO tribuitur.

5   * Sirac. XXXIX. 2.

VIII. Quare literas earumque praesidia haud abjicit neque falsum pro vero obtrudit, quod in Philosophia vulgari[60] alias saepius contingit. Si illud modo firmum fi-
10 xumque apud animum maneat, ut ad usum et tracta-
tionem vitae omnia referantur atque emendatio fiat
morum[61] illustriaque veterum facta[62] palam et publice
atque sine metu malevolorum promulgantur. Quam
rationem qui probat atque sequitur perpetuaque atten-
15 tationis lege rectum a pravo discernit: is propius a scopo
abest et accurate etiam post divinam institutionem literis ad felicitatem eruditur.

IX. Conficitur inde summum Historiae caput, pium
20 nempe ac liberum, neque ullis per metum aut spem le-
gibus circumscriptum: Veritatis studium, quod nos ab
omni perturbatione procul constituat. Idque necessum
est, non in nuda tantum rerum gestarum commemora-
tione acquiescat, sed eas ad regulam quoque divinam ac
25 non fallentem exigat atque ostendat, num cum illa con-
gruant et concilientur.

---

60 *Philosophia vulgaris* bezeichnet wie *theologia vulgaris et scholastica* im
    Gedoppelten Lebenslauf (s. u. S. 142) die damals an den Hochschulen ge-
    lehrte Philosophie.
61 Speners Grundsatz, dass in der Theologie „alles zu der praxi deß Glaubens
    und Lebens gerichtet werden" müsse (PD S. 69, Z. 8 f.), wird von Arnold
    auch auf die Geschichte angewandt.
62 Der humanistische Topos von den Ruhmestaten der Antike bekommt bei
    Arnold einen neuen Sinn. Das „gottseelige Altertum" ist für ihn die Zeit
    des unverdorbenen Ur-Christentums, und die „Altväter" sind dessen Re-
    präsentanten.

Menschen noch denkt er sich selbst aus eigener Fanta-
sie etwas aus, da es ihm leicht erscheint, „die Weisheit
der Väter zu suchen und die Darlegung namhafter Männer zu bewahren," was Jesus Christus, der ewigen Weisheit des Vaters, zugeschrieben wird.   5

VIII. Daher verwirft er ihre Schriften und ihre Hilfsmittel nicht und gibt nichts Falsches für Wahres aus,
wie es sonst in der üblichen Philosophie häufig geschieht. Wenn er nur fest und unerschütterlich im Her- 10
zen behält, dass alles zum Nutzen und zur rechten Lebensführung gereichen und eine Verbesserung der Sitten bewirken muss, werden die berühmten Taten der
Alten in aller Öffentlichkeit und ohne Furcht vor Missgunst verbreitet. Wer diese Zielsetzung gutheißt und 15
ihr folgt und nach dem ewigen Gesetz kritischer Aufmerksamkeit das Rechte vom Schlechten unterschei-
det, der ist nur noch ganz wenig vom Ziel entfernt und
wird nach der göttlichen Bestimmung zu seiner Seligkeit genau in der Wissenschaft gebildet.   20

IX. Darin besteht die fromme und freie, von keinen auf
Furcht oder Hoffnung gründenden Gesetzen begrenzte
Hauptaufgabe der Geschichte: das Studium der Wahrheit, das uns von jeder Verwirrung fernhält. Und auch 25
das ist nötig, dass [der Historiker] sich nicht einfach mit
der bloßen Beschreibung des Geschehens zufrieden
gibt, sondern es nach der untrüglichen göttlichen Richtschnur darstellt und aufzeigt, ob es mit dieser überein-
stimmt oder in Einklang gebracht werden kann.

X. Jam si in perquirendis Historicis illud quisquam facere instituat, quam exiguus verorum numerus appare-
bit? Etenim longe indignissimum est, quod vulgus scriptorum, non doctrinae solum Christianae, sed rectae
5 etiam rationis summam, male de posteris meritam, ob-
scurat, quando omnia ad τὴν ἀναστροφὴν τὴν πατρο-
παράδοτον* revocare solet. Igitur mirari licet, tot praeco-
nia fastorum, quae per effrenem bellorum aut tribuna-
lium et cathedrarum quoque sacrarum licentiam impune
10 perpetrata ex mente Christi apertis cri-[10]minibus fue-
rant annumeranda. Legere obvium est tot ausa Clerico-
rum temeraria, vel avare superbeque et proterve gesta,
pietatis zelique titulo posteritati commendata. Summa-
tim tantum non omnia velut in scena sub personarum
15 larvis per summam simulationem peracta deprehendas.

Conf. Eisenhart[63] Comm. de Fide Historica[64]

* 1. Petr. 1. 18.

---

63 Johannes Eisenhart (1643–1707), Professor in Helmstedt, Historiker und
    Jurist. Vgl. Wolfgang Lent, Eisenhart, Johannes, in: Horst-Rüdiger Jarck,
    Dieter Lent u. a. (Hg.), Braunschweigisches Biographisches Lexikon,
    Braunschweig 2006, S. 190.
64 Johannes Eisenhart, De fide historica commentarius, Helmstedt 1679. Ar-
    nold besaß diese Ausgabe (Catalogus Bibliothecae 36 Nr. 11).

X. Wenn jemand sich anschickte, dies bei der genauen
Prüfung der Historiker zu tun, wie gering wird dann die
Anzahl der wahren Historiker sein? Das nämlich ist das
bei weitem das Unwürdigste, dass die große Masse der
Autoren nicht allein die Hauptsache der christlichen 5
Lehre, sondern auch der rechten Zielsetzung verdunkelt und der Nachwelt damit einen schlechten Dienst
erwiesen hat, da sie gewöhnlich alles auf den Lebens-
wandel der Väter zurückführt. Man darf sich in der Tat
über die so zahlreichen Verherrlichungen von anma- 10
ßenden Taten wundern, die ungestraft mit ungezügel-
ter Billigung in Kriegen oder von Gerichten und sogar
von der Kanzel aus begangen wurden, die nach Christi
Geist den eindeutigen Verbrechen zuzurechnen gewesen wären. Es sind daher allenthalben so viele freche 15
Wagestücke von Klerikern zu lesen, begangen aus Hab-
gier, Hochmut oder Dreistigkeit, die unter dem Namen
frommen Eifers der Nachwelt empfohlen werden.
Kurzum, man dürfte erkennen, dass fast alles wie auf
einer Bühne von Schauspielern in Masken mit größter 20
Verstellungskunst getan wurde.

XI. Blandiuntur ita sibi mutuo mortales atque incautos invitant, simul ac decipiunt, nocentque exemplis pessimis, ac nihil Deo praeter irascendi causas relinquunt.
5 Neque enim excusandi locus est, si quis id sibi sumat, ut de rebus gestis aliter pronunciet atque ipsa aeterna immutabilisque Veritas praescripsit.* Qui Alexandrum, Caesarem caeterosque miris laudibus depingunt, quid aliud, ut ille ait, nisi furiosos latrones praedonesque or-
10 bis descripserunt? Nihil hic muto, quin addo insuper, ex historiae Christianae monumentis certo persuasus: qui Constantinum I., Justinianum, Carolum et reliquos per omnia Magnos praedicant, nae isti rationem vitae Christianae procul habent, ac in splendore inani et pompa
15 commodisque temporum, imo in aperta tyrannide et ferocia perabsurde collocant. Incurrant eiusmodi ἐγκωμιασταὶ vel in exterorum reprehensionem, et vel a *Luciano* audiant, quid sit τοῖς ἐπαίνοις ἀρχόντων καὶ στρατηγῶν διατρίβειν, τοὺς μὲν οἰκείους εἰς ὕψος ἐπαίρειν,**
20 et quae ibi subnectuntur.

*H[enricus] C[ornelis] Agrippa[65] de Vanit[ate] Scient[iarum] cap. V.[66]

** Libro, πῶς δεῖ ἱστορίαν συγγράφειν.[67]

---

65 Heinrich Cornelius Agrippa von Nettesheim (1486–1535), von Kabbala und hermetischen Traditionen beeinflusster Gelehrter. Vgl. Horst Pfefferl, RGG⁴ 1 (1998), Sp. 192 f.
66 Arnold besaß eine nicht genauer identifizierbare Ausgabe von De vanitate (Catalogus Bibliothecae 51 Nr. 273).
67 Hist. Conscr. 7. Luciani Opera, ed. Matthew Donald MacLeod, Bd. III, Oxford 1980, p. 290. Arnold besaß die 1546 (in Frankfurt bei Braubach) herausgekommene vierbändige griechische Ausgabe der Opera omnia (Catalogus 43 Nr. 148 und 149). Zu Lukians Werk vgl. Gert Avenarius, Lukians Schrift zur Geschichtsschreibung, Meisenheim/Glan 1956.

XI. So schmeicheln sich die Menschen gegenseitig und sie leiten die Unvorsichtigen in die Irre und täuschen sie zugleich; sie schaden ihnen mit ganz schlechten Beispielen und lassen Gott nur Grund zum Zürnen übrig. Denn es gibt keinen Grund zur Entschuldigung, wenn 5 jemand sich anmaßt, über die Geschichte anders zu schreiben, als es die ewige und unwandelbare Wahrheit vorgeschrieben hat. Diejenigen, die Alexander, Caesar und andere mit wunderbarem Lob auszeichnen, was haben die anderes getan, als, wie einst jener Historiker 10 sagte, zügellose Diebe und Räuber der Welt zu beschreiben? An dieser Aussage ändere ich nichts, ja ich füge noch hinzu, da ich dies sicher aus den Quellen der Kirchengeschichte weiß: Diejenigen, die Konstantin I., Justinian, Karl und andere in jeder Hinsicht „groß" 15 nannten, die sind wahrhaftig weit entfernt von den Grundsätzen christlicher Lebensführung und siedeln dies ganz widersinnig in nichtigem Glanz und Pomp, dem Zeitgeschmack, ja sogar in offener Tyrannei und Grausamkeit an. Lobredner dieser Art werden wenig- 20 stens auf Missbilligung durch Auswärtige treffen oder auch von Lukian hören, was es bedeutet, „sich mit den Lobreden für Herrscher und Feldherrn zu beschäftigen, die heimischen allerdings besonders hervorzuheben", und was da sonst noch gesagt wird. 25

XII. Ast in Virum bonum cumque Christianum assentatio non cadit, qui cum improbis adeo in hoc servili ἀνδρωπαρεσκείας genere haud conspirat. Nec tamen enumerari omnes possunt, qui nulli profanissimorum
5 concesserunt ea parte dedecoris, quod quale sit, animus Dei rectique ac veri amans solus poterit existimare. Non dissimulabo graviter me doluisse, cum non ita pridem *Petri Danielis Huetii*[68] Origeniana[69] legerem, quod Vir coeteroquin eruditissimus, Regem suum adeo immensis
10 laudibus extulit, ut auctoritate eius non **[11]** modo exarmatam languere Haeresin scribat, sed et pietati per eum ita honorem constare, ut nulla ad audienda pietatis praecepta paratior aetas hac nostra sit futura. Nempe sic inanibus persuasionibus replent animum ho-
15 mines et inprimis collectam affusamque adversus innocentes iram zeli nomine simulatumque Dei cultum pietatis praetextu ad posteros transmittunt.

XIII. Non miror, exteros, quos ethnicos vocant, histo-
20 riarum finem ad duo saltem capita revocasse, et cum χρησίμῳ atque τῷ τερπνῷ definiisse. Alii vel πιθανότητα tantum commemorarunt, vel caverunt solum, ne quid falsi diceretur neque dissimularetur verum aut ne qua suspicio gratiae esset vel simultatis. Satis caetera appo-
25 site, si modo vel paucissimi in scribendo comprobassent.

---

68 Petrus Daniel Huetius, s. o. Anm. 45.
69 Origeniana. Tripartitum opus, quo Origenis narratur vita, doctrina excutitur, scripta recensentur, Köln 1685. Arnold besaß diese Ausgabe (Catalogus 2 Nr. 17).

XII. Schmeichelei schickt sich aber nicht für einen guten Mann, noch dazu für einen Christen, der in dieser sklavischen Art von Lobeshymnen mit den Unredlichen nicht ins selbe Horn bläst. Und doch können nicht alle aufgezählt werden, die nicht einmal den Gottlosesten 5 auf diesem Gebiet der Schande nachstehen; wie groß diese ist, kann nur der Mensch, der Gott und das Wahre und Rechte liebt, ermessen. Ich will nicht verheimlichen, dass ich mich sehr geärgert habe, als ich vor gar nicht langer Zeit die Origeniana des Petrus Daniel Huet 10 las, dass nämlich der sonst so gelehrte Mann entgegen seiner früheren Art seinen König mit so überschwänglichem Lob emporhob und schreibt, durch sein Wirken sei nicht nur die Ketzerei entwaffnet und geschwächt, auch die Frömmigkeit stehe durch ihn in solchem An- 15 sehen, dass keine Zeit als die unsrige jemals bereitwilliger sein werde, die Gebote des Glaubens zu befolgen. So füllen also diese Menschen mit nichtigen Einflüsterungen die Herzen. Vor allem vermitteln sie der Nachwelt den unter dem Namen frommen Eifers gesammelten 20 und angestauten Zorn gegen Unschuldige und eine geheuchelte Form des Gottesdienstes unter dem Vorwand der Frömmigkeit.

XIII. Ich bin nicht überrascht, dass die Fremden, die wir 25 auch Heiden nennen, das Ziel der Geschichte auf zwei Hauptpunkte zurückgeführt haben, die sie als das Nutzliche und das Angenehme definierten. Andere haben nur das Glaubwürdige aufgeschrieben oder vermieden es lediglich, Falsches zu sagen oder die Wahrheit zu 30 verbergen oder den Verdacht wegen Begünstigung oder Feindschaft aufkommen zu lassen. Das wäre sehr vorteilhaft gewesen, auch wenn nur ganz wenige das beim Schreiben für gut gehalten hätten.

Quid vero de iis dicam, quos vulgo Christianos Scriptores et Ecclesiasticos appellant? Longum esset illos inter se contendere, quorum plurimi veritatis terminos moverunt fideique laudem apud cautiores obscurarunt, ac
5 quod de scriptoribus patriae suae aliquis dixit, ex veritate perpauca, ex vanitate plurima narrando explicarunt. Id quod imposterum confectum dabo, ut intelligatur verum esse, quod de natura veritatis dicitur, eam non nisi longo tempore in lucem protrahi, postquam
10 scil[icet] hominum disceptantium odia et motus coeteri conquieverunt.

Lucianus L[oco] c[itato].

Didymus[70] vel alius auctor Schol[ium] ad Hom[eri] ἰ[λιαδος] ῥαψῳδ[ίαν].[71] pag. 206.
15 Cicero[72] Lib[ro] II de Orat[ore].[73]

Rich[ardus] Stanihurstus[74] Lib[ro] II. Rer[um] Hibern[icarum].[75]

XIV. Difficile autem sit, causarum inire numerum, ex quibus sublestae fidei historias provenire reperio, lecto-
20 ribusque prudentibus, nihil praeter dubitandi rationes relinquere: quarum tamen potissimas liceat enumerare. Primum quidem foedus error est, ac tantum non unica corruptae eruditionis origo, quod multi sese ad hujusmodi labores applicant destituti necessariis prae-
25 sidiis et vana neque a Deo emendata mente ad opus aggrediuntur. Hos vel prima conatuum fundamenta etiam in Historia deserunt, in quibus temere experiuntur

---

70 Didymos Chalkenteros (ca. 65 v. Chr. – 10 n. Chr.), in Alexandria lebender griechischer Grammatiker und Verfasser von Kommentaren zu Dichtungen.

71 Scholia Graeca Homeri, Straßburg 1539. Arnold besaß diese Ausgabe (Catalogus 41 Nr. 118).

72 Marcus Tullius Cicero (106 v.Chr – 43 v. Chr.), römischer Politiker, Schriftsteller und Philosoph. Vgl. Andreas Bendlin, RGG⁴ 2 (1999), S. 378–379.

73 De oratore II, 42.

74 Richard Stanihurst (1647–1618), irischer Historiker und Vergil-Übersetzer.

75 Richard Stanihurst, De Rebus in Hibernia gestis libri quattuor, Leiden 1584. Arnold hat wohl die grundsätzlichen Bemerkungen zur Geschichtsschreibung zu Beginn des II. Buches (S. 54–59) im Auge.

Was soll ich aber über diejenigen sagen, die man üblicherweise christliche Autoren und Kirchenschriftsteller nennt? Es würde zu lange dauern, diese miteinander zu vergleichen, da die meisten von ihnen die Grenzen der Wahrheit verschoben und bei den Vorsichtigeren das Ansehen des Glaubens verdunkelt haben. Denn sie taten, was einmal jemand über die Geschichtsschreiber seines Landes sagte: Diese hätten zwar der Wahrheit gemäß nur weniges, aus Eitelkeit aber sehr vieles berichtet. Das werde ich im Folgenden erschöpfend darlegen, so dass man sieht, dass es wahr ist, was über das Wesen der Wahrheit gesagt wird, dass sie nämlich erst nach langer Zeit ans Licht gebracht werden könne, wenn sich Hass und andere Gemütsregungen der miteinander im Streit liegenden Menschen gelegt haben.

XIV. Es wäre aber schwierig, einzeln alle Ursachen zu benennen, derentwegen meiner Erkenntnis nach die Geschichtsschreibung jetzt von ganz geringer Glaubwürdigkeit ist und dem gebildeten Leser mehr als begründete Zweifel daran bleiben. Die Hauptgründe darf ich hier aber nennen: Zuerst ist da der verhängnisvolle Irrtum, wenn auch nicht die einzige Ursache für die verderbte Wissenschaft, dass viele an diese Aufgabe herangehen, ohne die nötigen Voraussetzungen zu besitzen und sich mit eitlem Sinn, der von Gott nicht gebessert wurde, an eine solche Arbeit machen. Ihnen fehlen selbst die einfachsten Grundlagen des Studiums der Geschichte, bei dem sie aufs Geratewohl ihre Kräfte ausprobieren, und sie geben sich dennoch weder be-

vires: non jam tum subacti, non exercitati probe ac **[12]**
lumine sublimiore et divina virtute instructi: Persua-
dent sibi non pauci, se singulari Creatoris auxilio et fa-
vore in tractandis disciplinis quam commodissime ca-
5   rere posse neque alia nisi naturae praesidia requiri. Ita
plus ex conatu et opinione vulgi, quam ex successu habet consilium, quum tenebris ethnicorum immersi, sua-
vissimam coelestemque lucem fugiunt et declinant.

Joh[annes] Bodinus Meth[odus] Hist[orica] cap. IV.[76]

10

XV. Non capit humana ratio ortus rerum atque eventus,
quatenus omnes illi a Spiritu aeterno vel occulte saltem
diriguntur. Cum vero sibimet indulget vana medita-
tione, tum monstra fingit ipsamque se ignorantia pari-
15   ter ac temeritate et fastu deludit. Eadem infelicitas historiam quoque oppressit, quum eandem vel a prorsus
paganis vel saltem ab iis accepimus, qui hos impietate
tantum non exaequant. Nemo horum incorruptum
animi candorem hominibus exhibuit, qui adversus
20   Deum sub dolo ac contumaci fuit. Atque haec est praecipua fundi nostri calamitas, hic fons tot fabularum,
mendaciorum calumniarumque et incertae Historiae.
Hinc plurimi ex impia gentium disciplina prodeuntes,
dicta gestaque Dei, miracula ceteraque ultra naturae fi-
25   nes posita vel silentio premere vel commentis obscurare
instituerunt.

XVI. Mirum dictu, quantum hic sacerdotes Deorum tur-
barint, qui honorum commodique sui rationibus ducti ni-
30   hil populo aut posteris innotescere sunt passi, nisi quod

---

76   Jean Bodin (1529–1596), franz. Philosoph und Staatstheoretiker. Methodus ad facilem historiarum cognitionem, Paris 1566 u. ö. [Ndr. der Ausgabe
Amsterdam 1650: Aalen 1967]. Vgl. dazu Marie-Dominique Couzinet, Hi-
stoire et Méthode a la Renaissance. Une Lecture de la Methodus ad facilem
historiarum cognitionem de Jean Bodin, Paris 1996. Vgl. Christoph Link,
RGG[4] 1 (1998), Sp. 1664.

siegt, noch sind sie beunruhigt oder von besserer Einsicht und mit göttlicher Urteilskraft belehrt. Nicht wenige sind überzeugt, dass sie die einzigartige Unterstützung und Gunst des Schöpfers in der Wissenschaft durchaus entbehren können und nichts weiter brauchen als ihre natürliche Anlage. Und so beruht ihr Plan mehr auf den eigenen Vorstellungen und der Meinung des Volkes als auf dem Erreichen des Zieles, da sie befangen im Dunkel der Heiden das allersüßeste himmlische Licht fliehen und meiden.

XV. Der menschliche Verstand versteht den Ursprung und den Ausgang der Dinge nur insoweit, als sie ihm vom ewigen Geist, wenn auch verborgen, eingegeben werden. Wenn er sich aber in nichtsnutziger Meditation ergeht, dann erfindet er Monstren und täuscht sich selbst gleicherweise durch Ignoranz, Unbedachtsamkeit und Überheblichkeit. Dieses Unglück bedrückt auch die Geschichtsschreibung, da wir diese entweder direkt von den Heiden oder doch wenigstens von solchen Menschen übernommen haben, die diesen an Gottlosigkeit kaum nachstehen. Von diesen hat keiner, der gegen Gott unaufrichtig und trotzig war, den Menschen die unversehrte Reinheit des Geistes gezeigt. Und dies ist das eigentliche Verhängnis unseres tiefen Falles, dies ist die Quelle so vieler Fabeln, Lügen, Schmähungen und unglaubwürdiger Berichte. Von daher haben sehr viele, die aus der gottlosen Wissenschaft der Heiden hervorgingen, beschlossen, die Worte und Taten Gottes, die Wunder und alles, was die Grenzen der Natur überschreitet, entweder durch Schweigen zu unterdrücken oder durch Hirngespinste zu verdunkeln.

XVI. Es ist kaum zu sagen, wie viel hier die Götzenpriester verdorben haben, die um ihrer eigenen Ehre und um des eigenen Vorteils willen dem Volk oder den

opinionibus et institutis suis non refragaretur. Etenim hi
fere soli quondam et religionem et literas tabulasque me-
moriarum et commentarios curarunt, et quasi mono-
polium rerum omnium sub religionis titulo exercuerunt.
5 Ceteri, si ad scribendum animum applicarent, ex arbitrio
et oraculis sacerdotum suorum pendentes, paucissima
vere prodiderunt. Quae omnia non minus de corruptis
Judaeorum sacerdotibus capienda sunt, postquam sacri
et non fallentes Auctores cum Malachia desierunt. Unde
10 tot perversissima legas iudicia, tot calumnias et atro-
[13]cissimas relationes Judaeorum pariter ac pagano-
rum de Christianis, quas *Tacitus*[77], *Plinius secundus*[78],
Suetonius[79], *Porphyrius*[80], *Celsus*[81] aliique produnt.

15 XVII. Neque aliter video inter ipsos Christianos conti-
gisse, postquam horum plurimi a prima integritate sensim abducti non minus ejusmodi animorum corruptelis
indulserunt. Tunc enim, si primos Novi Foederis condi-
tores et Viros Apostolicos horumque discipulos aliquot
20 excipias, ceteri plura ex suo quam Christi sensu tradi-
derunt. Irrepsit sensim simulata religionis species, quotiescunque hostium insultus atque irae conquiescebant.
Ipso sane tertio seculo, ac nonnihil in secundo, coetus

---

77 Publius (oder Caius) Cornelius Tacitus (* um 55 n. Chr.; † nach 115 n. Chr.),
   römischer Historiker. Arnold besaß die Ausgabe der Opera omnia, Amsterdam 1649 (Catalogus Bibliothecae 65 Nr. 68).
78 Caius Plinius Caecilius Secundus, auch Plinius der Jüngere, lateinisch Plinius minor (61/62 n. Chr. – 113/115), römischer Senator und Schriftsteller.
   Vgl. Gregory Woolf, RGG⁴ 6 (2003), Sp. 1397–1398.
79 Caius Suetonius Tranquillus (* wohl um 70 n. Chr.; † ca. 130–140), römischer Schriftsteller.
80 Porphyrius (ursprünglich Malchos; * 234 n. Chr. in Tyros, † im frühen
   4. Jh.), neu-platonischer Philosoph. Vgl. Jens Halfwassen, RGG⁴ 6 (2003),
   Sp. 1498–1499.
81 Kelsos, griechischer Philosoph des 2. Jahrhunderts, ein vom Stoizismus be-
   einflußter Platoniker, Gegner des Christentums. Vgl. Ilsetraut Hadot,
   RGG⁴ 2 (1999), Sp. 86–87. Vgl. Arnold, UKKH 3,1,2; 2,1,5. Zur antiken Polemik gegen die Christen und bes. des Kelsos vgl. Karl Pichler: Streit um
   das Christentum. Der Angriff des Kelsos und die Antwort des Origenes,
   Frankfurt am Main 1980.

Nachkommen nur das zur Kenntnis gelangen ließen, was ihren eigenen Absichten und Geboten nicht im Wege stand. Diese nämlich haben sich einst fast allein um Religion, Literatur, Annalen und Kommentare gekümmert und übten so unter dem Vorwand der Religion gewissermaßen ein Monopol über dies alles aus. Die anderen waren, wenn sie sich der Geschichtschreibung zuwandten, von der Willkür und den Orakelsprüchen ihrer Priester abhängig und haben daher nur ganz weniges wahrheitsgetreu überliefert.

Dies ist nicht weniger auch von den korrupten Priestern der Juden anzunehmen, nachdem die heiligen und untrüglichen Autoren mit Maleachi aufhörten. Daher liest man so viele völlig verkehrte Urteile, so viele Schmähungen und schreckliche Berichte von Juden wie auch von Heiden über die Christen, wie sie Tacitus, der jüngere Plinius, Sueton, Porphyrios, Celsus und andere in die Welt setzten.

XVII. Wie ich sehe, ist dies bei den Christen nicht anders gewesen: nachdem die meisten von ihnen sich allmählich von der ursprünglichen Integrität entfremdet hatten, haben sie sich nicht weniger zu derartigen Fehleinschätzungen ihres Geistes hinreißen lassen. Wenn man die ersten Gründungsväter des Neuen Bundes und die apostolischen Männer und einige ihrer Jünger ausnimmt, haben die übrigen vieles eher aus ihrem eigenen denn aus Christi Geist berichtet. Nach und nach hat sich eine geheuchelte Form der Religion eingeschlichen, und zwar immer dann, wenn die Angriffe und der Hass der Feinde sich beruhigten. Im 3. und zuweilen auch schon im 2. Jahrhundert ist die Schar der Christen durch das zahlreiche Gesindel der Heuchler sogar schon

Christianus per insignem hypocritarum colluviem tantum non oppressus est. Succedentibus vero temporibus tranquillus rerum status ad luxum inertiamque et ambitionem ceteraque crimina Doctores una cum reliquis
5 transversos abripuit.

XVIII. Id vero imposterum distincte luculenterque per seculorum seriem commonstrabo, cum aperte evincam, ad impietatem et hypocrisin omnem corruptelarum ori-
10 ginem referendam esse. Nam quae vel stulte vel temere gesta sunt, ea conquisitis undique rationibus commendare vel praetextus conquirere aut mendaciis obscurare sunt annisi. Inde adeo tot calumnias legimus, quibus probi et impiis exosi in invidiam adducti sunt, aut ac-
15 tiones iustae foedissimis obtrectationibus oneratae. Hinc tot insuper lacunae in historiis antiquis non minus quam recentioribus, quum calamitates publicae earumque praesagia a DEO promulgata omittuntur, vel satis quidem frigide et incongrue, imo nonnumquam
20 blaspheme commemorantur. Quo in argumento tales ego Historicos a crimine horrendo, quod in Spiritum Sanctum committitur, quam proxime abesse reor, quotiescunque isti verba operaque ejusdem convitiis proscindunt ceterosque exemplo suo invitant. [14]
25

XIX. Speciatim vero in ejusmodi Scriptorum genere ambitio sese prodit, quum illi ad laudes tantum adspirant ac mulcent alios, maxime potentiores, ambitiosis narra-

fast unterdrückt worden. In den darauf folgenden Zeiten hat jedoch die ruhige Lage die vom rechten Weg abgekommenen christlichen Lehrer zusammen mit den anderen zu Schwelgerei, Müßiggang und Ehrsucht und weiteren Vergehen verführt. 5

XVIII. Das werde ich später systematisch und einleuchtend durch die Jahrhunderte verfolgen und aufzeigen, indem ich deutlich mache, dass der Ursprung aller Verderbnis auf Gottlosigkeit und Heuchelei zurückzuführen 10 ren ist. Denn sie haben darauf hingearbeitet, das, was aus Torheit oder Unbedachtsamkeit geschah, mit von überall her zusammen gesuchten Begründungen zu empfehlen oder zu beschönigen oder mit Lügen zu verschleiern. Deshalb lesen wir auch so viele Schmähun- 15 gen, mit denen die Rechtschaffenen, die den Gottlosen verhasst sind, als verächtlich dargestellt werden und ihre gerechten Handlungen mit den allerschimpflichsten Vorwürfen belegt werden. Daher gibt es auch so viele Lücken in den alten und ebenso in den neueren 20 Geschichtswerken, da der Niedergang der Gemeinwesen mit ihren von Gott verkündeten Prophezeiungen ausgelassen wurden oder nur äußerst nachlässig und ungenau, bisweilen sogar gotteslästerlich dargestellt wird. In dieser Hinsicht sind, wie ich glaube, diese Hi- 25 storiker von der schrecklichen Sünde, die wider den Hl. Geist begangen wird, nur noch ganz wenig entfernt, und zwar immer dann, wenn sie seine Worte und sein Wirken mit Schmähungen herabwürdigen und andere durch ihr Beispiel dazu einladen. 30

XIX. Gerade aber bei solchen Autoren gibt sich ihre Parteilichkeit zu erkennen, da sie nur nach Lob streben und anderen, besonders den Mächtigen, durch eine parteiliche Berichterstattung schmeicheln, um nicht ihrer eige- 35 nen Vorteile und des eigenen Ruhmes verlustig zu gehen.

tionibus, ne suismet commodis atque encomiis destitu-
antur. Plures animus corruptus eo impellit, quo aeternum ac immortale nomen ex historia sibi promittant.
Quales ineptiae a probo et Christiano Viro procul ab-
5 sint, eruditis tamen interdum familiares, atque ex pa-
ganorum disciplina derivatae. Ubi simul recordor, quantum aemulatio valeat, quippe ingentem malorum cu-
mulum doctrinae inducens. Ista non paucos per
invidiam corruptos coeco sui amore et admiratione pro-
10 priarum rerum abripuit, ut aliorum detrectarent institutis laboresque et alia quaevis aversarentur. Hinc di-
versissima, de uno quandoque facto, non judicia tantum, sed relata quoque legas, idque tum maxime, cum
per dissensiones in diverse trahuntur animi exulcerati
15 et confusi. Hinc tot pessimae circumstantiarum corrup-
tiones, quae vel omissae vel perverso ordine ac scopo ap-
positae, auctae etiam aut diminutae deprehenduntur.
Ut taceam, quam praefractis ingeniis nihil rectum aut
commemoratu dignum videatur, nisi quod ipsorum opi-
20 nionibus vel moribus avitis exacte congruat.

XX. Versantur alii in historiis, ne proemia desint titulis
librorum, quando opulentiorum loculis insidiantur.
Quae res pessimi exempli est, adulatio nempe illorum,
25 quibus historiarum scriptio venalis esse solet, dedi-
cando foetus suos, vel potius monstra et abortus, hominibus alias inflatis. Tum vero tot encomia inaudita

Viele treibt ihr verdorbener Geist dorthin, von wo sie sich aus ihrem Geschichtswerk einen ewigen und unsterblichen Namen versprechen. Solche unpassenden Dinge sollten einem rechtschaffenen Christen fern liegen, den Gelehrten freilich sind diese nur allzu vertraut 5 und sie sind aus der Wissenschaft der Heiden übernommen. Da ich schon einmal vermerke, wie viel der Wunsch, diesen nachzueifern, bewirkt, da er so viel Schlechtes in die Wissenschaft hineinträgt: Er hat nicht wenige durch Missgunst verdorben und durch blinde Eigenliebe und 10 Bewunderung für die eigenen Belange dazu gebracht, die Einrichtungen der anderen abzuwerten und alle ihre Unternehmungen abzulehnen. Deshalb liest man bisweilen über ein und dasselbe Geschehen nicht nur verschiedene Urteile, sondern auch (unterschiedliche) Be- 15 richte, und dies gerade dann, wenn die verbitterten und verwirrten Menschen durch gegensätzliche Meinungen in verschiedene Richtungen gedrängt werden. Es finden sich daher so zahlreiche Verdrehungen der Umstände, vieles wird ausgelassen oder ganz offensichtlich in fal- 20 scher Reihenfolge und in böser Absicht hinzugesetzt, erweitert oder verkleinert. Ganz zu schweigen davon, dass den starren Menschen nur das als richtig oder erinnerungswürdig erscheint, was ihren eigenen Meinungen oder den Sitten ihrer Vorväter genau entspricht. 25

XX. Andere wiederum beschäftigen sich mit der Geschichtsschreibung, um Vorteile aus den Widmungen ihrer Bücher zu ziehen, wobei sie auf die Geldbeutel der Wohlhabenden schielen. Damit geben sie ein ganz 30 schlechtes Beispiel, nämlich das der Lobhudelei derer, denen die Geschichtsschreibung käuflich zu sein pflegt, indem sie ihre Hervorbringungen, oder besser, ihre Missgeburten und Fehlgeburten Menschen widmen, die ohnehin schon aufgeblasen sind. Dann aber häufen sie 35 so viele unerhörte Lobesreden an, so viele grässliche

cumulant, tot horrendas assentandi formulas, ut vel im-
pudentissimos in ruborem dare possent. Laudo autem
et admiror veterum modestiam, qui talia procul habue-
runt, atque in crimine posuissent, luci committere pu-
5 blicae, qualia jam tabernas complere ac tantum non
rumpere videmus. **[15]** Sic fallitur incauta posteritas et
Heroas Deosque jubetur existimare, qui vix mancipii
personam ex merito gerant.

10 XXI. Plurium conatus, etsi cetera forsan satis ingenuos,
et Doctrina et prudentia deserit, qui toties de hoc curri-
culo deflexerunt, quoties ne exiguis quidem subsidiis
bene sapienterque comparatis instructi fuerunt. Ita
multa rursus negligenter, multa jejune ac tenuiter per-
15 secuti sunt, neque ab ea culpa liberandi, quae ad Historiae tam turpiter deformatae causas spectat. Afferunt
nonnulli audaciam et consignant literis historias, quae
illorum aetatis non sunt, aut confisi fallaci memoriae,
aut haurientes ex narrationibus incertis et frivolis, aut
20 meris innixi conjecturis. Haec atque huiusmodi deinde
alii exscribunt ac pro indubitatis obtrudunt documen-
tis, ut tanta fabularum congeries Historiarum inundet.

XXII. Non possunt non sapientes indignari multis Hi-
25 storiarum Compendiis, Syntagmatibus, Chronologiis
aliisque, quorum Auctores veris destituti fontibus, ri-
vulos sectantur[82] eosque impuros et luculentos. Postha-

---

82   Vgl. Boccaccio, Genealogie deorum gentilium, II, a cura Vincenzo Romano,
      Bari 1951, XV,7 (p. 765): „Insipidum est ex rivulis querere, quod possis ex
      fonte percipere." Frdl. Hinweis von Monika Rener.

schmeichelnde Redefiguren, dass sie dadurch sogar den Abgebrühtesten die Schamesröte aufsteigen lassen. Ich lobe und bewundere dagegen das Maßhalten der antiken Schriftsteller, denen solches ganz fern lag und die es für ein Vergehen gehalten hätten, das zu veröffentlichen, was wir bereits als Stammtischgespräche kennen, aber noch nicht nach außen gedrungen ist. So wird die arglose Nachwelt getäuscht und angehalten, solche Menschen, die in Wahrheit kaum Herr ihrer selbst gewesen sind, für Helden und Götter zu halten.

XXI. Den Unternehmungen so vieler, auch wenn sie in anderer Hinsicht vielleicht ganz gescheit waren, fehlt sowohl die Gelehrsamkeit wie die Klugheit; diese sind ebenso oft von diesem Pfad abgewichen, wie sie nicht einmal im Gebrauch der einfachsten Hilfsmittel, die in kluger Einsicht bereitgestellt wurden, ausgebildet sind. Daher haben sie vieles nachlässig, vieles auch dürftig und nur schwach verfolgt und sie sind nicht freizusprechen von jener Schuld, die die Ursachen für eine derartig verderbte Geschichtsschreibung betrifft.
Manche bringen die Kühnheit auf, ein Geschichtswerk zu verfassen, das nicht die eigene Zeit betrifft, wobei sie entweder trügerischer Erinnerung [anderer] vertrauen oder aus fragwürdigen und abgeschmackten Berichten schöpfen oder sich auf bloße Vermutungen stützen. Solches und ähnliches schreiben später andere aus und sie schieben es vor als wahr an Stelle von unbezweifelbaren Dokumenten, so dass eine riesige Menge Fabeln die Geschichtsschreibung überschwemmt.

XXII. Die Einsichtigen können sich daher nur ärgern über viele Geschichtskompendien, Syntagmata, chronologische Aufzeichnungen und andere Werke, deren Urheber echter Quellen entbehren und nur Rinnsale verfolgen, und zwar solche, die unrein und trübe sind.

bito etiam judicio practico obvia quaevis corradunt, absque ulla veritatis cura inculcant, ne viso quidem ullo codice antiquo aut Auctore coaevo perlecto. Cum itaque rivuli lutulente et turbide fluunt, tum fontes impuros

5 esse constat et quaevis alia contaminare. Quibus omni certe ratione obviam eundum esset atque ex collatione testimoniorum non fallentium series rerum accurata indaganda opponendaque vera fictis, certa dubiis, ordinata confusis praeferenda.

10

XXIII. Dixi hactenus de potiorum corruptarum Historiarum causis, quae ignorantia divinarum humanarumque rerum **[16]** maxime definiuntur. Quibus id unicum adjungo, multum ex hac culpa in antiquos redundare,

15 quatenus illi per oscitantiam caeterasque causas tam parce memorias suorum temporum relinquerunt. Nota est in vulgus Doctorum quaerela, quoties jacturam codicum antiquorum dolent amissaque monimenta et innumeras Historiarum lacunas conqueruntur. Quod in-

20 commodum, uti per omnia ferme tempora grassatum est, sic multo majori ansam praebet corruptioni. Non jam referam, quantum hac re abutantur, qui pro genuinis foetibus fictitios Auctoribus supponunt, vel ex ingenio comminiscuntur relationes, statum indolemque cir-

25 cumstantiarum evertunt et miro artificio res gestas confundunt.

Unbekümmert um jedes an der Praxis ausgerichtete Urteil kratzen sie alles, worauf sie stoßen, zusammen und vertreten es gänzlich unbesorgt um die Wahrheit und ohne jemals auch nur einen alten Codex oder einen zeitgenössischen Autor gelesen zu haben. Da die Rinnsale so verschmutzt und trüb dahinfließen, steht es fest, dass folglich auch ihre Quellen unrein sind und alles folgende verunreinigen. Diesen müsste man mit allen Anstrengungen entgegentreten und durch das Zusammentragen von untrüglichen Zeugnissen wäre die Abfolge des Geschehens zu ergründen, das Wahre dem Erfundenen entgegenzustellen und Sicheres dem Zweifelhaften, Geordnetes dem Durcheinander vorzuziehen.

XXIII. Bislang habe ich über die wichtigsten Gründe für die Verderbnis der Geschichtsschreibung gesprochen, die vor allem in der Unkenntnis der göttlichen und menschlichen Dinge begründet liegen.
Diesen füge ich noch dies eine hinzu, dass nämlich ein Großteil dieser Schuld Auswirkungen auf die Klassikertexte hatte, insofern als sie durch die Achtlosigkeit [der Nachwelt] oder aus anderen Gründen die Dokumente ihrer Zeit so spärlich bewahrten. Allgemein bekannt ist ja die Klage der Gelehrten, die immer, wenn sie über den Verlust von alten Codices lamentieren, gerade auch die verlorenen Dokumente und die unzähligen Lücken in den Geschichtswerken beklagen. Dieser widrige Umstand, der zu fast allen Zeiten herrschte, bietet den Anlass zu noch größerer Verderbnis. Ich will hier schon nicht mehr darlegen, wie sehr diejenigen damit Missbrauch treiben, die an Stelle der echten Geisteskinder den Autoren erdichtete unterschieben oder die sich mit viel Einbildungskraft Berichte ausdenken, den Stand und die Beschaffenheit der Umstände verdrehen und die Geschichte mit geradezu erstaunlicher Kunstfertigkeit durcheinander bringen.

XXIV. At vero illis minus condoleas quam his, qui metu potentiorum oppressi scribere non audent, quae veriora esse norunt. Quamquam neque tales habent, quo se magnopere tueantur, quippe ab adulatoribus non prorsus
5 alieni, certe in asserenda veritate languidi et negligentes, nullaque candoris et fidei praemia apud Deum reposita persuasi. Interim egregium illud quorundam institutum fuit, qui, quum praesenti tyrannorum vi sese impares viderent, historias suas ex veritate conscriptas
10 clamque tantisper habitas posteris demum divulgandas commiserunt. Illustris inter hos *Procopius Caesareensis*[83] Historiam Justiniani I. sic composuit sapienterque, quoad viveret, occultavit, Arcanamque dixit atque aetati secuturae insignem rerum alias ignotissimarum
15 seriem ex vero enarravit. Ut taceam alios, quorum numerum *Johannes ille Burchardus*[84] in Historia Alexandri VI. P[ontificis] R[omani] ad modum Diarii conscripta et nuperrime ab illustri Leibnitio[85] edita[86], luculenter auxit. Modo illud in ejusmodi scriptis non
20 negligatur, ut animo puro soliusque veritatis cupido arcana scelerum, consiliaque et fraudes, nullo vero imi-

---

83 Prokopios von Caesarea (* um 500; † um 562), Historiker, einer der bedeutendsten der gesamten Antike.
84 Johannes Burchard/Burckard (ca. 1445–1506), Stiftsherr zu Straßburg, Propst von Haslach, Dekan zu Basel, Dr. decretorum; seit 1467 in Rom, Protonotar, päpstlicher Zeremonienmeister, Bischof von Città Castellana und Orte. B. verfasste 1483 bis 1506 ein Diarium sowie liturgische Arbeiten. Vgl. Franz Wasner, LThK² 2 (1958), Sp. 784 f.; Volker Reinhardt, Der unheimliche Papst. Alexander VI. Borgia 1431–1503, München 2005, Register.
85 Gottfried Wilhelm Leibniz (1646–1716), Philosoph und Universalgelehrter. Vgl. Hartmut Rudolph, RGG⁴ 5 (2002), Sp. 230–232. Leibniz veröffentlichte auch zahlreiche historische Arbeiten. Vgl. dazu Werner Conze, Leibniz als Historiker, Berlin 1951.
86 Historia Arcana sive de vita Alexandri VI. Papæ seu excerpta ex diario Johannis Burchardi Argentinensis, capellae Alexandri Sexti Papae clerici ceremoniarum magistri Edita a Godefr. Guilielm. Leibnizio, Hannover 1697. – Neuausg.: Johannis Burckardi Liber Notarum ab anno 1483 usque ad annum 1506, ed. Enrico Celani/Giosue Carducci, 2 Bde, Città di Castello / Bologna ²1942.

XXIV. Und doch hat man weniger Mitleid mit diesen als mit jenen, die aus Furcht vor den Machthabern sich nicht trauen, das zu schreiben, was sie als wahr erkannt haben. Obgleich solche Leute nichts zu ihrer Verteidigung vorbringen können, da sie sich von den Schmeichlern eigentlich nicht unterscheiden – überzeugt, dass es bei Gott keinen Lohn für Aufrichtigkeit und Treue gibt, sind sie in jedem Fall allzu träge und nachlässig im Vertreten der Wahrheit. Indessen gab es jene ausgezeichnete Gewohnheit bei einigen, die ihre Geschichtswerke, die sie der Wahrheit gemäß geschrieben hatten, einstweilen geheim hielten und erst der Nachwelt zur Veröffentlichung anvertrauten, da sie sich der allgegenwärtigen Macht der Tyrannen nicht gewachsen fühlten. Ein berühmtes Beispiel hierfür ist Prokop von Caesarea, der die Geschichte Justinians I. auf diese Weise schrieb, sie zu dessen Lebzeiten jedoch klugerweise zurückhielt. Er nannte sie „Geheime [Geschichte]" und berichtete der nachfolgenden Zeit wahrheitsgemäß eine bedeutende Anzahl andernfalls völlig unbekannter Geschehnisse. Andere lasse ich hier aus; ihre Zahl hat Johannes Burchard mit der Geschichte des römischen Papstes Alexanders VI., die er nach Art eines Tagebuchs verfasste und die kürzlich vom gelehrten Leibniz ediert wurde, trefflich vermehrt. Nur darf bei derartigen Schriften nicht außer Acht gelassen werden, dass wir mit reinem Herzen und nur nach Wahrheit strebend die geheimen Verbrechen, Listen und Ränke zwar kennen

tandi proposito cognoscamus. Quo forsan et illud *Chronicon Scandalosum* referendum, quod in Gallia jam **[17]** tum Ludovici XI. temporibus scriptum commemoratur, ac cum ceteris ea quasi soli exponit larvisque privat, quae in ultimis Regum secessibus contigerunt. Neque alia, credo, ratio est Arcanorum Aulicorum Elisabethae Reginae Anglicae[87], quae a *Walsinghamo*[88] primum edita, per *Robertum Nantonium*[89] non ita pridem illustrata sunt.[90]

XXV. Haec atque hujusmodi instituta, quibus ignota hucusque et arcana improborum facta deteguntur, si quis importuna et nec toleranda putet: is cogitet, quae *Salvianus Mas[s]iliensis*[91] in simili negotio graviter commonuit. Cum enim aliqui aegre ferrent, quod viris hucusque spectatis fides atque commendatio per tot annorum quasi praescriptionem asserta demum dubia redderetur, tum ista severe scripsit: Nempe hoc causam corruptae rei Christianae magis aggravat, si deteriores fuerint, qui tamen vulgo meliores dicuntur. Neque tamen bonitati unius alterius obstat crimen aut accusatio: Quamobrem et veritatis perquirendae spes multos frustrata est, aut solum dubios ancipitesque tenuit et sola

---

87 Arcana aulica. Or, Walsinghams manual of prudential maxims for the statesman and the courtier, London 1655.

88 Francis Walsingham (1530–1590). Vgl. Alan Haynes, Walsingham. Elizabethan spymaster & statesman, Stoud 2004.

89 Robert Naunton (1563–1635), englischer Politiker und Schriftsteller.

90 Naunton verfasste seine wertvolle Darstellung über die Regierungszeit der Königin Elisabeth I. um 1630. Sie wurde aber erstmals posthum 1641 gedruckt: Fragmenta regalia, written by Sir Robert Naunton, und nochmals 1642, eine revidierte Edition erschien 1653: Fragmenta Regalia, or Observations on the late Queen Elizabeth, her Times and Favourites. Das Werk wurde 1824 und 1870 neu aufgelegt und in verschiedene Sammlungen aufgenommen, auch in das Französische und Italienische übersetzt.

91 Salvianus Massiliensis, Salvian von Marseille (ca. 400 – ca. 480), Kirchenvater und einer der bedeutendsten römischen Historiker während der Völkerwanderungszeit. Vgl. Jan Badewien, Geschichtstheologie und Sozialkritik im Werk Salvians von Marseille. Göttingen 1980. Vgl. Adolf Martin Ritter, RGG[4] 7 (2004), Sp. 811.

lernen, sie jedoch nicht als Vorbild zur Nachahmung
nehmen. Hier ist vielleicht auch jene „Chronique scan-
daleuse" zu nennen, die in Frankreich bereits zur Zeit
König Ludwigs XI. geschrieben sein soll, die unter an-
derem ans Licht brachte und entlarvte, was in den ab-   5
geschiedenen Landgütern der Könige geschah. Und
kein anderes Ziel verfolgten die „Geheimen Geschichten vom Hof" der Königin Elisabeth von England, die
zunächst von Walsingham herausgegeben und vor gar
nicht langer Zeit von Robert Naunten berühmt ge-   10
macht wurden.

XXV. Sollte jemand diese und ähnliche Versuche, durch
welche die bisher unbekannten und geheimen Taten
der Schlechten bloß gestellt werden, für ungeeignet und   15
unerträglich halten, möge er bedenken, was Salvian von
Marseille bei einem ähnlichen Unterfangen streng an-
mahnt. Als nämlich einige Leute darüber verärgert waren, dass die bisher gültige Glaubwürdigkeit und das
Ansehen von Männern, die über viele Jahre hindurch   20
geradezu notwendig vorgeschrieben war, nunmehr in
Zweifel gezogen wurde, schrieb er streng folgendes:
„Dies allerdings steigert noch den Grund für den verderbten Zustand der Christenheit, dass diejenigen allgemein als gut gelten, die schlecht gewesen sind. Aber   25
der Rechtschaffenheit des einen steht nicht das Verbrechen oder die Anklage gegen einen anderen entgegen.
Und daher hat auch die Hoffnung, die Wahrheit her-
auszufinden, viele getäuscht bzw. in Unsicherheit be-

nec tempestiva προσωποληψία cepit, ut simul commodis laudibusque aliorum ducti a recepta narratione discedere dubitarint. Quam viam, qui non amplius ineunt, ii conscientiae quidem et saluti consulere, sed famae for-
5 tunaeque negligentes esse videbuntur.

Lib[ro] IV. de Gubern[atione] Dei p. 134.[92]

Lib[ro] VII p. 191.

XXVI. Usque adeo illuditur Summo rerum Statori at-
10 que Arbitro, ejusque innocentissimae soboli, Veritati. Abhorrent ideo timidiores ab hac indaganda et tuenda, alii metu calumniarum nihil recti probique sibi licere existimant. Plurimi nec possibile sibi esse aut magnopere necessarium arbitrantur, servire DEO atque ad
15 normam voluntatis ejus, tam dulcis tamque salutaris, sese componere. Paucissimi aliqua eaque incorrupta probitatis verae exempla aut ceteris produnt aut ipsi observant atque imitantur. Ita spes fallitur lectorum auditorumque ac ipsa posteritas exem-**[18]**pla potius pes-
20 sima capit adulterandae veritatis sanctitatisque corrumpendae. Plena hinc est Ecclesia scandalis et vulneribus ferme non amplius sanabilibus, Resp[ublica] sceleribus et suppliciorum causis, calamitatibus item ac turbis, immo universus orbis tragicis exemplis.
25
XXVII. Ex adverso si innocentissima proborum facinora, si primae maxime Ecclesiae facies propius innotescerent, quantam, quaeso, vim ad commovendos animos et corrigendos persentisceremus? O si plures ex-
30 starent Scriptores cordati, qui deterso fallaciarum et hypocriseos fuco homines, et in his maxime principes, in Ecclesia et Rep[ublica] vivis coloribus depinxissent! Qui

---

92 Salviani Massiliensis Opera, curante Cunrado Rittershusio, qui et librum commentarium adjecit, Altdorf 1611. Arnold besaß dieses Werk (Catalogus 36, Nr. 32).

fangen und allein durch das jeweilige Ansehen der Person abgehalten, so dass sie durch das Lob und die günstige Beurteilung der anderen nicht wagten, von der allgemein anerkannten Darstellung abzuweichen." Diejenigen, die diesen Weg nicht mehr beschreiten, werden offensichtlich ihrem Gewissen und ihrem Seelenheil dienen, auch wenn sie Ruhm und weltliche Ehre zu vernachlässigen scheinen.

XXVI. So sehr wird also der höchste Erhalter und Richter und sein allerunschuldigstes Kind, die Wahrheit, verspottet. Die Ängstlichen schrecken darum davor zurück, diese zu ergründen und zu schützen, andere glauben aus Furcht vor Tadel, ihnen sei nichts Rechtes und Anständiges erlaubt. Viele glauben, es sei nicht möglich oder überhaupt notwendig, Gott zu dienen und sich gemäß der Richtschnur seines süßen und heilsamen Willens zu verhalten. Nur ganz wenige überliefern den anderen unverfälschte Beispiele wahrer Rechtschaffenheit oder beachten diese selber und richten sich danach. So wird die Erwartung der Leser und Hörer getäuscht und die Nachwelt empfängt eher ganz schlechte Beispiele dafür, wie die Wahrheit verfälscht und die Frömmigkeit verdorben werden kann. Die Kirche ist voll mit solchen Skandalen und Verletzungen, die schon kaum noch zu heilen sind, der Staat ist voll von Verbrechen und Strafsachen, von Widrigkeiten und Unruhen – kurz, der ganze Erdkreis ist angefüllt mit schrecklichen Beispielen.

XXVII. Wenn im Gegensatz dazu die allerunschuldigsten Beispiele der Anständigen, wenn vor allem das Antlitz der frühesten Kirche hervorleuchtete, wie viel Kraft würden wir dann nicht verspüren, die Herzen zu rühren und zu bessern? Gäbe es doch nur mehr beherzte Autoren, die den Dunst der Täuschungen und

facta et dicta singulorum nude nec larvis ac simulacris
tecta promulgassent! Quantum non historiae modo, sed
universae rei publicae et Christianae lumen foenera-
rentur, quo nebulae mendaciorum solide possent dis-
5 cuti! Dum interea in rebus gravissimis lacunas deplora-
mus, conjecturis ducimur, rimamur imprudentiorum
confessiones per veritatem et conscientiam quandoque
expressas ac reliqua subsidia omnia sedulo adhibemus.

10 XXVIII. Omnium tamen maxime eorum institutum pro-
batur, qui vel M[anu]s[cripto]s, Annales et Diaria
publica privataque conquirunt, qui Tabulas et Acta
publica Epistolasque familiares perlustrant, arcanas
etiam privatorum narrationes habent ad manus. Ex his
15 sane in Historia recentiori multo felicius me profecisse
fateor, quam ex vastis quibusdam Historiarum voluminibus. Scribunt privati homines in gratiam nullius, procul partium studio, procul animi perturbationibus. Habent neminem, quem occulta scriptione offensum me-
20 tuant aut cui adulentur. Unde nude adeo et prout res
sese habent, memoriae causa in chartas conjiciunt. Quo
ex genere monimentorum superiori seculo cum alii, tum
[19] maxime solertissimus Vir *Matthias Flacius*[93] in-
comparabilem historiae thesaurum ex medio aevo con-
25 gessit, nec huius forte totam messem in Catalogo Testium Veritatis[94] communicavit. Recentiores non at-
tingo, quorum in Civilibus quidem hoc instituto
notissimi[95] *Melchior Goldastus*[96] atque *Fridericus Hort-*

---

93 Matthias Flacius, genannt Illyricus (der Illyrer), eigentlich Matija Vlačić
    (1520–1575), luth. Theologe. Vgl. Oliver K. Olson, TRE 11 (1983), S. 206–
    214; ders., RGG⁴ 3 (2000), Sp. 151 f.
94 Testium Veritatis, Leiden 1597. Arnold besaß diese Ausgabe (Catalogus 11
    Nr. 29).
95 Goldast starb in Gießen.
96 Melchior Goldast (1587–1635). Vgl. Anne A. Baade, Melchior Goldast von
    Haiminsfeld, 1992; Gerhard Dünnhaupt, Melchior Goldast von Haimins-
    feld, in: Personalbibliographien zu den Drucken des Barock, Bd. 3, Stutt-
    gart 1991, S. 1653–1679.

Heuchelei vertrieben und die Menschen, und gerade
diejenigen in Führungspositionen in Kirche und Staat,
in lebendigen Farben darstellten! Autoren, die die Taten und Aussprüche der Einzelnen unverfälscht und
nicht von Hirngespinsten und Götzenbildern überdeckt 5
weitergäben! Wie viel würden diese nicht allein zur Er-
leuchtung der Geschichtswissenschaft, sondern sogar
des gesamten Gemeinwesens und der Christenheit beitragen, wodurch die Lügenschwaden vollends vertrieben würden! Während wir bisweilen bei ganz wichtigen 10
Dingen die Überlieferungslücken beklagen, lassen wir
uns von bloßen Konjekturen leiten, wir durchforschen
die Äußerungen von schamlosen Menschen wie die
Wahrheit, die ihrem Gewissen verpflichtet ist, und wenden eifrig sämtliche Hilfsmittel auf sie an. 15

XXVIII. Am meisten ist aber die Vorgehensweise derer
zu loben, die handschriftliche Aufzeichnungen, annali-
stische Schriften, öffentliche und private Tagebuchein-
träge zusammentragen, die öffentliche Verlautbarun- 20
gen, Akten und Privatbriefe durchsehen und sogar
geheime Erzählungen von Privatleuten zur Hand nehmen. Ich möchte behaupten, dass ich in der Zeitge-
schichtsschreibung viel mehr erreicht habe, indem ich
aus diesen schöpfte, als aus irgendwelchen umfangrei- 25
chen Büchern über die Geschichte. Privatleute schreiben ja zu keines anderen Gunsten, Parteilichkeit liegt
ihnen fern, ebenso wie ihnen Emotionen fernliegen. Es
gibt keinen, den durch eine geheime Mitteilung zu be-
leidigen sie fürchten oder dem sie schmeicheln müss- 30
ten. Daher können sie unverbrämt die Geschehnisse, so
wie sie sind, aufschreiben und der Erinnerung bewahren. Aus dieser Art Dokumente hat im vorangehenden
Jahrhundert unter anderen vor allem der rührige Matthias Flacius einen unvergleichlichen Thesaurus der 35
Geschichte des Mittelalters zusammengestellt, und hat

lederus[97], in Ecclesiasticis *Henr[icus] Canisius*[98], *Lucas Dacherius*[99], *Phil[ippus] Labbeus*[100], Jo[annes] *Bap[tista] Cotelerius*[101], *Franciscus Combefisius*[102], *Balusius*[103], *Mabillonius*[104], *Seckendorffius*[105] et plures exstiterunt.

XXIX. In his ceterisque omnibus quantus selectus sit adhibendus, quanto studio veritati cuncta sint tribuenda, tuendae pariter atque condecorandae, inposterum cum cura et adhibita fide summa edisseram. Laetum enim prosperumque hoc omen est, quum *Serenissimus atque Potentissimus Princeps ac Dominus,* DOMINUS ERNESTUS LUDOVICUS,[106] Landgravius Hassiae, Princeps Hersfeldiae, Comes in Cattimeliboco, Dezia, Ziegenhainia, Nidda, Schaumburgo, Ysenburgo et Budinga etc., Princeps ac Dominus meus Clementissimus, impetu animi sapientissimi proprio, mihi nihil tale cogitanti in hac Academia campum patefecit industriae aperuitque locum ad Historiarum commemorationem. Qua in re divinae voluntati morem gessi animumque caetera secessus otiique liberalis cupidum

---

97   Friedrich Hortleder (1579–1640), Staatsmann und Historiker, wirkte seit
     1616 als fürstlicher Rat in Sachsen-Weimar. Vgl. DBE 5,183 f.
98   Heinrich Canisius († 1610), Neffe des berühmten Jesuiten Petrus Canisius,
     Kanonist und Historiker, seit 1590 Professor des kanonischen Rechts in In-
     golstadt. Als Historiker machte er sich einen Namen durch die Lectiones
     antiquae, 6 Bde. Ingolstadt 1601–1604, die von Jacques Basnage neu ediert
     wurden unter dem Titel: Henrici Canisii Thesaurus monumentorum
     ecclesiasticorum et histor. sive Lectiones antiquae ad saeculorum ordinem
     digestae, 4 Bde., Antwerpen 1725. Der 5. Band erschien auch unter dem
     Titel: Promptuarium ecclesiasticum, Ingolstadt 1608. Die Lectiones ent-
     halten zahlreiche damals unedierte Chroniken, Schriften von Kirchenvä-
     tern u. dgl. – Vgl. Johannes von Schulte, ADB 3 (1876), S. 749.
99   S. o. Anm. 38.
100 S. o. Anm. 34.
101 S. o. Anm. 37.
102 S. o. Anm. 36.
103 S. o. Anm. 39.
104 S. o. Anm. 52.
105 S. o. Anm. 54.
106 S. o. Text 2, Anm. 3.

vielleicht nicht einmal seine gesamte Ernte im „Katalog
der Wahrheitszeugen" mitgeteilt. Auf die späteren will
ich nicht eingehen, von denen sich mit dieser Methode
in der weltlichen Geschichte am ehesten Melchior Goldast und Friedrich Hortleder einen Namen gemacht haben, in der Kirchengeschichte Heinrich Canisius, Lucas
Dacher, Philipp Labbé, Johann Baptist Cotelier, F. Combefis, Balusius, Mabillon, Seckendorff und viele andere
mehr.

XXIX. Ich werde in der Zukunft mit Sorgfalt und äu-
ßerster Wahrheitsliebe darlegen, wie sehr man bei diesen und allen anderen auswählen, wie sehr man sich um
die Wahrheit bemühen muss, die es zu bewahren und
hochzuhalten gilt. Dies ist ja ein frohes und glückliches
Omen, dass der erhabenste und mächtigste Fürst und
Herr, der Herr Ernst Ludwig, Landgraf von Hessen,
Fürst von Hersfeld, Graf von Katzenelnbogen, Dietz,
Ziegenhain, Nidda, Schaumburg, Isenburg, Büdingen
usw., mein Fürst und allergütigster Herr aus dem Ratschluss seines scharfen Verstandes mir, der ich nicht
einmal an solches dachte, an dieser Universität ein Be-
tätigungsfeld eröffnet und mir eine Stelle zur Geschichtsschreibung gegeben hat. Hierin bin ich Gottes
Willen gefolgt und habe meinen Sinn, der eigentlich
nach Abgeschiedenheit und nach ungebundener Muße

erexi atque firmavi ad ornandam provinciam mihi graviter commissam.

XXX. Adsit Deus *Principis Optimi* consiliis, meque et
5 conatus meos Spiritu suo dirigat ac secundet, eam omnibus mentem impertiatur, eas vires suggerat, quae honorem nominis ejus in pretio habeant et ad pii devoti-
que **[20]** cultus reique publicae et patriae rationes faci-
ant. Gnaviter enim ac imprudens sit et in ignorantia
10 rerum omnium versari judicandus, quisquis sapientis-
simum *Principis* institutum in supervacaneis poneret.
Quando quidem et Historia per se apud bonos omnes in
pretio, et accuratior imprimis selectiorque prorsus ejusmodi est, qua nec sacra nec civilis doctrina aut vita de-
15 nique communis carere potest. Jam si vel maxime tot li-
belli vulgares ad manus sint: tamen et usus rerum et labores mei in posterum planum facient, quam parum
plerisque fidei in momentis gravissimis sit adhibendum.

20 XXXI. Sigillatim qui sacra docendi facultatem assequi
student, illi demum, si experiri non pigeat, intelligent,
quantum valeat Historia emendatior ad usum et noti-
tiam rerum divinarum, ut pernoscant recte et usurpent
cum fructu divinos Scriptores, ut videant, quo eventu et
25 modo Sapientia[107] e coelo devocata et patefacta, quibus
successibus et instrumentis abditos suos sensus Numen
immortale exposuerit.

---

107 Sophia (griechisch σοφία, lateinisch sapientia) ist die Personifikation der
göttlichen Weisheit. Vgl. Ernst Benz, Gottfried Arnolds „Geheimnis der
göttlichen Sophia" und seine Stellung in der christlichen Sophienlehre, in:
Jahrbuch der Hessischen Kirchengeschichtlichen Vereinigung 18 (1967), S.
51–82; Bernard Gorceix, Le culte de la sagesse dans l'Allemagne baroque et
piétiste: A propos du «mystère de la Sophie divine» du piétiste Gottfried Arnold (1700), in: Sophia et l'âme du monde, Paris 1983 (Cahiers de l'Hermé-
tisme 9), S. 195–214; Lothar Vogel, Beobachtungen zur Böhmerezeption in
Gottfried Arnolds Sophienschrift, in: Wolfgang Breul/Lothar Vogel (Hgg.),
Der radikale Pietismus. Perspektiven der Forschung, Göttingen ²2011,
S. 271–292.

strebte, ermutigt und gestärkt, um dieses Fach, das mir
so ernst anvertraut wurde, zu fördern.

XXX. Gott möge dem Ratschluss des besten Fürsten seinen Beistand gewähren und mich und mein Bemühen
durch seinen Geist lenken und fördern; er möge allen
die Einsicht geben und die Kräfte verleihen, welche die
Ehre seines Namens hochhalten und zur rechten Verehrung des Frommen und Heiligen, des Staates und des
Vaterlands das rechte Verständnis geben. Als ganz töricht und von völliger Unkenntnis aller Dinge wäre der
zu beurteilen, der dies allerbedeutendste Vorhaben unseres Fürsten zu den überflüssigen Dingen zählte. Ohnehin steht die Geschichte per se bei allen Guten in Ansehen; eine wahrheitsgemäße, kritische Geschichte
aber ist vollends von der Art, dass weder die Theologie,
noch die weltlichen Wissenschaften, noch das gesamte
öffentliche Leben auf sie verzichten können. Mag es
auch heute noch so viele populäre wissenschaftliche Bücher geben, meine Erfahrung und mein Bemühen werden in Zukunft deutlich aufzeigen, wie wenig Glauben
man in wichtigen Fragen den meisten schenken darf.

XXXI. Insbesondere werden die zukünftigen Theologen, wenn sie sich nicht scheuen, sich darauf einzulas-
sen, erkennen, wie viel eine verbesserte Geschichtswissenschaft zum Nutzen und zur Kenntnis der Theologie
beiträgt, damit sie die christlichen Autoren richtig verstehen und mit Gewinn auswerten und sie sehen, durch
welches Ereignis und auf welche Weise die göttliche
Weisheit vom Himmel herabgerufen und offenbart
wurde und durch welche Ereignisse und Hilfsmittel die
unsterbliche Gottheit ihren verborgenen Sinn bekannt
machte.

77

Magna insuper et tantum non praecipua prudentiae pars in temperandis dijudicandisque suis aliorumque actionibus posita est. Ista vero nunquam satis explorate percipi poterit, nisi Historiae et exempla et monita sug-
5 gerant atque inculcent. Id quod rursus fieri nequit, nisi in illis fucatum a genuino discernatur et quae per male-volos obscurata aut hypocritarum lenociniis implicata sunt, intrepide evolvantur, ac imprimis in eorum, qui Rempublicam et ecclesiam rexerunt, consilia conatus-
10 que procul studio aut obtrectatione inquiratur.

XXXII. Sic demum fiet, ut multa optimis exemplis fera-mus accepta, pessima quaevis suae relinquamus foedi-tati neque insultemus innocentibus aut indignemur
15 ejusmodi [21] personis, quas impii aut imprudentes ut haereticos et nebulones reprehendunt. Haud grave etiam sit, vindices atque instauratores Christianismi per omnia tempora propius nosse, instrumenta Dei ad-mirari et in laudes quoque divinae clementiae descen-
20 dere. Simul delectabit in rebus publicis easdem saepe fabulas mutatis saltem personis actas spectare, fontes-que omnium morum, actionumque et successuum, ex-ordia mutationes finesque et gubernationem, Rerum-publicarum casus tragicos, sapientum dicta et gesta,
25 tyrannorum exitia,[108] irae mansuetudinisque divinae exempla designare. Uno verbo exprimam instituti no-stri rationem: juvabit ubique et in sacris maxime *nosse*

---

108 Seit dem Kirchenvater Laktanz (um 250 – um 320), der in seiner Schrift *De mortibus persecutorum* („Von den Todesarten der Verfolger") die Leidens- und Todesgeschichten von römischen Kaisern erzählte, die zuvor die Chri-sten verfolgt hatten, ist die Betrachtung des schlimmen Endes von bösen Herrschern ein Thema christlicher Erbauungsliteratur.

Ein wesentlicher und fast schon der wichtigste Teil der Klugheit besteht darüber hinaus im verantwortlichen Handeln und in der Beurteilung von Recht und Unrecht der eigenen Taten und der der anderen. Diese kann aber niemals hinreichend sicher begriffen werden, wenn dies nicht Beispiele und Mahnungen der Geschichte nahelegen und lehren. Dies wiederum kann nur geschehen, wenn darin Vernebeltes vom Echten getrennt wird und wenn unverdrossen herausgeschält wird, was von Böswilligen verdunkelt oder in die Schmeichelworte von Heuchlern verwickelt ist; vor allem bei den Plänen und Unternehmungen derer, die Staat oder Kirche geleitet haben, muss das ohne Eifer und ohne Übelwollen untersucht werden.

XXXII. So wird es schließlich geschehen, dass wir aus guten Beispielen vieles annehmen, das Schlechte aber seiner eigenen Schändlichkeit überlassen können und wir den Unschuldigen keine Vorwürfe machen oder solche Menschen ablehnen, die die Gottlosen oder Törichten als Ketzer und Fantasten tadeln. Und es sollte auch nicht schwer sein, die Beschützer und Erneuerer des Christentums durch die Zeiten hindurch genauer kennenzulernen, die Werkzeuge Gottes zu bewundern und dann zum Lob der göttlichen Barmherzigkeit überzugehen. Ebenso wird es Freude machen, im weltlichen Bereich oft dieselben Geschichten, nur von anderen Personen ausgeführt, zu beobachten und die Quellen aller Sitten und Bräuche, Handlungen und Erfolge, die Anfänge, Veränderungen, Ergebnisse und Regierungsformen, den tragischen Untergang von Staaten, die Aussprüche und Handlungen der Weisen, die Todesarten der Tyrannen als Beispiele für Gottes Zorn oder seine Milde zu bestimmen.
Um mit einem Wort das Ziel unserer Methode auszudrücken: Es wird überall von Nutzen sein, am meisten

Christum et Anti-Christum, atque utriusque gesta diligenter inter se conferre.

XXXIII. Qua in re illud de me ingenue atque in publico conspectu profiteor, et exquisita tractandi ratione et ra-
5 tis firmisque argumentis denique necessario veritatis antiquissimae studio memoriam omnium temporum, Rerumpublicarum et Ecclesiarum me traditurum. Nihil mihi indulgebo, nihil odio vel amori commodisve tribuam: veri tenax et recti ad vitae usus universam do-
10 cendi rationem referam. Probabunt, auguror, institutum, quotquot probitatis amantes Aeternam Patris Sapientiam fontemque omnis genuinae doctrinae JESUM CHRISTUM venerantur. Ita in spem adducor capessendi auspicato muneris, quod mihi plane divinitus in-
15 junctum novi, atque auxilium gratiamque Patris coelestis mihi polliceor, omniumque benevolentiam, qui haec studia et hos conatus existimant, decenter expeto.

XXXIV. Ad extremum apud Vos maxime, *Cives Acade-*
20 *miae Generosi atque Nobilissimi*, industriae fideique meae aditum patere arbitror, studiisque et amori nihil denega-**[22]**tum iri credo, quae non fallant spem de me forte conceptam, fucatumque nihil atque alienum habe-

aber in der Religion, Christus und auch den AntiChrist zu kennen und sorgfältig die Taten beider miteinander zu vergleichen.

XXXIII. In dieser Sache erkläre ich aufrichtig und in aller Öffentlichkeit meinen Vorsatz, dass ich mit ausgesprochener Sorgfalt, mit wohl überlegten und gesicherten Argumenten, schließlich auch mit dem nötigen Bemühen um die ursprüngliche Wahrheit die Geschichte aller Zeiten, und zwar die weltliche wie die Kirchengeschichte, weitergeben werde. Ich werde mir dabei keine Freiheiten erlauben, nichts dem Hass oder der Liebe oder meinem Vorteil zubilligen. Am Wahren und Rechten festhaltend werde ich die allgemeine Lehrart auf den Nutzen für die Lebensführung ausrichten. Es werden, so glaube ich, all diejenigen mein Vorhaben billigen, die die Rechtschaffenheit lieben und welche die ewige Weisheit des Vaters und den Quell aller wahren Gelehrsamkeit, Jesus Christus, verehren. Ich bin der Hoffnung, diese Aufgabe unter einem guten Vorzeichen zu übernehmen; mir ist bewusst, dass sie mir geradezu von Gott auferlegt wurde; ich vertraue auf die Hilfe und die Gnade des himmlischen Vaters und ich erbitte demütig das Wohlwollen all derer, die solchen Eifer und solches Bemühen zu schätzen wissen.

XXXIV. Am Ende möchte ich glauben, großmütige und edle Mitglieder der Universität, dass gerade bei Euch meinem Fleiß und meinem Glauben das Tor offensteht und ich glaube, dass meinem Bemühen und meiner Hingabe, welche die vielleicht in mich gesetzte Erwartung nicht enttäuschen und nichts Verfälschtes und nichts Unpassendes haben werden, nichts versagt wer-

ant. Ita bene nobis cedent labores, ut nec cuiquam officium meum desit, quin illud usu atque consuetudine
omnibus gnaviter sim commonstraturus.

Quare agite, *Commilitones*, et tanto contentius revoce-
5 mus animum mutuis operis atque cohortationibus ad
Dei nostri cultum, serium illum et purum, quo minus
forsan temporis ad emendandam vitae rationem pluri-
bus est relictum! Tum ad studia atque contemplationes
divinarum humanarumque rerum aggrediamur, perlu-
10 stremus Rerumpublicarum et Ecclesiarum historias,
cultum doctrinae induamus elegantioris atque olim pro-
futurae, vitam vero ante omnia emendatis doctrinae rationibus instruamus!

FINIS.

den wird. So werden unsere Bemühungen zu einem guten Ende kommen, niemandem will ich meine Unterstützung versagen, vielmehr werde ich dies allen mit Rat und Tat täglich unter Beweis stellen.

Wohlan denn, Kommilitonen, lasst uns unsere Aufmerksamkeit daher umso eifriger in gemeinsamer Anstrengung und Ermunterung wieder der Verehrung unseres Gottes zuwenden, und zwar zu jener [früheren] ernsthaften und reinen Verehrung, so lange den meisten von uns noch Zeit bleibt, unsere Lebensführung zu bessern. Dann lasst uns das Studium und die Betrachtung der göttlichen und menschlichen Dinge aufnehmen: Lasst uns die Geschichte der Staaten und die Kirchengeschichte gründlich erforschen und die Pflege einer besseren Wissenschaft aufnehmen, die einst von Nutzen sein wird, und lasst uns vor allem so unser Leben nach den verbesserten Zielen der Wissenschaft einrichten!

5. Disputationsthesen aus der Dissertation Historia Georgi Saxoniae Ducis

Q. D. B. V.

HISTORIAM

GEORGI

SAXONIÆ

DUCIS

disquisitioni publicæ submittit

PRÆSIDE

GOTHOFREDO

ARNOLDO,

Historiarum in Acad. Giessensi Prof. P.

Respondens

JOHANNES HAUBOLDUS ab Einsiedel/

Eques Saxo.

Ad diem Novembris M DC XCVII.

GISSÆ-HASSORUM,

Typis HENNINGI MÜLLERI.

Titelblatt der einzigen Gießener Dissertation, die unter Arnolds
Vorsitz verteidigt wurde. Ihr sind die folgenden Thesen beigegeben,
über die disputiert wurde.

Q[uod] D[eus] b[ene] v[ertat]

HISTORIAM

GEORGII

SAXONIAE

DUCIS

disquisitioni publicae submittit

PRAESIDE

GOTHOFREDO

ARNOLDO,

Historiarum in Acad[emia] Giessensi Prof[essore]

P[ublico]

Respondens

JOHANNES HAUBOLDUS ab Einsiedel[1]/

Eques Saxo.

Ad diem [2]*Novembris MDC XCVII.*

GIESSAE HASSORVM,

Typis HENNINGI Mülleri.[3]

---

1   Vgl. das Nachwort.
2   Lücke für das handschriftlich einzutragende Datum.
3   Zu dem Universitätsbuchdrucker Henning Müller vgl. Otto Buchner, Die
     Anfänge des Buchdrucks und der Censur in Gießen, in: Mitteilungen des
     Oberhessischen Geschichtsvereins 5 (1894), S. 33–52, bes. 36 u. ö.

Was Gott zum Besten wenden möge!

Die Geschichte

Herzog

Georgs von Sachsen

unterwirft der öffentlichen Erörterung

unter dem Vorsitz von Gottfried Arnold,

Öffentlichem Professor der Geschichte

an der Universität Gießen

der Respondent

Johannes Haubold von Einsiedel,

sächsischer Ritter,

am Tag [Lücke für handschriftliches Datum]

des November 1697.

Gießen in Hessen,

gedruckt von Henning Müller.

[43] Hypomnemata[4]

[I.] Historia Ecclesiae nobilior est et antiquior notitia Rerum publicarum: Perinde atque ipse proborum coe-
5 tus diu ante fuit inter homines a DEO collectus et constitutus, quam imperia potestatesque per ambitionem tyrannidemque impiorum stabilirentur.

II. Constabit etiam aliquando memoria rerum bene in Ecclesia gestarum, postquam interim historia orbis de-
10 pravati ac tot scelerum fraudumque in Rebus publicis commissorum dudum abolita deprehendetur intercidisse.

III. Recte omnino et convenienter antiquitati Conringius[5] pronuntiavit quatuor in Orbe Monarchias[6] plus
15 famae quam veri obtinere, si dextere modo omnia explicentur. Certe plura quoque Imperia iisdem temporibus non minus opibus, potentia et latitudine possessionum floruisse constat, quam ipsa quandoque vel Assyriaca vel Persica vel Romanorum Monarchia.

20 IV. Non pauci neque modum elogiorum neque vituperationum cogitant aut servant, qui Principum historias condunt, prout nempe amore odiove ducti de veritate parum aut nihil reliqui fecerunt. Haut secus atque Sacra Historia eodem morbo dudum laborare coepit, ut
25 plures sine dubio cum DEO aeternum laetentur ac tri-

---

4 Hypomnemata (griechisch: ὑπόμνημα, Plural: ὑπομνήματα, *hypomnēmata*) sind eigentlich Schreibhefte und Notizbücher, bezeichnen aber dann eine eine antike literarische Gattung, nämlich Sammlungen von Zitaten, Aphorismen, Beispielen u. ä., die man in den Schreibheften zusammentrug. Hier wird der Begriff im Sinne von „Merksätzen" für akademische Thesen gebraucht.

5 Hermann Conring, s. o. Text 4, Anm. 6.

6 Die Lehre von den vier Weltmonarchien geht zurück auf die Auslegung der Vision in Daniel 2 durch den Kirchenvater Hieronymus: Danach weist die Abfolge der Tiere bei Daniel auf die aufeinander folgenden Weltreiche der Babylonier, Perser, Griechen und Römer hin. Nach der Theorie der *translatio imperii* („Übertragung des Reiches") war die römische Kaiserwürde auf Karl den Großen und dann die deutschen Kaiser übergegangen, so dass das römische Reich (deutscher Nation) bis zur Gegenwart fortbestand.

Merksätze

1. Die Geschichte der Kirche ist edler und älter als die Kenntnis der Staaten[geschichte]. Denn die Gemeinschaft der Rechtschaffenen wurde von Gott viel früher unter den Menschen gesammelt und gegründet als die Reiche und Mächte durch den Ehrgeiz und die Tyrannei der Unfrommen sich festigten.

2. Es wird auch dereinst das Gedenken an die guten Taten in der Kirche bestehen bleiben, wenn sich zeigen wird, dass die Geschichte der verdorbenen Welt und so vieler Verbrechen und Betrügereien, die in dem politischen Leben begangen worden sind, unterdessen schon längst abgetan und untergegangen ist.

3. Ganz zu Recht und übereinstimmend mit dem Altertum hat Conring geurteilt, dass die vier Weltmonarchien mehr Sage als Wahres enthalten, wenn nur alles sachgemäß erklärt wird. Es steht gewiss fest, dass noch mehr Reiche zu gleicher Zeit was Reichtum, Macht und Ausdehnung angeht, nicht weniger in Blüte standen, als einst sowohl das assyrische als auch das persische und als das Reich der Römer.

4. Nicht wenige, welche die Geschichten der Fürsten darstellen, bedenken oder befolgen weder ein rechtes Maß des Lobes noch des Tadels, so wie sie nämlich von Liebe oder Hass geleitet wenig oder gar nichts für die Wahrheit übrig hatten. Nicht anders leidet auch längst die Kirchengeschichte an derselben Krankheit, wie denn zweifellos viele mit Gott in der ewigen Freude sind und triumphieren, die nach den Meinungen der Menschen und in der gängigen Geschichtsschreibung für die Hölle bestimmt sind.

umphent, qui hominum sententiis atque in ipsa vulgo recepta Historia ad Orcum sunt destinati.

V. Collatis probe inter se antiquorum monumentis subductisque omnibus rationibus certum fixumque per-
5 manet. Sacerdotes[7], quorum maxime interfuit omnia pro lubitu gerere aeque ac confingere, in hoc argumento plurimum turbasse.

VI. Speciatim Clerus inde ab aetate Ecclesiae sincerioris[8] improbus et corruptus non passus est, suis quem-
10 que coloribus depingi, veritus quippe, ne fraudes atque artes dominandi nimium manifesto proderentur.

VII. Cum itaque de Imperatoribus aliisque rerum Dominis plura alia communiter et promiscue memoriae prodita non statim sunt credenda, tum sigillatim Wen-
15 ceslao[9] Imperatori non uno nomine injuriam a Monachis[10] aliisque Scriptoribus fieri censebunt. **[44]**

VIII. Quandoquidem autem Clerici depravati curas cogitationesque Principum sacris rebus sui aliorumque gratia adhibitas minime omnium ferrent; quippe suae
20 dominandi cupiditati nimium infestas: exinde hostilem in modum adversus ejusmodi viros et reipsa et scriptis quoque historiis sunt grassati. Quam in rem vel ex medio aevo Historiam Henricorum,[11] Fridericorum[12] aliorumque imperatorum perlustrare possunt, quorum ani-
25 mus nondum est in eo argumento confirmatus.[13]

---

7   Vgl. auch Thesen VI und X (clerus), VIII (clerici). Zu Arnolds Beurteilung des Klerus vgl. Seeberg 98 f., 103 u. ö.
8   Zur Darstellung der Urkirche in der UKKH vgl. Büchsel, Verständnis 82–90.
9   Wenzel (1376–1400/1419), römischer König, aber nicht Kaiser.
10 Zu Arnolds Urteil über die Mönche vgl. Seeberg 99.
11 Vgl. etwa zu Heinrich II. UKKH I,11,1,2, zu Heinrich III. UKKH I,11,1,4, zu Heinrich IV. UKKH I,11,1,5; 11,2,11; 11,3,2. Seeberg 104.
12 Über Friedrich I. vgl. UKKH I,12,1,6; vgl. I,14,1,5 und I,15,1,2. und Seeberg 104. Über Friedrich II. vgl. UKKH I,13,1,2.
13 Vgl. auch UKKH I,11,2,2: „Wie greulich die Päbste mit den Käysern Henricis, Fridericis, Ludovicis und andern umgesprungen, ist ja bekant [...].“ Zu Arnolds Darstellung des Verhältnisses von Päpsten und Kaisern vgl. Seeberg 103 f.

5. Vergleicht man recht die Quellen der Alten miteinander und unterzieht man sie einer vernünftigen Beurteilung, so bleibt als sicher und feststehend, dass die Priester, denen am meisten daran lag, alles nach ihrem Belieben auszuführen und zu erdichten, in dieser Hinsicht am meisten Verwirrung gestiftet haben.

6. Besonders hat es der von der Zeit der reinen Kirche an ruchlose und verdorbene Klerus nicht ertragen, dass ein jeder in seinen rechten Farben abgebildet würde, er fürchtete nämlich, dass seine Betrügereien und Herrschkünste allzu deutlich ans Licht kämen.

7. So wie daher viele andere Dinge über die Kaiser und andere Staatsmänner, die gemeinhin und gewöhnlich überliefert sind, nicht sogleich geglaubt werden dürfen, wird man dann auch urteilen, dass besonders dem Kaiser Wenzel nicht nur in einer Hinsicht von den Mönchen und anderen Schriftstellern Unrecht geschieht.

8. Da ja die verderbten Kleriker die Fürsorge und Planungen der Fürsten für die heiligen Dinge, die sie um ihrer selbst und anderer willen aufboten, am allerwenigsten ertrugen, weil sie nämlich ihrer Herrschsucht allzu bedrohlich waren, haben sie daher in feindlicher Weise gegen solche Männer gewütet – sowohl in der Tat als auch in Geschichtsdarstellungen. Was dies betrifft, können [alle], die in dieser Hinsicht noch keine vorgefasste Meinung haben, etwa aus dem Mittelalter die Geschichte der Heinriche, Friedriche und anderer Kaiser durchlesen.

91

IX. Ex eodem inauspicato affectuum[14] fonte tot corrupta iudicia adversus illustres veritatis probitatisque instauratores ac testes[15] derivanda sunt, qui simul ad sacra vel emendanda vel amplificanda applicuerunt animum, ejusmodi hominum odiis vel oppressi sunt vel magnopere excruciati.

X. Contra atque in propriis causis fieri solet, ubi Clerus Principes ceterosque viros commoda, quibus iste inhiabat, non impedituros et magnos et beatos aperte ac perfricata fronte praedicavit ἀρετῆς μεν σημεῖον οὐδὲν ἔχοντας δεῖξαι Sap. V. 13.[16]

XI. Longa foret haereticorum series enarranda, qui ad hoc argumentum pertinent: experti quippe vel zelum doctorum ejusmodi, qui οὐ κατ' 'Επίγνωσιν[17] esset, vel apertum atque implacabile odium in causa DEI veritatisque asserenda in sese derivatum. Quod non exempla solum Apostolorum ipsiusque Magistri JESU Christi, sed et reliquiorum testium veritatis[18] per seculorum ordinem manifeste comprobant.

XII. Certe huiusmodi zelum tentando[19] quoque et commovit et clam spectavit nostro seculo Johannes iste Valentinus Andreae[20], Vir sapientissimus et vindex veritatis oppressae prorsus incomparabilis.

---

14 Zu den Affekten vgl. Seeberg 230, Anm. 8.
15 Zu den testes veritatis (Wahrheitszeugen) bei Arnold vgl. Seeberg 101 und 140 ff.; Büchsel, Verständnis 97 f.
16 Zählung der Septuaginta und Vulgata, bei Luther V. 14.
17 Anspielung auf Tit 1,1: κατὰ πίστιν ἐκλεκτῶν θεοῦ καὶ ἐπίγνωσιν ἀληθείας τῆς κατ' εὐσέβειαν.
18 S. o. Anm. 14.
19 „Tentare" meint auch „versuchen" im Sinne von „in Versuchung führen", „auf die Probe stellen". Andreae hat nach Arnolds Meinung einen Test unternommen und den unguten Eifer beobachten können.
20 Johann Valentin Andreae (1586–1654), evang. Theologe in Württemberg. Vgl. Martin Brecht, RGG⁴ 1 (1998), Sp. 470–472; ders., Johann Valentin Andreae 1586–1654. Eine Biographie, Göttingen 2008. – Vgl. Arnold über Andreae in UKKH II,17,5,12–15.

9. Aus derselben ungünstigen Quelle der Affekte sind soviel verkehrte Urteile gegen die berühmten Erneuerer und Zeugen von Wahrheit und Tüchtigkeit herzuleiten, die sich der Verbesserung und Steigerung der heiligen Dinge gewidmet haben und durch den Hass von derartigen Menschen unterdrückt oder in besonderem Maße gequält worden sind.

10. Umgekehrt aber geschieht es gewöhnlich aus Eigeninteresse, wenn der Klerus diejenigen Fürsten und sonstigen Männer, die den Vorteil, auf den der Klerus aus war, nicht behinderten, offen und schamlos als groß und selig pries, obwohl sie ein Zeichen der Tugend nicht vorzuweisen hatten, SapSal 5,14.

11. Lang wäre die aufzuzählende Reihe der Ketzer, die in diesen Zusammenhang gehören. Sie haben sowohl den Eifer derartiger Lehrer erfahren, der nicht gemäß der Erkenntnis war, als auch den offenkundigen und unversöhnlichen Hass, der ihnen entgegengebracht wurde, wenn sie die Sache Gottes und der Wahrheit verteidigten. Das beweisen nicht nur die Beispiele der Apostel und des Meisters Christus selbst, sondern auch die der übrigen Wahrheitszeugen durch alle Jahrhunderte offenkundig.

12. Jedenfalls hat in unserem Jahrhundert Johann Valentin Andreae einen derartigen Eifer mit einem Versuch erregt und heimlich beobachtet, ein äußerst weiser Mann und ein ganz unvergleichlicher Rächer der unterdrückten Wahrheit.

Ab hoc famosam illam Fratrum Roseae Crucis sectam[21] dispersis ejusmodi libellis et suppositis in theatrum productam esse literae nuper ex Belgio transmissae[22] confirmarunt. Praeterquam quod scripta illius, et Turris Babel[23] maxime illum quidem primo in hac re classicum cecinisse et receptui denique dedisse signum testantur.

21 Zu den Rosenkreuzern vgl. Wilhelm Kühlmann, RGG[4] 7 (2004), Sp. 634 f.
22 Vgl. UKKH XVII,18,3.: „daß er [J. V. Andreae] der vornehmste erfinder und abdancker dieser fraternität gewesen, und wie ihn auch der alte, und in solchen sachen wolerfahrne *Friedrich Breckling, in einem schreiben aus Holland* unlängst genennet hat" (meine Hervorhebung). Zu Breckling vgl. Dietrich Blaufuß, TRE 7 (1981) 150–153; John Bruckner, Art. Breckling, Biographisches Lexikon für Schleswig-Holstein und Lübeck, 7, Neumünster 1985, 33–38; Friedrich Breckling, Autobiographie. Ein frühneuzeitliches Ego-Dokument im Spannungsfeld von Spiritualismus, radikalem Pietismus und Theosophie, hg. v. Johann Anselm Steiger, Tübingen 2005; Brigitte Klosterberg/Guido Naschert (Hgg.), Friedrich Breckling (1629–1711). Prediger, „Wahrheitszeuge" und Vermittler des Pietismus im niederländischen Exil, Halle 2011.
23 Turris Babel sive Judiciorum de Fraternitate Roseaceae Crucis Chaos, Straßburg 1619.

Ein kürzlich aus den Niederlanden übersandter Brief bestätigt, dass von ihm jene berühmte Sekte der Rosenkreuzerbrüder durch verbreitete und untergeschobene [pseudonyme] Bücher dieser Art auf die Bühne [der Öffentlichkeit] gebracht wurde. Außerdem bezeugt 5 er [der Brief], dass dessen [Andreaes] Schriften und zwar vor allem jener *Turris Babel* zuerst in dieser Sache zum Angriff geblasen und schließlich das Zeichen zum Rückzug gegeben haben.

6. Eintrag im Dekanatsbuch der Philosophischen Fakultät über Arnolds Weggang aus Gießen

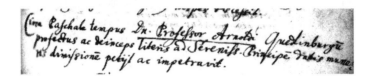

Circa Paschale tempus[1]
D[omi]n[us] Professor Arnoldi Quedlinburgu[m]
profectus ac deinceps literis ad Sereniss[imum]
Principe[m] datis muneris dimissione[m]
petiit ac impetravit.[2]

Um die Osterzeit ist der Herr Professor Arnold nach Quedlinburg aufgebrochen und hat darauf in einem an den durchlauchtigsten Fürsten gerichteten Brief die Entlassung aus dem Amt erbeten und erlangt.

---

1   Ostern fiel 1698 auf den 30. März.
2   Der Brief an Landgraf Ernst Ludwig und dessen Antwort sind nicht erhalten.

7. Briefe Arnolds an Johann May[1] in Gießen

1. Arnold an Johann May[2]
Quedlinburg, 23. Mai 1698

Hoch Ehrwürdiger, Hochwehrtester und in der liebe Christi Jesu theurer geachter hertzlichst geliebtester Bruder![3] Ich preise den ewigen Vater unsers Herrn Jesu Christi[4], daß er von Anfang meiner Gegenwart[5] in Gießen mein Hertz mit demselben[6] und in einfältiger[7] kindlicher Liebe zusammenfließen laßen; welche mir auch in meinen inwendigen starken Leiden ein Trost worden ist, alßo daß ich nach meinem eigenen willen freilich sehnlich gewünschet, auch dem Leibe nach immerzu gegenwärtig zu seyn. Da es aber nun bekanter maasen soweit

---

1 Johann He(i)nrich May (Majus; 1653–1719), seit 1688 Professor der Hebräischen Sprache und außerordentlicher, seit 1690 ordentlicher Professor der Theologie, Superintendent, Mitglied des Konsistoriums und Ephorus der Stipendiaten. May war ein Bahnbrecher des Pietismus an der Universität Gießen und in Hessen-Darmstadt. Vgl. Strieder 8, S. 327–349; Walther Köhler, Die Anfänge des Pietismus in Gießen 1689 bis 1695, in: Die Universität Gießen von 1607 bis 1907. Beiträge zu ihrer Geschichte, II, Gießen 1907, S. 133–244; Mack, passim; Erwin Preuschen, RE³ 12 (1903), S. 471–474; Wilhelm Diehl, Kirchenbehörden und Kirchendiener in der Landgrafschaft Hessen-Darmstadt von der Reformation bis zum Anfang des 19. Jahrhunderts, Darmstadt 1925 (Hassia sacra 2), S. 109–111; Karl Dienst, BBKL 5 (1993), Sp. 1103–1105.
2 Der Brief vom 23.5.1698 hatte als Einlage ein Schreiben von Johann Wilhelm Petersen für May vom 18.5.1698, das Petersen seinem Freund Arnold bei dessen erstem Besuch in Niederndodeleben nach dem Weggang aus Gießen mitgegeben hatte. SUB Hamburg, Sup.epist. II S. 775. Zu Petersen vgl. Johannes Wallmann, RGG⁴ 6 (2003), Sp. 1154.
3 Die Anrede „hochehrwürdiger" wird gegenüber höheren Geistlichen (hier Superintendent und Theologieprofessor) gebraucht, „hochwertester" bezeichnet eine hoch- oder höhergestellte Respektsperson, während „Bruder" dem pietistischen Gesinnungsfreund gilt.
4 Vgl. 2Kor 1,3; Kol 1,3; Eph 1,3; 1Petr 1,3 u. ö.
5 Anwesenheit.
6 Nämlich: May.
7 Einfalt im ursprünglichen Sinn von Einfachheit im Sinne von Eingestaltigkeit, Ungeteiltheit, Schlichtheit (Gegensatz: Zwiespältigkeit). Die religiös positive Wertung wird im Pietismus besonders betont.

kommen, daß ich auff mein sehnliches Verlangen und Suchen in denen mir ganz unerträglichen Puncten keine zulängliche Freyheit vor mein so hart bedrängtes Gewissen erhalten können:[8] sehe ich mich allerdings ge-
5 nöthiget, wieder meinen Willen (der so gerne noch im Amte und denen daranhangenden Dingen bliebe) den-jenigen Weg zu ergreiffen, welchen mir der Herr Jesus so deutlich nach allen Umständen zeiget. Und weilen ich weiß, daß mein Hochwehrtester Bruder diese selt-
10 samen[9] Führungen Gottes mit andern Augen, als viele thun möchten, ansiehet, so werde auch keine Entschul-digungen hiebey gebrauchen, zumahlen ohne dem mei-nes Hertzens Grund dißfalls in einem ausführlichen Be-richt[10] dargeleget habe. Die Greül der Verwüstung[11]
15 sind zur Genüge offenbahr und möchte vielleicht durch wirckliche Zeugnisse (wie bißhero durch schrifftliche) noch mehr entdeckt und die Hure ganz bloß dargestel-let[12] werden: Zumahlen da durch alle bißherige Gleich-stellungen,[13] Connivenz[14] und sogenannte Entregung[15]
20 wenig oder nichts ausgerichtet, wol aber mehr Be-stärckung derer armen betrogenen Leute durch das

8 Die Einzelheiten der Vorgänge, auf die sich Arnold hier bezieht, sind un-bekannt.
9 Besonderen, sonderbaren.
10 Arnolds *Offenherziges Bekenntnis*, dessen Vorwort vom 10.6.1698 datiert ist. Es handelt sich um eine Rechtfertigungsschrift, mit der er seinen Amts-verzicht begründete: Offenhertzige Bekäntnis/ welche Bey unlängst ge-schehener Verlassung eines Academischen Amtes abgeleget worden, o. O. 1698. Weitere Drucke 1699, 1700 und 1729. – Dünnhaupt Nr. 16.1. bis 16.7. Kritische Ausgabe durch Dietrich Blaufuß, in: Antje Mißfeldt (Hg.), Gott-fried Arnold. Radikaler Pietist und Gelehrter, Köln/Weimar/Wien 2011, S. 191–261.
11 Vgl. Dan 11,31; 12,11; Mk 13,14 parr.
12 Vgl. Apk 17,16: „…die werden die Hure hassen und werden sie einsam ma-chen und bloß."
13 Nachahmung, Anpassung; im pietistischen Sprachgebrauch meist als Gleichstellung mit der Welt (im Anschluss an Röm. 12, 2). Vgl. DWb 7,8239 mit Belegen.
14 Das nachsichtige Übersehen und Tolerieren; „wenn man etwas mit Geduld leidet, und sich stellet, als sehe oder wisse man es nicht." Zedler 6, Sp. 984.
15 Beschwichtigung, Gegenteil von Aufregung.

Mitmachen und stillschweigende Billigen geschehen zu
seyn ich mit Schmerzen erfahren habe. Allein hiemit
will meinen allerliebwehrtesten Bruder nicht auffhal-
ten bevorab[16], da ich vielleicht öffentlich hievon ferner
zeugen möchte, und erweisen, wie mir nicht genug sey   5
in der ehemaligen Abbildung derer Ersten Christen[17]
nur mit Worten den Verderb derer Kirchen und Schulen
bekannt zu haben, sondern daß es einmal vor allemal
geschehen müße: Gehet aus von ihnen und sondert
euch ab![18] Meinen Brüdern aber nach dem Geist, welche   10
noch zurücke sind, wünsche ich von Hertzen mehreren
Muth und Durchbruch[19] in der allgemeinen Liebes=
Kraft und thätlichen Überzeugung, ihre Zeugniße noch
zu vollenden, das Unreine nicht anzurühren[20] und
durch Enthaltung alles Dings[21] dem allein zu gefallen,   15
der sie annehmen[22] und ihr Gott und Schutz seyn will.
Getreu ist der, der sie zuvor beruffen hat[23] und den ersten Stein geleget[24] zur künfftigen Beßerung. Derselbe
wird auch denen, die er dazu erwehlt und von der Erde
erkauft[25] hat, Barmhertzigkeit geben, ohne Menschen-   20

---

16 Ehe, bevor.
17 Die Erste Liebe. Das ist: Wahre Abbildung der ersten Christen, Nach Ih-
    rem Lebendigen Glauben Und Heiligem Leben […], Frankfurt am Main
    1696. Dünnhaupt Nr. 6.1. Auswahlausgabe von Hans Schneider, Leipzig
    2002 (Kleine Texte zur Geschichte des Pietismus 5).
18 2Kor 6,17: „Darum gehet aus von ihnen und sondert euch ab, spricht der
    HERR" – der locus classicus des Separatismus.
19 Übertragen: der Eintritt einer entschiedeneren, innigeren Gesinnung,
    Überzeugung, Ansicht, besonders einer religiösen. Vgl. DWb 2, 1595; Lan-
    gen 238–243. Vgl. auch Arnolds Lied „O Durchbrecher aller Bande", in:
    Göttliche Liebes=Funcken/Aus dem Grossen Feuer Der Liebe GOttes in
    CHristo JESU entsprungen; und gesamlet von Gottfried Arnold, Frankfurt
    am Main 1698, Nr. CLXIX; auch noch EG 388.
20 2Kor 6,17: „und rührt kein Unreines an".
21 Vgl. Apg 15,20.
22 Vgl. 2Kor 6,17: „so will ich euch annehmen".
23 Vgl. 1Thess 5,24.
24 Vgl. Jes 28,16; Ps 118,22; auf Christus gedeutet: Mt 21,42; Lk 20,17; Apg
    4,11; 1Petr 2,4 und 7.
25 Vgl. Apk 14,3: „die hundertvierundvierzigtausend, die erkauft sind von der
    Erde".

furcht, Zweiffel und wanken fortzudringen[26] und getreu
zu seyn biß in den Todt.[27] Auff daß wir nicht auff den ersten Buchstaben und Elementen liegen bleiben,[28] sondern das Werck des Herren ein ieder in seinem Theil
5 ausrichten und vollenden. Meines elenden Orts[29] hatte
von Hertzen gewünschet, daß ich mit Verlaßung aller
weltlichen und gesetzlichen Dinge allein das Werck des
Herrn in Entdeckung mysterii iniquitatis et pietatis[30]
nach der Gnade Gottes hätte treiben dürffen: woraus
10 hoffendlich bald hätte offenbahr werden sollen, was
Gott bey einem freyen und von andern Hindernissen
abgeschiedenen Gemüthe[31] wircken könne. Allein dem
Herren ist bekannt, woran es gemangelt und warum
man mir nicht die gehörige Freyheit, die ich schon nach
15 der wahren Weißheit brauchen hätte wollen, ertheilet,
als welche ich sogleich bey acceptirung der Gnädigsten
Vocation mir bedinget[32] gehabt.[33] Indeßen kan ich so gar
seliglich in dem heiligen Willen Gottes beruhen[34] und
wünsche allen und ieden, sonderlich aber meinem aus-

---

26 Voranbringen, -treiben, GWB 3,828.
27 Vgl. Apk 2,10: „Sei getreu bis an den Tod, so will ich dir die Krone des Le-
    bens geben."
28 Vgl. Hebr 5,11: „Und die ihr solltet längst Meister sein, bedürft wiederum,
    daß man euch die ersten Buchstaben der göttlichen Worte lehre und daß
    man euch Milch gebe und nicht starke Speise."
29 Meines Orts: „von meinem Standpunkte aus, ich an meiner Stelle, für
    meine Person, was mich betrifft, meinerseits" DWb 13, Sp. 1359. „Elend"
    ist ergänzende demütige Selbstbezeichnung.
30 Mysterium iniquitatis (2Thess 2,7) et pietatis, Geheimnis der Bosheit und
    der Gottseligkeit. Vgl. unten Anm. 37. Arnold erwähnt das Begriffspaar
    programmatisch in der Vorrede (§ 8) und an verschiedenen Stellen der Un-
    partheyischen Kirchen- und Ketzer-Historie. Vgl. dazu die ausführliche
    Erörterung bei Dörries 11–46 und Büchsel, Wiedergeburt 99 f., Anm. 63.
    Nach Mack 199, Anm. 651, spricht die Erwähnung in diesem Brief, der eine
    Art Rechenschaftsbericht darstelle, für die zentrale Bedeutung des Be-
    griffspaares in Arnolds Geschichtsdenken.
31 Abgesondert (von der Welt). „Gemüt" kann die ganze Person in ihrem Den-
    ken, Wollen und Fühlen umfassen (er ist ein edles/schlichtes Gemüt). Vgl.
    DWb s.v.
32 Ausbedungen.
33 S. o. Anm. 8.
34 Ruhen in, verharren in.

erwehlten liebsten Bruder in dem Herren eben solche
wahre Befriedigung des Hertzens über dießer und allen
Führungen Gottes. Derselbe ewige Erbarmer wolle
durch Jesum Christum deßen Seele und Geist alßo Ihm
gantz heiligen,[35] damit sein Geist diesen ewigen Sohn
Gottes in demselben wahrhafftig offenbahren, verklären[36] und erhöhen[37] könne, als welchem großen Geheimniße (Christo in Uns)[38] alles Gesetz und Stückwerk[39] weichen muß. Hiezu gieße er seine so süße Liebe
aus in deßen Hertz und Sinn, um alles vollkömlich ein-
zunehmen, sein Evangelium nach so langen gesetzlichen Treiben und Züchtigen in dem tieffsten Frieden
immer mehr zu schmecken und sodann auch anderen in
hertzlicher Liebe und Erbarmung anzubieten und zu
verkündigen. Durch welchen einigen neuen und lebendigen Weg unendlicher Segen und Durchbruch[40] in denen armen Seelen offenbahr werden soll zur wahrhaff-
ten Umkehrung der Hertzen und ewigen Früchten der
Gerechtigkeit, so nicht mehr nach dem Gesetz aus
Zwang und Furcht, sondern durch Christum in uns geschehen aus Liebe und Freude zur Ehre und Lobe
G<ottes>[41]. Hiernächst wolle auch der treue Vater de-

---

35 Vgl. 1Thess 5,23: Gott „heilige euch durch und durch, und euer Geist ganz
    samt Seele und Leib müsse bewahrt werden …".
36 Vgl. Joh 13,32 u. ö. Vgl. auch den Titel von Arnolds späterer Predigt-
    sammlung: Die Verklärung JEsu Christi in der Seele […], Frankfurt a. M.
    1704 u. ö.
37 Vgl. Joh 12,32.
38 Einwohnung Christi im Wiedergeborenen. Vgl. Büchsel, Verständnis 65 f.,
    und auch den Titel der Schrift Johann Wilhelm Petersens: Das Geheimniß
    der Gottseeligkeit/ Christus in uns/Die Hoffnung der Herrlichkeit/verklä-
    ret in seinen Heiligen. Wie auch Das Geheimniß der Boßheit/Und der Kin-
    der der Boßheit welches ist/Der Teuffel in ihnen / […], Frankfurt a. M. und
    Leipzig 1700.
39 Vgl. 1Kor 13,9 f.: „Denn unser Wissen ist Stückwerk, und unser Weissagen
    ist Stückwerk. Wenn aber kommen wird das Vollkommene, so wird das
    Stückwerk aufhören."
40 S. o. Anm. 18.
41 Loch im Papier.

ßen Seelen immer neue Krafft geben, unter dem Babylonischen Joch[42] so lange ausdauren[43] oder vielmehr
daßselbe so lange unterdrücken und zu brechen, biß ein
wahrer Sieg nach dem andern ausgeboren werde. Der
5 Herr segne Ihre ganze Familie mit dem Segen seines
Evangelii, in welchem alles Heil und Leben lieget! Ich
empfehle mich letzlich zu deßen hertzlicher Liebe, Für-
bitte und Treue und bleibe zu aller hertzlichen Erge-
benheit und Erkäntlichkeit aller genoßenen Güte und
10 Huld äußerst verbunden, als ein
in dem Herrn Jesu
                treu aufrichtiger Bruder G. Arnoldi.

Quedlinburg den 23. May 1698
15

Wir haben allhier immer Gelegenheit an Leaden[44] zu
schreiben: woferne zuweilen etliche Zeilen zu senden
beliebten, wollte ich es treulich bestellen.

20 [Adresse:]
A Monsieur
Monsieur le Docteur & Professeur Majus pp.[45]
à Giessen

---

42   Vgl. Jer 28,2: Joch des Königs zu Babel.
43   Aushalten.
44   Jane Lead(e) (1623/24–1704), Gründerin und Leiterin der Philadelphi-
     schen Sozietät in London. Vgl. Veronika Albrecht-Birkner, RGG⁴ 5 (2002),
     Sp. 132; Barbara Becker-Cantarino, „Die mütterliche Krafft unsrer neuen
     Gebuhrt". Theologische Ideen und religiöse Wirksamkeit von Jane Lead
     (1623/24–1704) und Johanna Eleonora Petersen (1644–1724), in: Ruth
     Albrecht u. a. (Hgg.), Glaube und Geschlecht. Fromme Frauen – Spiritu-
     elle Erfahrungen – Religiöse Traditionen, Köln u. a. 2008, S. 235–252; Mar-
     cus Meier: Der Neue Mensch nach Jane Leade. Anthropologie zwischen
     Böhme und Frühaufklärung, in: Alter Adam und Neue Kreatur: Pietismus
     und Anthropologie. Beiträge zum II. Internationalen Kongress für Pietis-
     musforschung 2005. Tübingen 2009, S. 137–150. Zu Arnolds Beziehungen
     zu Jane Leade, vgl. Seeberg 176–178, Büchsel, Wiedergeburt 125–132.
45   Perge [fahre fort] = etc.

2. Arnold an Johann May
Quedlinburg, 18. Dezember 1698

Quedlinburg, den 18. dec. 98.
Der Herr Jesus sey uns Alles in Allen!   5
Auserwehlter und von Hertzen liebwehrtester Bruder
in Demselben!
Das Band der Liebe ist allzu feste, als daß es durch Un-
terlaßung des aüßeren Zuschreibens[46] unterbrochen
werden könnte. Und darum weiß ich gewiß Deroselben   10
Treue und Einigkeit im Geiste sey noch unverrückt,[47]
also daß ich nicht einmal schriftliche Zeügen davon bey-
derseits nöthig achte, sondern wie ehemals in Gegenwart voller Zuversicht und Liebe zu ihm dießes
schreibe. Die Veranlaßung ist inliegendes,[48] welches mir   15
unvermuthet zugekommen. Der Herr Jesus laße es zu
seinem Zweg[49] gedeyen, wozu alle sein inn und aüßeres
Anregen angesehen ist, nehmlich zu unserer einigen
endlichen Beruhigung in ihm.[50] Das arme mühselige
Hertz bedarf ja wol einer rechten zulänglichen Erquik-   20
kung unter so 1000 fachen Abmüdungen,[51] die uns aber
Christus allein wesendlich geben kan bey seiner ernsten Nachfolge mit Verleugnung alles unsers eigenen
falschen seelischen Lebens selbst. Beliebte etwan einmal nach Gelegenheit zu antworten, so wollte es hertz-   25
lich gerne bestellen.[52] Was meinen Zustand betrifft, so
lebe ich allhier in der Stille und bin durch unzehlige
Zeugniße und Merckmahle von In= und außen in diesem meinem Weg so gewaltig bekräfftiget worden, daß

---

46 Korrespondenz.
47 Unverändert.
48 Büchsel, Arnolds Briefwechsel S. 86 vermutet, der eingelegte Brief könne
    von Jane Leade stammen.
49 Zweck.
50 Zur-Ruhe-Kommen in ihm.
51 Ermüdungen.
52 Vgl. oben Anm. 48.

ich mich vor dieße einzige Errettung (geschweige vor soviel andere) dem Herren Lebens lang auffzuopfern Ursache finde. Zumahlen ich täglich erfahre, wie schädlich mir die vorige scheinbare[53] Lebens Art gewesen und
5 wie unumgänglich nöthig und unentbährlich mir die jetzige Abgezogenheit[54] von aller Zerstreuung[55] zur Erkäntnis und Reinigung meiner unaussprechlichen Verderbnis[56] sey. Was Gott ferner mit mir willens sey,[57] sorge ich nicht: ich weiß aber dießes unfehlbar, daß ich
10 meinem Nächsten nicht weniger dienen könne, als wenn ich in dem scheinbarsten[58] aüßeren Wircken stünde. Der Vernunfft sind solche Dinge zwar paradoxa [59], aber wenn[60] hat es Gott derselben je recht gemacht? Mir ist der eigene schmale Weg zum Leben[61] so
15 theuer, daß ich mich unwürdigst achte, auch untüchtig und ohnmächtig ihn anzutreten, habe ihn auch noch lange nicht betreten, sondern wollte gerne erstlich zu Jesu Füßen[62] erlernen, wie man dazu durch seinen Geist kommen könte. Die weil ich solche unermeßlichen
20 Tiefen der Geheimniße in so manchen Stufen der Reinigung und des Wachsthums in dem Leben und Alter[63] Christi nacheinander vor mir sehe, daß die Abgründe des Geheimnißes Christi in uns[64] mir wol 1000 Jahre zu erfordern scheinen, selbige Herrlichkeiten alle nach-

---

53 Scheinbar: aus Schein bestehend, trügerisch.
54 Abgeschiedenheit, Abgesondert-Sein von der Welt.
55 Von den Pietististen negativ gebrauchter Begriff: Ein Zustand, in dem die Aufmerksamkeit von dem einzig Heilsnotwendigen („Eins ist not", Lk 10,42) abgelenkt und auf Unnützes oder Schädliches gerichtet wird.
56 Nicht im moralischen, sondern im theologischen Sinn.
57 „Was Gott weiter mit mir vorhabe".
58 S. o. 52.
59 Unauflösliche Widersprüche.
60 Wann.
61 Vgl. Mt 7,14: „der Weg ist schmal, der zum Leben führt".
62 Vgl. Lk 10,39 (Maria und Martha): Maria setzte sich zu Jesu Füßen und hörte seiner Rede zu.
63 Vgl. Eph 4,13.
64 S. o. Anm. 36.

einander zu genießen,[65] geschweige daß einen dißfalls einige Jahre mit Vergeßung aller andern Dinge darauf gewandt zu haben reuen sollten. Dießes alles machet mich freudig auch vor andere, ja alle zu bitten, daß sie den unerforschlichen Reichthum des Evangelii vom Christo erblicken und dadurch gelocket werden möchten, die Schiffe zu Lande zu ziehen, alles zu verlaßen und ihm nachzufolgen:[66] vielleicht würde Gott rechte Menschen Fischer[67] aussenden, die kein Wort vergeblich redeten, daß sie nicht mit Petro alle, die sie hörten, selig machten.[68] Ich wünsche meinem hertzlich und einfältig[69] geliebtesten Bruder Christum Jesum wesendlich, wie er uns vom Vater gemachet ist, und bleibe unverrrückt[70]

ein getreuer Bruder

GArnoldi

Die Frau Liebste wie auch den Herrn Vagetium[71] und deßen Liebste bitte von mir ohnbeschwer zu grüßen.

[Adresse:]
T[itel]
Herrn
Herrn D. Joh. Henrico
Majo pp.

---

65 „1000 Jahre" stehen hier wohl nicht nur für eine lange Zeit, sondern zielen auf das erwartete Tausendjährige Reich Christi auf Erden (Apk 20).
66 Vgl. Lk 5,11.
67 Vgl. Mk 1,17; Mt 4,19.
68 Vgl. Apg 11,13 f.
69 S. o. Anm. 7.
70 Beständig, unverändert.
71 Augustin Vagetius (1670–1700), seit 1696 Professor der Mathematik in Gießen, war der Schwiegersohn Mays. Vgl. Strieder, Grundlage Bd. 16, S. 260 f.

3. Arnold an Johann May
Perleberg, 4. August 1711

Hoch Ehrwürdiger, Hochwehrender Herr, in Christi
5 Liebe hertzlich geliebter Bruder
Da mir Herr L[icentiat][72] Clauder[73] von Ihnen einen
Gruß überschrieben[74] und zugleich begehret, so mir etwas de Iudiciis Divinis[75] beifiele, zu communiciren habe
ich diese Gelegenheit ergriffen, Deroselben meine be-
10 ständige und schuldige ehrerbietige Liebe zu contesti-
ren[76], in gewißer Zuversicht Dero Gemüth werde gleich-
falls nie von meiner wenigkeit abgeneigt worden seyn.
Betreffend aber die vorgelegte materia, erinnere mich,
daß in genere ein IurisConsultus[77] Adamus Cortrejus[78]
15 Anno 1683 zu Jena edirt hat Meditationem singularem
de Iudicio Dei permissivo probatorio ac eruditivo in 4^(to)[79],
aus der Schrifft, denen Patribus[80] und Theologis, darinn
er*[81] viel feine observationes[82] hat, so ich hätte senden

---

72 Mit einer Disputation *De duplici idolatria, crassa et subtili* hatte Clauder
    1698 in Gießen den Grad eines Licentiaten erworben. Nachweis des
    Drucks: Bibliotheca Peterseniana, id est Apparatus librarius, quo, dum
    viveret usus est Ioan. Guilielmus Petersenius [...], Berlin 1731, Nr. 219;
    Strieder (s. folg. Anm.).
73 Israel Clauder (1670–1721), der 1698 darmstädtischer Hofprediger gewe-
    sen war und in Gießen promoviert hatte, war wohl damals schon mit Ar-
    nold bekannt geworden, hatte nun offenbar von Halberstadt aus, wo er von
    1708–1718 als Pfarrer wirkte war, (wieder) Verbindung zu Arnold aufge-
    nommen. Zu Clauder vgl. Strieder Bd. 1, S. 398, Anm.*; Mack 73. 90.
    98.104.
74 Brieflich übermittelt.
75 Über göttliche Gerichte (scil. in der Geschichte).
76 Bezeugen.
77 Rechtsgelehrter.
78 Adam Cortrejus (1637–1706), Syndikus der Magdeburgischen Landstände.
    Vgl. Reimar Lindauer-Huber, Adam Cortrejus – Syndikus der Stadt Halle
    und der Stände des Herzogtums Magdeburg, in: Kulturfalter Juni 2006
    (Halle 2006).
79 Meditatio singularis de iudicio Dei permissivo, probatorio ac eruditivo, Von
    dem zulassend- und prüfendem Göttlichem Gerichte ex limpidissimis di-
    vini Codicis, Patrum Graecorum ac Latinorum fontibus devocata [...], Jena
    1683 [VD17 12:161105B]. Arnold besaß das Werk (Catalogus 9 Nr. 17).
80 Kirchenvätern.

wollen, wo es nicht zu gros auf der Post und zu einem dicken Band gebunden wäre. Ein merkwürdiges Exempel citiret auch Franzius[83] aus Herodoto, de Interpr[etatione] Sacrae Scripturae p. 216. Oratione XV,[84] so vielleicht auch dienen könnte. Salvianus[85] hat in seinen Büchern treffliche Zeugnisse vom Untergang der Römischen Sachen in Europa und Africa wegen ihrer Sünden, dabey Rittershusii[86] noten offt viel schönes dazu fügen. Vermuthlich ist auch bekant das Buch: Johannis Bisselii[87] Illustrium Ruinarum Decades in 8vo Dilingae 1689[88] (Editio I[ma] Ambergae 1659[89]), darinn er alle Historien durchgehet, was es endlich mit Völckern und Personen vor einen tragischen exitum gehabt. Ich habe sie aber nicht gantz und wenn sie nebst vorbenannten verlangt werden, sende sie auff Anweisung hertzlich gerne. In specie hat die Egyptische Händel und Ruinen[90] am weitläufigsten deducirt, wie bekant ist, Kir-

---

81   Die Randglosse, auf die das Sternchen verweist: „Zulassung der Sünden und Strafen", ist eine Erläuterung der göttlichen Gerichte, von der das Werk des Cortrejus handelt.

82   Beobachtungen.

83   Wolfgang Franz (1564–1628), Theologieprofessor in Wittenberg. Vgl. Kenneth Appold, RGG[4] 3 (2000), Sp. 246.

84   Von der genannten Schrift besaß Arnold die Ausgabe: Tractatus Theologicus Novus & Perspicuus, De Interpretatione Sacrarum Scripturarum Maxime Legitima, Wittenberg 1668 (Catalogus 8 Nr. 9). – An der genannten Stelle bringt Franz eine Anekdote aus Herodot (Historien II, 129–134) über den ägyptischen Pharao Mykerinos.

85   Salvianus von Mai selllc (Massilia), altkirchlicher Schriftsteller des 5. Jahrhunderts, verfasste De gubernatione Die. Vgl. Hubertus R. Drobner, BBKL 8 (1994) 1258–1266; Adolf Martin Ritter, RGG[4] 7 (2004), Sp. 811.

86   Conrad Rittershusius (1560–1613), Professor in Altdorf, edierte: Salviani Opera, curante Cunrado Rittershusio, Altdorf 1611 [VD17 39:143279L]. Arnold besaß diese Ausgabe (Catalogus 36 Nr. 32).

87   Johannes Bissel (1601–1682), Jesuit und Hochschullehrer in Dillingen, Ingolstadt und Amberg. Vgl. Georg Westermayer, ADB 2 (1875), S. 682.

88   Illustrium ab orbe condito ruinarum Decas Editio altera, Dilingae 1679 [VD17 12:103816T]. Arnold besaß diese Ausgabe im Oktavformat (Catalogus 51 Nr. 265).

89   Die Editio prima erschien in Amberg 1656–58 [VD17 23:253189S].

90   Niedergang, Untergang.

cherus[91] in Oedipo Aegyptiaco[92], nur daß ihm nicht wol weiter zu trauen ist, als er auctores fide dignos allegirt.[93] Ob Ludolphus[94] De rebus Aethiopicis[95] auch von ihren alten ruinen etwas habe, weiß ich nicht. In denen Scriptoribus rerum Persicarum (Francoforto 1610 fol.)[96] ist auch viel von denen ruinis zu finden, item in Schikardi[97] Serie Regum Persicorum[98], so Carpzov[99] cum notis edirt hat Lipsiae 1674.[100] Magister Paulus Venetus[101] de regionibus Orientis[102] hat manches endlich

91 Lebte die längste Zeit in Rom. Vgl. Fritz Krafft, NDB 11 (1977), Sp. 641–645; Gregor K. Stasch (Hg.), Magie des Wissens. Athanasius Kircher (1602–1680). Jesuit und Universalgelehrter. Ausstellungskatalog des Vonderau-Museums Fulda, Fulda 2003.

92 Oedipvs Aegyptiacvs, Hoc Est Vniuersalis Hieroglyphicae Veterum Doctrinae temporum iniuria abolitae Instavratio Opus ex omni Orientalium doctrina & sapientia conditum, nec non viginti diuersarum linguarum authoritate stabilitum, Rom 1652–1654. Vgl. Werner Künzel, Der Oedipus Aegyptiacus des Athanasius Kircher das ägyptische Rätsel in der Simulation eines barocken Zeichensystems. Texte, Bilder, Materialien, Berlin 1989.

93 „… nur dass ihm nur soweit zu trauen ist, als er glaubwürdige Autoren heranzieht."

94 Hiob Ludolph (1624–1704), der berühmte Orientalist, war Lehrer von Johann Heinrich May, den er in sein Spezialgebiet, die äthiopische Sprache und Geschichte, eingeführt hatte. Vgl. Christel Butterweck, RGG4 5 (2002), Sp. 540.

95 Wahrscheinlich ist gemeint: Historia Aethiopica, Sive Brevis & succinta descriptio Regni Habessinorum […], I–IV, Frankfurt 1681–1691 [VD17 23:230532H].

96 Nicht ermittelt.

97 Wilhelm Schickard (1592–1635), Professor der hebräischen Sprache, dann der Astronomie und Mathematik in Tübingen. Vgl. Friedrich Seck (Hg.), Wilhelm Schickard. 1592–1635. Astronom, Geograph, Orientalist, Erfinder der Rechenmaschine, Tübingen 1978. Werk- und Literaturverzeichnis in: Wilhelm Schickard, Briefwechsel, hg. v. Friedrich Seck, Bd. 2, Stuttgart 2002, S. 476–530.

98 Tarich h.e. Series Regum Persiae, Ab Ardschir-Babekan, usque ad Iazdigerdem a Chaliphis expulsum, per annos fere 400, Tübingen 1628 [VD17 14:646680U].

99 Johann Benedict Carpzov (1639–1699), Professor in Leipzig, Gegner der Pietisten um den jungen August Hermann Francke. Vgl. Brigitte Schäfer, RGG4 2 (1999), Sp. 73 f.

100 Vermutlich Verwechslung mit einem anderen Werk Schickards, das Carpzov herausgab: Wilhelmi Schickardi […] Ius Regium Hebraeorum […] Cum Animadversionibus & Notis Jo. Benedicti Carpzovi […], Leipzig 1674.

101 Paulus Venetus (Paolo Nicoletti da Udine 1369/72–1429), Augustiner-Eremit, Hochschullehrer in Bologna und Padua.

von selbigen Völckern wie auch von denen Tartaris,
Sarmatis etc. und ihren fatis[103]. Die Historie medii aevi
und sonderlich derer Expeditionum in Palaestinam le-
get entsetzliche Exempel dar, wie die falschen Christen
von denen Heiden sind zu 100000 massacrirt worden   5
bey Wilh. Tyrium[104] in Hist. Bellicis[105] item in Gestis Dei
per Francos[106] und anderen autoribus, die (meines Er-
innerns) in der Ketzer-Historie worden citirt seyn,
allwo auch sonst dergleichen ruinae ex medio aevo[107]
hin und wieder berühret worden. Auch geben die rech-   10
ten Chronologi[108] feine Anleitung und zeigen wenigstens die harmoniam temporum et fatorum,[109] wie eines
nach dem andern habe herhalten müßen: ob ordinem[110]
hat mir ehemals Ricciolii[111] Chronologia Reformata in
fol. maj.,[112] item Alstedius[113] gut gethan, anderer zu ge-   15

---

102 Ein Werk mit diesem Titel hat Paulus Venetus nicht verfasst. Unklar, wel-
     ches Werk Arnold meint.
103 Schicksalen.
104 Wilhelm (Guilelmus), Erzbischof von Tyrus (um 1130–1186).
105 Belli sacri historia, libris XXIII comprehensa, de Hierosolyma ac terra pro-
     missionis [...], Basel 1549 [VD16 G 4084]. Krit. Edition: Corpus christia-
     norum. Continuatio Mediaevalis 63 und 63A. Dt. Übers.: Wilhelm von Ty-
     rus, Geschichte der Kreuzzuge und des Königreichs Jerusalem. Aus dem
     Lateinischen übers. von Eduard und Rudolf Kausler, Stuttgart 21844.
106 Gesta Dei Per Francos, Siue Orientalivm Expeditionvm Et Regni Fran-
     corvm Hierosolimitani Historia A Variis, sed illius aeui scriptoribus, litteris
     commendata Orientalis historia, Hanau 1611. Verfasser ist der Benedikti-
     ner Guibert von Nogent (* um 1055; † um 1125). Krit. Edition in: Corpus
     Christianorum, Continuatio Mediaevalis, Bd. 127A. Vgl. Jay Rubenstein,
     Guibert of Nogent. Portrait of a Medieval Mind, New York 2002.
107 Niedergänge, Verfällserscheinungen aus dem Mittelalter.
108 Chronologen; Historiker, die sich mit der Zeitrechnung befassen.
109 Harmonie der Zeiten und Schicksale.
110 Was die Ordnung (die Abfolge) betrifft.
111 Giovanni Battista Riccioli (1598–1671), Jesuit und Professor in Bologna.
112 Chronologiae Reformatae et ad certas conclusiones redactae tomus I (-III),
     Bologna 1669. In folio majori = Großfolio.
113 Johann Heinrich Alstedt (1588–1638), Theologieprofessor in Herborn, zu-
     letzt in Weißenburg/Ungarn. Vgl. Joachim Staedtke, TRE 1 (1978), S. 299–
     303; Wolfgang Peter Klein, RGG⁴ 1 (1998), Sp. 328. Arnold meint hier wohl:
     Thesaurus Chronologiae In quo Universa temporum & historiarum series
     in omni vitae genere ponitur ob oculos, Herborn 1624 [VD17 1:069898D].
     Arnold besaß die zweite Auflage, Herborn 1628 [VD17 39:122002Q] (Cata-

schweigen. Sie werden mir indeß zugute halten, daß ich superflua etiam tum nota[114] berühre. Der Herr segne diese und alle andere wol gemeinte Arbeit, laße uns zuförderst Christum s. f. +[115] allein wissen und verkläre

5 ihn in uns völlig, wie er ist. Deßen heilsamer Gnade uns hertzlich verlaßend[116] unter schuldiger begrüßung Dero lieben Hauses, Herrn Professor Langens[117] und anderen, die mich noch dulden mögen, stets bin Dero in hertzlicher Treue ergebenster

10 GArnold

Perleberg den 4. Aug. 1711

P. S. Ich habe meine Bücher und Arbeit, soviele zu der Historia gehören, längst abandonnirt,[118] dahero kan in

15 hoc genere[119] wenig dienen, so gerne auch wollte: werden Sie mir also diese schlechte Nachricht zu gute halten. In wenigen ist wol keine Chronica oder ander historisch Buch so mager, das nicht einige passagen von einem übeln Ausgang des Bösen in sich hätte.

---

logus 41 Nr. 108). Arnolds Bibliothekskatalog verzeichnet aber nicht Alstedts einflussreiches Werk Diatribe de mille annis apocalypticis, Frankfurt am Main 1627 [VD17 14:649938B] und 1630 [VD17 3:604859G], in dem dieser den Beginn des Tausendjährigen Reiches auf das Jahr 1694 datierte.

114 Überflüssiges, ja schon Bekanntes.

115 s. f. + : Abkürzung für: suum filium crucifixum = seinen gekreuzigten Sohn.

116 Überlassend.

117 Johann Christian Lange (1669–1756) hatte Gottfried Arnold 1697 nach Gießen begleitet; noch im selben Jahr wurde er Professor der Moral, war als Kollege und Freund Johann Heinrich May eng verbunden. Vgl. Karl Gottfried Goebel, Johann Christian Lange (1669–1756). Seine Stellung zwischen Pietismus und Aufklärung, Darmstadt/Kassel 2004 (Quellen und Studien zur hessischen Kirchengeschichte 9); Joachim Conrad, BBKL 28 (2007), Sp. 984–1003.

118 Aufgegeben. Vgl. zu dieser Stelle Dörries 67 und Breymayer 63 f.

119 In dieser Kategorie, Sparte.

[Adresse:]
Monsieur
Monsieur le Docteur
Majus, Professeur en Theologie
& Surintendant[120] pp.
à
Giessen

---

120 May war seit 1690 Superintendent der Marburger und Alsfelder Diözese
     (Kirchensprengels).

8. Extract eines Schreibens

Extract
Eines Schreibens

GODFRIED
ARNOLD;

Darinnen Er antwortet auff einige

Aussprengungen/

als ob seine Resignation Ihn gereuet.

Als auch
Auff einige Anzäpffungen seiner Offenhertzigen Be-
käntnüß;
So diesem Schreiben beygefügt/ und zum andernmahl zum
Druck befodert worden.

Franckfurt und Leipzig/
Bey Michael Brodhagen zu finden.
Ao. CHRISTI 1700.

Extract
Eines Schreibens

Godfried
Arnold;

Darinnen Er antwortet auff einige
Aussprengungen/[1]
Als ob seine Resignation[2] Ihn gereuet.

Als auch
Auff einige Anzäpfungen[3] seiner Offenhertzigen Be=
käntnüß;
So diesem Schreiben beygefügt/ und zum andernmahl
zum
Druck befordert worden.

Franckfurt und Leipzig/
Bey Michael Brodhagen[4] zu finden.
A[nn]o CHRISTI 1700.

---

1   In Umlauf gebrachte Gerüchte.
2   Amtsverzicht.
3   Anzügliche Anspielungen, Sticheleien.
4   Leipziger Drucker, bei dem auch Werke Christian Hoburgs und Johann
    Wilhelm Petersens erschienen.

[2] DEmnach ich unlängst mit Befrembdung erfahren müssen/ wie man hin und wieder vorgeben und außsprengen wollen/ als hätte ich mich im Schreiben kund gegeben/ daß mich die obbeschriebene[5] Veränderung und resignation des Amts gereuet habe; So beliebe/ mein Herr/[6] nachfolgendes hiervon zu vernehmen. Es ist so gar ferne von mir/ daß mich einige göttliche Führung in solcher Sache reuen können/ daß mir dieses bißhero vielmehr ein Haupt=Argument des Lobes und der Danck=gefliessenen[7] Liebe gegen dem Vatter im Himmel durch CHristum gewesen/ weil er mich so wunderbarlich und weißlich[8] von den äussern Satzungen dieser argen Welt und denen mir unerträglichen Banden[9] befreyen wollen. Und da eben diese unendliche Erbarmung[10] mich inzwischen noch vielen andern Netzen/ so einer armen zu dem Reich GOttes allein beruffenen Seelen gestellet werden können/[11] entrissen/ und den Dienst des Geistes[12] immer freyer und ungehinderter machen wollen: habe ich dieses alles zu preysen hohe Ursache. Wie solte ich dann so unerkänntlich[13] gegen meinen allweisen und getreuesten Führer seyn/ und seine Weege tadeln/ oder gar als unnütze widerruffen?

---

5 Oben (im *Offenherzigen Bekenntnis*) beschriebene.

6 Der Adressat von Arnolds Schreiben ist nicht bekannt.

7 Dank-beflissenen.

8 Weise.

9 Fesseln. Vgl. Lk 8,29: „er ward mit Ketten gebunden und mit Fesseln gefangen, und zerriß die Bande". Vgl. auch Arnolds Lied „O Durchbrecher aller Bande" (EG 388).

10 Erbarmung (nicht in Luther-Bibel, sondern dort „Erbarmen", „Barmherzigkeit" u. ä.). Vgl. aber z. B. Johann Gramann, Nun lob, mein Seel', den Herren (um 1530): „es mangelt an Erbarmung nicht" (EG 289, V. 2).

11 Vgl. Ps 31,5: „Du wollest mich aus dem Netze ziehen, das sie mir gestellt haben"; Ps 57,7: „Sie stellen meinem Gang Netze und drücken meine Seele nieder".

12 Vgl. 2Kor 3,8 nach dem griech. Urtext (ἡ διακονία τοῦ πνεύματος): „der Dienst des Geistes". Luther übersetzt: „das Amt, das den Geist gibt".

13 Undankbar.

Wer das geringste von göttlichen Würckungen in der
Seelen erfahren hat/ der wird leichtlich wissen können/
daß er Eckel und Scheu vor weltlichen Ehren und
Eitelkeiten/ Gewissens=Kränckungen und Satzungen
5 in Kirchen=Sachen/ und sonderlich vor Academischen
Greueln in [3] derselben/ bey einfältigem[14] Gehorsam
des Glaubens nicht zu sondern täglich abnehmen/ und
endlich gar ersterben[15] muß. Angesehen dieser bey der
gemeinen[16] Heucheley/ äussern Formen[17] und Wort=
10 Gezäncke[18] der falsch=berühmten Kunst[19] unter so un-
zehlichen Kräfften der alten Schlange/[20] in seine gehörige Krafft unmöglich außbrechen/[21] noch wahre we-
sentliche Früchte der Gerechtigkeit[22] bringen kan. Und
wo vollends die auch nur heimliche Gefälligkeit und
15 Conspiration des Gemüths mit äusserlichen Ehren=Ti-
teln/ Veneration[23] und Lob der Menschen und andern
vergänglichen Vortheilen dazu komt/ so ist auch von der
gewöhnlichen Arbeit kein wahrer und lebendiger See-
gen zu erwarten. Da ich nun also dieses alles an mir
20 selbst (denn von andern ist jetzo nicht die Rede) wohl
erfahren/ kan mich meine Entziehung nimmermehr ge-

---

14 S. o. Text 7, Anm. 7.
15 (Ab-)sterben.
16 Allgemeinen.
17 Kirchenkritische Polemik gegen die liturgischen und Verfassungs-Formen.
18 Die theologischen Diskussionen galten Arnold als bloßes Zanken mit Worten.
19 Vgl. 1Tim 6,20; wörtlich „der fälschlich sogenannten Erkenntnis" (τῆς
ψευδωνύμου γνώσεως). Im 1Tim gegen Leute gerichtet, die ihre Anschauungen als „Erkenntnis" (γνῶσις) anpriesen. Die radikalen Pietisten be-
nutzten den Begriff der „falsch-berühmten Kunst" polemisch gegen die orthodoxe Schultheologie und verbanden damit Vorwürfe wie die hier genannten der Heuchelei, Erstarrung in äußeren Formen und theologischer
Streitsucht. Vgl. den Buchtitel von Arnolds Gesinnungsfreund [Johann
Wilhelm Petersen,] Die Gottesgelehrtheit Der Unmündigen Gegen die
Falsch=berühmte Kunst Der Verwirrer Dieser Zeit [...], o. O. 1694.
20 Vgl. Gen 3.
21 Aufbrechen, aufblühen (vgl. DWb 1,835), voll zur Entfaltung kommen.
22 Vgl. 2Kor 9,10: „wachsen lassen die Früchte eurer Gerechtigkeit".
23 Verehrung, Bewunderung.

reuen. Dafern ich auch weiter den jetzigen Zustand meiner Seelen ansehe/ finde ich vielmehr unwidersprechliche Gründe allen solchen Aemptern auff immer abzusagen/ die mit dem Joch[24] der vätterlichen Auffsätze[25] und auch den geringsten Einschränckungen des Gewissens oder Dämpffung des H. Geistes[26] verknüpffet wären. Und ob es wohl an dergleichen Reitzungen und Offerten[27] von aussen niemahls mangelt: so wird doch die Krafft des Geistes Christi zu dem himmlischen und wichtigsten Beruff[28] mich immer geneigter und geschickter machen/ daß ich der Welt in ihren Augen wahrhafftig untüchtig[29] werde/ ihr im geringsten mehr zu gefallen und zu dienen. Wann der heilige und warhafftige GOtt durch sein Liecht täglich mehr den allertiefffsten Abfall[30] so wol aller Menschen/ als sonderlich seiner selbst/ in einem stätigen[31] Empfinden solcher grossen Noth erfahren läßt/ der wird wohl erst besorget seyn müssen/ wie er selber zuvor ein geheiligt und rein Gefäß der Barmhertzigkeit[32] werde/ ehe er sich andere zu lehren unterwindet. Zumal da die Erfahrung weiset/ wie bey dem stäten[33] äusseren Geräusche der Welt/ und ihren Zerstreuungen[34] es unmöglich sey/ die Tieffen so

---

24 Vgl. Gal 5,1: „So bestehet nun in der Freiheit, zu der uns Christus befreit hat, und lasset euch nicht wiederum in das knechtische Joch fangen."

25 Satzungen, Verordnungen. Vgl. „die Aufsätze der Ältesten", Mk 7,3 (ff.); Mt 15,2 (ff.).

26 Dämpfung: (eigentlich) durch Dampf ersticken, (übertragen) abmildern, unterdrücken, auslöschen. Vgl. DWb 2,717–721. Vgl. 1Thess 5,19: „Den Geist dämpfet nicht".

27 Anreizen und Angeboten.

28 Berufung.

29 Untauglich, unfähig, ungeeignet.

30 Vgl. 2Thess 2,3: „Lasset euch niemand verführen in keinerlei Weise; denn er kommt nicht, es sei denn, daß zuvor der Abfall komme und offenbart werde der Mensch der Sünde, das Kind des Verderbens."

31 Stetigen.

32 Vgl. Röm 9,23: „auf daß er kundtäte den Reichtum seiner Herrlichkeit an den Gefäßen der Barmherzigkeit, die er bereitet hat zur Herrlichkeit".

33 Steten.

34 (Von der Frömmigkeit) ablenkende Beschäftigungen, Zeitvertreib, Vergnügungen.

wohl der Boßheit als der Gnade zu erreichen/ und man
wol [4] mitten unter solchen Dichten[35] und Geschäfften
unbereitet[36] dahin stirbet/ ehe Christus einem warhaff-
tig zur Heiligung und Vollendung worden/[37] und eine le-
5 bendige Gestalt gewonnen.[38] Zu geschweigen/ daß die
mitheilige[39] Gnade GOttes bey äussern Zerstreuungen
gar nicht/ oder überauß selten/ ein leeres und stilles
Hertze[40] findet/ darein sie nach ihrem Verlangen ihre
Schätze legen könte. Denn was die überfliessende[41] Er-
10 barmung noch etwa bey einigen gut=scheinendes
würcket/ das thut GOtt aus grosser Condescedentz[42]
und Hinunterlassung/ in dem er auch die geringsten
Verrichtungen derer/ die ihn zu erkennen anfangen/
menagirt[43] und zu gute macht. Aber daß es der voll-
15 kommene/ gnädige und gute Gottes Wille seyn solte/
und das Ziel/ darnach wir lauffen[44] oder andere anführen müssen/ kann man aus GOttes Wort nicht sehen. In
dem man ja bey allen äussern Ubungen und Wercken
dennoch keine wahrhafftig=neu und auß GOtt ge-
20 bohrne Seelen[45] siehet/ so wie jene nach der Predigt der

---

35 Eifriges Sinnen auf und Streben nach etwas; oft in Verbindung mit „Trach-
    ten". DWb 2,1058–1063. Vgl. Gen 6,5: „alles Dichten und Trachten ihres
    Herzens"; Gen 8,21: „das Dichten des menschlichen Herzens"; Röm 1,21:
    die Menschen „sind in ihrem Dichten eitel geworden".
36 Unvorbereitet.
37 Vgl. 1Kor 1,30: Christus, „welcher uns gemacht ist von Gott zur Weisheit
    und zur Gerechtigkeit und zur Heiligung und zur Erlösung."
38 Vgl. Gal 4,19: „bis daß Christus in euch eine Gestalt gewinne".
39 Sich mitteilende.
40 Ein leeres und stilles Herz, das Gott füllen wird, ist eine quietistische Vor-
    stellung. Vgl. Hans Schneider, Art. Quietismus, in: RGG[4] 6 (2003), Sp.
    1865–1868.
41 Im Überfluss sich mitteilende.
42 Wird durch das folgende synonyme Wort erklärt: Herablassung.
43 Behutsam, haushälterisch gebraucht.
44 Vgl. 1Kor 9,24: „Wisset ihr nicht, daß die, so in den Schranken laufen, die
    laufen alle, aber einer erlangt das Kleinod? Laufet nun also, daß ihr es er-
    greifet!" Php 3,14: ich „jage nach dem vorgesteckten Ziel, nach dem
    Kleinod".
45 Neue Geburt oder Wiedergeburt (vgl. Joh 3,7) ist ein für alle Pietisten
    wichtiger, doch unterschiedlich gebrauchter Begriff. Bei Spener umfaßt er

Apostel waren.[46] Wie solte man dann wiederum nach solcher Station[47] verlangen/ da man die erste[48] Christliche Freyheit des Geistes gar nicht/ vielmehr aber ungleiche[49] Beschuldigungen und Hindernüsse erfahren müssen? 5

So kann ich auch/ meinen Herrn[50] versichern/ daß mich viel weniger etwan der äussere Mangel zeitlicher[51] Dinge hierzu bewegen könte/ mich nach solchen Gelegenheiten wieder umzusehen. Wie ich denn fast vermuthe/ daß diejenigen/ so das obgedachte[52] von mir ausgesprenget/[53] dazu vornemlich bewogen worden/ weil sie es nach dem gemeinen Lauff[54] entweder unmöglich oder ungereimt/[55] oder auch vor[56] verwegen/ und zum wenigsten nicht vor beständig halten/ ohne gewisse Einkünffte/ oder Ehren=Stellen und Bedienungen/[57] zu leben. Allein wer einem reichen Herrn dienet/[58] der hat Brods genug/ und wird nicht ohne Kleider gehen dörffen.[59] Dieses beydes aber ist ja dasjenige/ woran sich ein Christ genügen lassen muß. Hingegen wer **[5]** einen

---

die Entzündung zum Glauben, die Rechtfertigung mit der Annahme zur Gotteskindschaft und die Schaffung eines neuen Menschen; die radikalen Pietisten verstanden darunter im Anschluß an spiritualistische Vorstellungen einen stufenweisen Prozeß wahrer Christwerdung. Vgl. Johannes Wallmann: Wiedergeburt und Erneuerung bei Philipp Jakob Spener, in: Pietismus und Neuzeit 3 (1976), S. 7–31 (Lit.).
46 Das Urchristentum, die Zeit der Apostel, galt Arnold als normative Idealzeit.
47 Stelle, Posten.
48 Ursprüngliche, in der Zeit des Urchristentums. S. o. Anm. 46.
49 Unvergleichliche, unerhörte. Vgl. DWb 24,970.
50 „Meinen Herrn" ist nicht Plural, sondern Akkusativ Singular.
51 Irdischer, materieller.
52 Das oben Erwähnte.
53 Als Gerücht verbreitet.
54 Nach dem allgemeinen Gang der Dinge, Lauf der Welt.
55 Verkehrt, ungehörig, absurd. Vgl. DWb 24,812–820.
56 Für.
57 Dienstverhältnisse, Anstellungen.
58 Gott im Gleichnis Lk 16,1 als „ein reicher Mann".
59 Der hat Nahrung genug und wird nicht ohne Kleider zu gehen brauchen.

Estat in der Welt machen will/[60] der siehet freylich sich
nach andern Mitteln[61] (wie man sie nennet) um; ob er
aber GOtt oder dem Mammon/ den Menschen oder sich
selbst diene/[62] wird sich in der Zeit der Prüffung[63] auß-
5 weisen. Gnug/ daß es ein Christe wenigstens tausend
mal besser hat/ als ein Sperling oder junger Rabe/ die
doch ohne des Vatters Willen weder hungern/ noch auff
die Erde fallen.[64] Was solte ihn dann bewegen nach Brod
zu gehen?[65] Doch woferne es nicht ein eiteler Ruhm
10 heissen möchte/ so könte wol/ meinem Herrn[66] zum
Preiß Göttlicher Vorsorge/ Beschämung des Unglau-
bens und Stärckung der Schwachen/ viel berichtet wer-
den/ wie sich hin und wieder hohe und niedere[67] Personen freywillig/ und in Erkäntniß der vor GOtt rechten
15 Sache/ zu völligem und beharrlichem[68] Unterhalt/ er-
boten gehabt/ deren ich aber keines bedurfft noch angenommen. Die Welt legt allzu harte Egyptische La-
sten[69] auff/ wann sie einem provision[70] geben soll. So

---

60 Wer in der Welt Staat [französ. estat = état], d. h. Gepränge, Prunk machen, Eindruck schinden, imponieren will.
61 Lebensmittel (im weitesten Sinn).
62 Vgl. Mt 6,24 (/ Lk 16,13): „Niemand kann zwei Herren dienen: entweder er
wird den einen hassen und den andern lieben, oder er wird den einen an-
hangen und den andern verachten. Ihr könnt nicht Gott dienen und dem
Mammon."
63 Vgl. Apk 3,10 (Sendschreiben an die Gemeinde in Philadelphia!): „Stunde
der Versuchung, die kommen wird über den ganzen Weltkreis, zu versuchen, die da wohnen auf Erden".
64 Vgl. Mt 10,29: „Kauft man nicht zwei Sperlinge um einen Pfennig? Dennoch fällt deren keiner auf die Erde ohne euren Vater" und Ps 147,9: „der
dem Vieh sein Futter gibt, den jungen Raben, die ihn anrufen".
65 Durch Arbeit Kost und Unterhalt zu verdienen. Vgl. Wendungen wie „in
Brot und Lohn stehen", „sein Brot verdienen" u. ä. – Die Erwartung des
nahe bevorstehenden Tausendjährigen Reiches führte bei manchen radikalen Pietisten zu einer veränderten Einstellung zu Beruf und Erwerbsar-
beit. Vgl. Marcus Meier, Die Schwarzenauer Neutäufer. Genese einer Ge-
meindebildung zwischen Pietismus und Täufertum, Göttingen 2008 (Arbeiten zur Geschichte des Pietismus 53), S. 256.
66 S. o. Anm. 6.
67 „Hohe und niedere" bezieht sich auf den sozialen Status.
68 Dauerhaftem, bleibendem.
69 Im metaphorischen Sinn: so wie die Israeliten in Ägypten bedrückt wurden. Vgl. Ex 1,13 f: „Und die Ägypter zwangen die Kinder Israel zum Dienst

wird es denn besser seyn/ aus der Hand eines liebreichen Vatters essen/[71] vornemlich aber seine Seele mit ihm selbst/ dem höchsten Gut sättigen/[72] das andere wird wol zufallen.[73] Gewißlich es ist ein erschrecklicher Unglaube und effect der Vernunft/ wann wir umb des Bauchs willen/[74] wider den Zug[75] und Willen GOttes/ unter den Elementen dieser Welt[76] bleiben/ und unserm Schöpffer nicht dieses Geringe zutrauen. Es ist auch ein betrübtes Zeichen/ daß wir ihm in wichtigern Versuchungen viel weniger treu seyn würden/ und daß also der Außbruch seines Liebes=Meers[77] über uns nur durch uns selbst gehemmet werde/ die wir sonst allerdings/ vermöge seiner überschwenglichen Verheissungen/[78] Gnade um Gnade[79] und volle Gnüge[80] geniessen würden.

---

mit Unbarmherzigkeit und machten ihnen ihr Leben sauer mit schwerer Arbeit in Ton und Ziegeln und mit allerlei Frönen auf dem Felde und mit allerlei Arbeit, die sie ihnen auflegten mit Unbarmherzigkeit."

70   Versorgung.

71   Vgl. Mt 6,31 f.: „Darum sollt ihr nicht sorgen und sagen: Was werden wir essen, was werden wir trinken, womit werden wir uns kleiden? Nach solchem allem trachten die Heiden. Denn euer himmlischer Vater weiß, daß ihr des alles bedürfet."

72   Zu Arnolds spiritualistischem Abendmahlsverständnis vgl. Seeberg 186 f.

73   Vgl. Mt 6,33 / Lk 12,31: „Trachtet am ersten nach dem Reich Gottes und nach seiner Gerechtigkeit, so wird euch solches alles zufallen."

74   Um der leiblichen Bedürfnisse willen.

75   Zum (göttlichen) „Ziehen" / „Zug" vgl. Langen 45 und 47, Dörries 118–124.

76   Vgl. (nach dem griechischen Urtext: τὰ στοιχεῖα τοῦ κόσμου) Gal 4,3: „wann wir geknechtet unter die Elemente der Welt"; Kol 2,20: „Sehet zu, daß nicht jemand sei, der euch als Beute wegführe [ ] nach den Elementen der Welt".

77   Metapher mystischen Ursprungs, öfter mit ähnlichen zusammengestellt; vgl. etwa Adam Samuel Hartman, Das Lebendige Wasser/ Oder: Das tieffe unergründliche Meer/ Der starcke gewaltige Strohm/ Das klare Crystallene Qwall Der Göttlichen Liebe [...], Lissa 1684.

78   Vgl. Hebr 6,17: „So hat Gott, da er wollte den Erben der Verheißung überschwenglich beweisen, daß sein Rat nicht wankte, einen Eid dazu getan".

79   Vgl. Joh 1,16: „Und von seiner Fülle haben wir alle genommen Gnade um Gnade."

80   Vgl. 2Kor 9,8: „Gott aber kann machen, daß allerlei Gnade unter euch reichlich sei, daß ihr in allen Dingen volle Genüge habt und reich seid zu allerlei guten Werken."

Wo man auch ferner auf das Ansehen und Beyfall der Menschen sehen wollte oder könte/ so wäre es leicht/ meinem Herrn darzulegen/ daß so wol Gelehrte/ als andere/ auch Warheit=liebende Theologi[81] über der ge-
5 schehenen resignation mündlich **[6]** und schrifftlich ihren consens[82] bezeuget/ und so nicht dieselbe gar vor böse oder ungereimt[83] gehalten/ daß sie vielmehr gleiches Verlangen (so vieler wider die Reinigkeit des Glaubens und der Liebe streitenden Verrichtungen sich zu
10 entschütten[84]) bezeuget/[85] welches zu seiner Zeit sich nach GOttes willen/ der das Hertz allein fest machen kan/[86] äussern mag. Daß demnach auch der dissensus[87] etlicher weniger/ und dazu übel=gesinnter oder berichteter/[88] mich auch nicht bewegen kan/ ihren verkehrten
15 Urtheilen durch die geringste Abweichung von diesem Weeg mich zu entziehen. Man mag nun diesen eine Secte/[89] oder eigenen Weeg oder sonst etwas heissen: so weiß ich/ wem ich geglaubet habe/[90] nach dem alles durch manche Prüfung von aussen und innen durchge-
20 gangen. Hüte sich nur ein jeder/ daß er nicht elenden Menschen zuschreibe/ was GOttes Werck ist/ und nicht

---

81 Theologen.
82 Übereinstimmung, Zustimmung.
83 S. o. Anm. 55.
84 Von sich abzuschütteln; sich los, frei machen, DWb 3,614.
85 Vgl. etwa Johann Heinrich May an Friedrich Breckling, Gießen, 19. April 1698: „Es ist mir das Academische wesen eine rechte last, weil man durch das so lange und aller orten eingerissene weltförmige, ja Satanische unwesen, freyheit und sicherheit, nicht durchbrechen kan. [...] weil die wilden Säue und Babylonischen Pfaffen in allen Secten [= Konfessionen] den weinberg verwüstet und umgewühlet, daß man wenig pflanzen der gerechtigkeit darinnen findet" (Forschungsbibliothek Gotha, Chart. B 198, fol. 285.).
86 Vgl. Hebr 13,9: „es ist ein köstlich Ding, daß das Herz fest werde, welches geschieht durch die Gnade".
87 Verschiedenheit der Meinung, abweichende Ansicht.
88 Ergänze: [übel-]berichteter, d. h. schlecht oder falsch Informierter.
89 Hier im Sinn von Abspaltung von der Kirche.
90 Vgl. 2Tim 1,12: „ich weiß, an wen ich glaube" (Luther). Arnold gibt korrekt die Vergangenheitsform (Perfekt: πεπίστευκα) des Urtextes wieder: „geglaubt habe".

hingegen seine menschlichen Aussprüche/ Meinungen und Formen/[91] als göttlich allen und jeden auffdringe. Jenes ist der falschen Propheten Kennzeichen/ die da süß sauer/ und sauer süsse nennen:[92] Dieses gar des Antichrists/ der sich in den Tempel GOttes (die Hertzen nemlich)[93] setzet/ und gibt in seinen Auffsätzen für/ er sey GOtt.[94] Rechtschaffene GOttes=gelehrte Christen/[95] die allein nach JEsu CHristo gesinnet[96] zu seyn begehren/ werden sich vielmehr freuen/ wenn sie das Reich GOttes auff allerhand Weise[97] in vielen Seelen mit Macht kommen sehen/[98] welchem ja alles im Himmel und Erden weichen muß/[99] geschweige die elenden Schutz=Mauren und Stützen des verwirrten Antichristlichen Reichs/ oder die gemeinen[100] Vorurtheile und Gewohnheiten. Diese sind aber so gar durch lange Zeit und Ubung bey jederman leider! zur Natur worden/ daß er vor etwas straffwürdiges und vermessenes ge-

---

91 Kirchenkritische Polemik gegen die zeitgenössische Theologie und Kirche mit ihren Lehr-Meinungen sowie liturgischen und Verfassungs-Formen.

92 Vgl. Jes 5,20: „Weh denen, die Böses gut und Gutes böse heißen, die aus Finsternis Licht und aus Licht Finsternis machen, die aus sauer süß und aus süß sauer machen!"

93 Die Christen als Tempel Gottes 1Kor 3,16 f.; 2Kor 6,16.

94 Vgl. 2Thess 2,4: „der da ist der Widersacher und sich überhebt über alles, was Gott oder Gottesdienst heißt, also daß er sich setzt in den Tempel Gottes als ein Gott und gibt sich aus, er sei Gott".

95 Zur „Gottesgelehrtheit" als Inbegriff theosophischer, der Schultheologie entgegengesetzter „göttlichen Weisheit" vgl. Hermann Geyer, Verborgene Weisheit. Johann Arndts ,Vier Bücher vom wahren Christentum' als Programm einer spiritualistisch-hermetischen Theologie, Berlin / New York 2001 (Arbeiten zur Kirchengeschichte 80 I/II), S. 325–338. Vgl. auch Arnolds Werk Historie und beschreibung der Mystischen Theologie oder geheimen Gottes Gelehrtheit, Frankfurt 1703 [Ndr. Stuttgart 1969].

96 Vgl. Phil 2,5: „Ein jeglicher sei gesinnt, wie Jesus Christus auch war".

97 Vgl. Phil 1,18: „Daß nur Christus verkündigt werde allerleiweise [...], so freue ich mich doch darin und will mich auch freuen."

98 Vgl. Mk 9,1: „[...] bis daß sie sehen das Reich Gottes mit seiner Kraft kommen".

99 Vgl. Mt 28,18: [Jesus sprach:] „Mir ist gegeben alle Gewalt im Himmel und auf Erden."

100 Allgemeinen.

halten wird/ wann ein Gefreyter[101] des HErrn nur in etwas sich derselben entziehet. Die Gebotte des HErrn übertritt inzwischen ein jeder in allen unnützen[102] Worten und Wercken ohne Scheu/ ohne daß man dabey sich
5 selbst oder andere bestraffe[103] oder [7] besserte. Also gehet man in den alten gemeinen Weegen fort/ (weil man sich vor dem eigenen/ einigen/ schmalen Weeg[104] der Nachfolge CHristi förchtet) und bleibet alles in seinem alten esse.[105] Allein es möchten besorgliche[106] auß
10 wärtige Feinde mehr als zu zeitig[107] die beliebte falsche Ruhe unterbrechen/ weil man um des wahren Evangelii willen den Streit wider die Welt und ihre Greuel und Satzungen/ weder zulassen/ noch selbst aus Laodicescher Lauligkeit[108] beginnen will/ nur damit respect und
15 andere Vortheile erhalten werden.

Von solchen Gemüthern aber/ welche von der so genandten galanterie[109] und weltlichen Eitelkeiten entweder in der Gelehrsamkeit/ oder andern Lebens= Arten/[111] noch ungescheut profession machen/[112] ists
20 weniger zu verwundern/ wann sie unter dergleichen Außbruch des Göttlichen Triebs[112] andere böse Dinge verborgen zu seyn/ argwohnen. Massen[113] sie ohne dem

---

101 Befreiter, Freigelassener. Vgl. 1Kor 7,22: „Denn wer als Knecht berufen ist in dem Herrn, der ist ein Freigelassener des Herrn; desgleichen, wer als Freier berufen ist, der ist ein Knecht Christi."
102 Eigentlich: keinen Nutzen schaffenden, daher: überflüssigen, aber auch: schändlichen, frivolen. Vgl. DWb 24, 1212 f.
103 Tadele.
104 Vgl. Mt 7,14: „der Weg ist schmal, der zum Leben führt".
105 Sein.
106 Zu befürchtende.
107 Vorzeitig, früher als erwartet.
108 Lauligkeit = Lauheit. Vgl. Apk 3,14 u. 16: „Und dem Engel der Gemeinde in Laodizea schreibe: [...] Weil du aber lau bist und weder kalt noch warm, so werde ich dich ausspeien aus meinem Munde."
109 Feinen Lebensart.
110 Lebensbereichen, Arbeitsgebieten.
111 Profitieren.
112 Gottes Geist treibt den Geist, die Seele des Gläubigen an (Röm 8,14) und lenkt seine Lebensführung. Vgl. Langen 27f.
113 Weil, zumal.

solche Verderbnüß in ihren Hertzen herrschen lassen/ und folglich nicht anders können/ als alle dem/ was GOTT und GOttes ist/ widersprechen. Der getreue GOTT/ der sie auch mit der gantzen Welt liebet und suchet/[114] lasse sie seine hertzliche Barmhertzigkeit 5 würcklich erfahren/ und besuche sie selbst durch den Auffgang aus der Höhe/[115] CHristum JEsum in ihrem Hertzen/ und lasse sie durch seine zuvorkommende Gnade[116] sehen/ wie sie in Koth der Bosheit und Heucheley liegen/ mit welchen sie auch aus Blindheit alles 10 Göttliche gerne beschneutzen[117] und verdunckeln wolten/ damit sie nach tieffer Demüthigung mit dem unverständig=eyffernden Paulo den HErrn fragen/ was sie thun sollten/[118] und also CHristum wahrhafftig erkennen/ lieben und ihm alleine folgen. Sintemahl[119] sie 15 ohne gründliche Veränderung ihres Sinnes[120] weder der angemaßte Ruhm der orthodoxie/ noch die possession des Kirchen=Nahmens/[121] noch sonst was helffen wird.

---

114 Vgl. Joh 3,16: „Also hat Gott die Welt geliebt, daß er seinen eingeborenen Sohn gab, auf daß alle, die an ihn glauben, nicht verloren werden, sondern das ewige Leben haben" und Mt 18,11 / Lk 19,10: „Denn des Menschen Sohn ist gekommen, selig zu machen, das verloren ist."
115 Vgl. Lk 1,78: „durch die herzliche Barmherzigkeit unsers Gottes, durch welche uns besucht hat der Aufgang aus der Höhe".
116 Zum Begriff der gratia praeveniens im theologiegeschichtlichen Rahmen der Gnadenlehre vgl. Wolf-Dieter Hauschild / Klaus Otte, Art. Gnade IV.–V., in: Theologische Realenzyklopädie 13 (1984), S. 476–511. August Hermann Francke definiert die zuvorkommende Gnade im Anschluss an Augustin als diejenige erste Gnaden=Wirckung GOttes, die er nicht noch von ferne und von aussen, sondern schon in dem Hertzen des Menschen zu beweisen angehoben, und womit er der ferner zubereitenden, wirckenden und mitwirckenden [!] Gnade den Weg in dem Menschen bahnet." Die Zuvorkommende Gnade Gottes, Halle 1729, S. 13.
117 Im übertragenen Sinn: besudeln, beschmutzen.
118 Vgl. Apg 9,6: „Und er sprach mit Zittern und Zagen: Herr, was willst du, daß ich tun soll?"
119 Weil, indem.
120 Vgl. Röm 12,2: „Und stellet euch nicht dieser Welt gleich, sondern verändert euch durch die Erneuerung eures Sinnes".
121 Arnold bestreitet seinen kirchlichen Kritikern ihre Rechtgläubigkeit (da diese bloß formal, ohne in seinem Sinn verstandene Glaubenspraxis sei) und den Besitz (Possession) des Kirchennamens, d. h. den Anspruch, wahre

Hier auff dem confusen Theatro[122] dieser Erden läßt sichs wol viel von der Religion **[8]** schwatzen und disputiren/[123] und den Nahmen eines Lehrers führen/ auch Ketzer machen und alles Göttliche verwerffen.[124] Aber
5 wenn einem Gewissen endlich alles und auch der Rath derer Hertzen in seiner rechten Gestalt erscheinet/ und der Mensch vor GOttes Gerichte bloß von allen stehet! da werden die verkehrten Eifferer ihr Fechten[125] und Heucheln wohl vergessen.
10 Der ungenandte und sonst ziemlich bescheidene Autor der Schrifft: von den falschen Propheten wieder den Herrn Prof. Francken[126] hat an verschiedene Orten aus der offenhertzigen Bekäntnüß mir einige Sätze von der Nachfolge Christi und dem einsamen abgesonderten
15 Leben der Alten beymessen wollen/ welche er vor irrig achtet/ und ins gemein denen so genandten Pietisten zuschreibet; dabey er erwartet und verlanget/ ich möchte mich weiter davon erklären. Allein ich versichere denselben Mann in allgemeiner Liebe/ daß ich

---

Kirche zu sein (weil diese aus den Wiedergeborenen besteht). Zum Kirchenbegriff vgl. Seeberg 175–180.
122 Verwirrten Theater.
123 Vgl. Johann Arndt, Vorrede zu: Die teutsche Theologia, Halberstadt 1597, fol. 5r: „Derwegen ein grosser feil [Fehl] ist, das man sich bemühet, die reine Lere allein mit schreiben und disputieren in den Schulen und Kirchen zuerhalten und des Christlichen Lebens vergisset, da doch die reine Lere nicht bleibet oder bleiben kan bey den unbusfertigen, welche Christo, der ewigen Warheit und dem ewigen Lichte, mit jrem Leben wieder streben. Das heisset mit worten für die Lere streiten und mit der that und leben dawieder streiten."
124 Ketzermacher ist eine polemische Bezeichnung der orthodoxen Theologen.
125 Streiten.
126 [N. N.,] Kurtze Erörterung der Frage: Ob, wenn ja eines seyn muß, Die Pietistischen oder Antipietistischen Lehrer falsche Propheten seyn? Deren jenes Herr M. August Hermann Francke [...] In einer Predigt den 8. Sonntag nach Trinitatis 1698. weitläufftig und mit grosser Hefftigkeit hat behaupten wollen; Dieses aber Von den Antipietisten allerdings zu erweisen ist. Da denn Des Herrn M. Franckens seine Gründe bey Untersuchung gar schlecht, der Antipietisten aber gerecht befunden werden, welches von einem Freunde der Warheit dem Leser deutlich vor die Augen gelegt, und dabey Herrn M. Francken gute Erinnerungen gegeben worden, Leipzig 1698.

mich weder zu diesen noch andern beygelegten[127] Sätzen oder Gegensätzen/ noch auch zu dem daraus entstehenden disput verstehen werde. Und dieses nicht aus Furcht/ daß die ewige Warheit nicht selbst GOtt zum Vertheidiger haben möchte/ der ja wohl wahrhafftig/ und alle Menschen falsch bleiben:[128] sondern zu Vermeidung des Schul=Gezäncks und der Wort=Kriege/[129] woraus mehr theoretische Fragen/ als Besserung zu GOTT entstehet.

Mein Sinn ist/ nach dem ich von CHristo JEsu ergriffen bin/ allein dahin gerichtet/ Ihm bloß und einig[130] zu folgen/ wie Er mir seinen Willen in seinem theuren Wort hinterlassen/ und noch augenblicklich durch seinen verheissenen Geist vom Vater im Hertzen vorhält.[131] Von diesem hab ich zuweilen bey Gelegenheit/ auch offentlich gezeuget/ stehet er nun jemanden nicht an/ mit dem will ich nicht drüber zancken/ viel weniger meine GOttesdienst oder Religion in disputiren[132] setzen/ sondern indessen vor [9] solche elende Leute zu GOtt ruffen/ daß er ihnen an statt der eiteln Thorheiten/ die sie noch als orthodoxe Artickel[133] verfechten/ (dergleichen gedachter Autor[134] mit dem Spielen und Tantzen

---

127 Zugeschriebenen.
128 Vgl. Röm 3,4: „Es bleibe vielmehr also, daß Gott sei wahrhaftig und alle Menschen Lügner".
129 „Meist so viel wie ‚Disput, Lehrgezänk, literarische Fehde', wobei sich die Vorstellungen des mit Worten geführten Streites und des Streites um bloße Worte überschneiden." DWb 30,1592. In der Sicht der radikalen Pietisten galten dogmatische Diskussionen und Streitigkeiten zwischen verschiedenen theologischen Richtungen als Schulgezänk und Wortkriege.
130 Nur ihm und einzig ihm.
131 Vgl. Joh 16,13: „Wenn aber jener, der Geist der Wahrheit, kommen wird, der wird euch in alle Wahrheit leiten. Denn er wird nicht von sich selber reden; sondern was er hören wird, das wird er reden, und was zukünftig ist, wird er euch verkünden."
132 S. o. Anm. 123.
133 Rechtgläubige Anschauungen.
134 S. o. Anm. 126.

thut)[135] CHristum Jesum in ihren Hertzen durch den
Glauben würcklich kund und theuer mache/ so werden
sie des disputirens wol vergessen. Im übrigen habe ich
auch jederzeit von Natur/ geschweige nach der Gnade
5 und dem klaren Worte GOttes einen Abscheu vor dem
Sectirischen Wesen[136] gehabt/ bin auch/ wie ich öffentlich
bekandt/ von Kindheit an durch GOttes Geist gezogen
worden/ daß mich also der Autor ohne Grund und wider
meinen Sinn (den GOTT am besten kennet) unter dieje-
10 nigen/ dawider er schreibet/ und meine Bekäntnüß unter
solche Sätze gerechnet hat. Es wäre Zeit/ daß man auff-
höreten Secten[137] und Trennungen zu machen/ allerseits
aber CHristo/ dem einigen[138] Meister/[139] fein allein in der
praxi und lebendigen Erkäntnüß anhienge/ so würde
15 keine Parthey[140] über die andere so viele/ und zwar offt
rechtmäßige Klagen zu führen haben.

Lasset uns demnach alle mit einander den Schein der
Heucheley/ des laulichen[141] sichern Gottesdiensts/ des
leeren auffblähenden[142] Wissens und Schwätzens/ und
20 der falsch=berühmten Kunst/[143] wie wir solche auff
Universitäten gelernet haben/[144] ablegen/ ja den gant-

---

135 Spielen (Schauspiel und Oper, aber auch Kartenspiele und sogar Kinder-
    spiele) und Tanzen galt den meisten Pietisten nicht nur als unnütze und
    wertlose, sondern gefährliche, weil leicht zur Sünde verführende Beschäf-
    tigungen. Arnold hatte schon in seiner Schrift *Die Erste Liebe* betont, dass
    die frühen Christen „Abscheu vor allen Üppigkeiten" gehabt hätten, der
    sich auch gegen „Tantzen, Schau= und anderen Spielen, und dergleichen"
    gerichtet habe (Die Erste Liebe Der Gemeinen JESV Christi/ Das ist/
    Wahre Abbildung Der Ersten Christen/ Nach Ihren Lebendigen Glauben
    Und Heiligen Leben […], Frankfurt am Main 1696, S 507.
136 Haltung, die von den Interessen der eigenen „Sekte" (s. die folgende Anm.)
    bestimmt ist.
137 Hier synonym mit dem folgenden „Trennungen". Darunter fallen nach Ar-
    nold auch alle Konfessionen.
138 Einzigen.
139 gl. Mt 23,10: „Und ihr sollt euch nicht lassen Meister nennen; denn einer
    ist euer Meister, Christus."
140 Religionspartei, Konfession.
141 S. o. Anm. 108.
142 Vgl. 1Kor 13,4: „[die Liebe] blähet sich nicht".
143 S. o. Anm. 19.

zen alten Menschen ausziehen[145] mit seinem Ehrgeitz/ Zancksucht und Welt=Liebe. Und lasset und dagegen zusammen vor dem allgemeinen wahren Liecht/ JEsu CHristo/[146] beugen/ unsere Wunden und Eiterbeulen[147] einmahl erkennen/ und nicht mit so viel Feigenblät- tern[148] bedecken! O wie freundlich würde dieser Lieb- haber des Lebens die Mühseligen annehmen/[149] welche nicht in Pharisäischen Hochmuth[150] und äusserlicher Heiligkeit der dürfftigen Satzungen[151] dem HErrn trotzten/ sondern als bußfertige Sünder allein im Glau- ben des Sohns GOTTES zu lieben suchten/ nichts wis- sende oder liebende/ als Ihn und sein Kreutz![152] Er selbst erscheine allen/ die im Finsternüß und Schatten des Todes sitzen/[153] **[10]** sonderlich welche aus Unwis- senheit und gefaßten Vorurtheilen/ Menschen=Anse- hen/[154] Sectirischen Sinn[155] und dergleichen irren und widersprechen.

---

144 Arnold rechnet also die akademische Ausbildung zur „falsch-berühmten Kunst".

145 Vgl. Kol 3,9: „zieht den alten Menschen mit seinen Werken aus".

146 Christus als Licht: Joh 1,8; 3,19; 8,12; 12,35; vgl. auch Lieder wie Johann Heermann, O Jesu Christe, wahres Licht (1630), EG 72.

147 Vgl. Jes 1,6: „Von der Fußsohle bis aufs Haupt ist nichts Gesundes an ihm, sondern Wunden und Striemen und Eiterbeulen".

148 Vgl. Gen 3,7: „Da wurden ihrer beiden [Adams und Evas] Augen aufgetan, und sie wurden gewahr, daß sie nackt waren, und flochten Feigenblätter zusammen und machten sich Schürze."

149 Vgl. Mt 11,28: „Kommet her zu mir alle, die ihr mühselig und beladen seid; ich will euch erquicken."

150 Auf dem Hintergrund der Auseinandersetzungen zwischen frühem Chri- stentum und Judentum werden im Neuen Testament die Vertreter der re- ligiösen Richtung der Pharisäer oft polemisch als Hochmütige, Selbstge- rechte und Heuchler dargestellt. Vgl. etwa Mt 5,20; 23,1–36; Lk 18,9–14. Daher ist „Pharisäer" im Sprachgebrauch christlich geprägter Länder zu einem Synonym für Scheinheilige, Heuchler geworden.

151 Vgl. Gal 4,9.

152 Vgl. 1Kor 2,2: „Denn ich hielt mich nicht dafür, daß ich etwas wüßte unter euch, als allein Jesum Christum, den Gekreuzigten."

153 Vgl. Lk 1,79: „auf daß er erscheine denen, die da sitzen in Finsternis und Schatten des Todes".

154 Rucksicht auf Menschen; vgl. „Ansehen der Person".

155 Von einer „Sekte" (in Arnolds Auffassung: Religionspartei, Konfession) ge- prägtes Denken.

Ein anderer Scribente[156] hat in einer Antwort auf eines gewissen Fürstlichen Raths veranlaßtes Bedencken[157] bey Erwegung dieser mutation[158] nach der Warheit und Erfahrung aufrichtig bekant/ wie die Greuel de-
5 rer Gelehrten/ und sonderlich ihr Ehr=geitzig Gezäncke so gar greifflich wären/daß man auch unter ihnen mit unverletzten Gewissen kaum fortkommen könte. Jedoch will er die Folge[159] und geschehene Resignation eben nicht billigen/ und kan auch bey so gestalten[160] Sachen
10 nicht/ weil er selbst in gedachter[161] Schrifft und sonsten sich von geistlichen und göttlichen Dingen zu urtheilen untüchtig[162] gnug bezeiget. Deswegen er auch Zweifels=frey seine Muthmassung/ als wäre die Trägheit ursache/[163] fahren lassen würde/ wo er die in der Bekäntnüß
15 geschehene Erklärung hievon nur mit einem auffgeräumten[164] Verstande ansehen wolte. Wiewohl man sich überhaubt um solche Judicia[165] nicht bekümmert/ weil man wohl weiß/ was Gemüther/ deren gantzes Leben in der weltlichen Erudition[166] und denen daran hangenden

---

156 Schreiber, Verfasser.
157 Offenhertzige wohlmeinende Erinnerung/ über eines ungenandten Freundes Offenhertziges Bekäntniß/ Warum Er sein hohes Ambt und Profession verlassen/ In einem Send-Schreiben an einen auswertigen Freund bescheidentlich vorgestellet. Worbey zugleich Die bißhero geführten Klagen/ welche in vollen Schalen über unsere Lutherische Kirche seithero ausgegossen worden/ mit der Feder reiner Lehrer gemäßiget und nach der Schrifft geprüfet worden, Wittenberg o. J. [VD17 3:001136G]. Außer diesem Quartdruck sind zwei Drucke in 8° nachweisbar: Leipzig o. J. [SB Berlin] und ein Druck o. O. u. J. [LSUB Dresden]. – Der anonyme Verfasser war der orthodoxe Theologe Johann Gottlob Stolze (1668–1746), Superintendent in Waldenburg (Sachsen); s. u. das Nachwort.
158 Veränderung, nämlich: Arnolds Gießener Amtsverzicht (Resignation).
159 Die daraus gezogene Folgerung, Konsequenz.
160 Beschaffenen.
161 Oben erwähnter.
162 Unfähig.
163 Vermutung, es sei Trägheit der Grund (für den Amtsverzicht).
164 Hier: gereinigten, klaren; vgl. DWb 1,657.
165 Urteile.
166 Weltliche Bildung, hier als Gegenbegriff zu einer vom göttlichen Geist bewirkte Prägung. Vgl. im folgenden Satz die „Liebeszucht des Geistes der Weisheit".

groben Lastern stecket/ von dem Gegensatz derselben vor
Begriff haben können. [167] Ich kan ihnen nichts bessers
wünschen/ als die anhaltende Liebes= Zucht[168] des Geistes der Weißheit/[169] daß sie dieselbe nicht dämpffen/[170]
und durch so manche Thorheit betrüben möchten/ so soll-   5
ten sie wohl zur Spur der rechten Philosophie und Weißheit selbsten kommen. So dann würden sie sich nicht
gnug verwundern können/ wie blind und thöricht sie ge-
wesen/ daß sie in so kurtze Vergnügung über eitelen Eh-
ren/ Titeln/ Ruhm und Bekandtschafft der Leute/ in so   10
unnützem Schwatzen und Wissen ihr höchstes Gut ge-
setzet/ daran doch die Heydnischen Philosophi[171] meist so
viel Thorheit erkandt haben. Sie würden alsdann eben
also von ihren vorigen Academischen Wesen urtheilen/
als sie jetzo etwan von denen raisoniren/[172] die ihr Zeug[173]   15
nicht billigen noch mit machen können. Es ist fürwahr
ein **[11]** unbeschreiblicher Jammer/ daß die edelsten Ge-
müther in der falschen Weißheit dieser Welt aufgehalten
werden/ die Paulus ausdrücklich Thorheit vor GOtt nen-
net/ da sie zu einem höhern Licht gebracht werden kön-   20
ten. Allein diß ist eben die Tieffe der Weißheit GOttes/
daß Er das Thörichte vor der Welt erwählet und das Ver-
achtete und das da Nichts ist/[174] damit er etwas daraus
mache zu Lobe seiner Gnade. Ihm sey Preiß immerdar![175]

---

167 Von deren Gegenteil für ein Verständnis haben können.
168 Die fortwährende Ziehung in der Liebe.
169 Vgl. Jes 11,2: „der Geist des Herrn, der Geist der Weisheit"; vgl. auch Ex
    28,3; Dtn 34,9; Eph 1,17 u. ö.
170 Vgl. 1Thess 5,19: „Den Geist dämpfet nicht".
171 Die Heidnischen Philosophen. – Beliebter Topos, dass sogar schon die heid-
    nischen Weisen die ethische Fragwürdigkeit mancher Verhaltensweisen er-
    kannt haben.
172 Abfällig: vernünfteln, mit dem Anschein vernünftigen Redens unüberlegt
    über etwas sprechen oder unbedacht etwas tadeln.
173 Abschätziger Kollektivausdruck für wertlose Sachen.
174 Vgl. 1Kor 1,27 f.: „Sondern was töricht ist vor der Welt, das hat Gott er-
    wählt, daß er die Weisen zu Schanden mache; und was schwach ist vor der
    Welt, das hat Gott erwählt, daß er zu Schanden mache, was stark ist; und
    das Unedle vor der Welt und das Verachtete hat Gott erwählt, und das da
    nichts ist, daß er zunichte mache, was etwas ist".

Im übrigen bin ich nicht gesinnet einem einigen[176] künfftig seine übeln Urtheile zu beantworten/ der durch mein Bekantnüß sich durch Widerspruch/ oder gar durch Schelten und Spotten getroffen zu seyn ver-
5 rathen würde. Es ist einem jeden von seinem Schöpffer eine Zeit bestimmet/ darinn er geprüfet und gerichtet werden soll/ dem soll keiner entgehen/ er wehre sich so lang er wolle! Dieser suchet noch jedweden insonderheit auff solche Zeit zu bereiten/ und klopffet durch seinen
10 züchtigenden Geist stets an/[177] im Gewissen/ machet ih-nen bange/ und treibt sie offt in die Enge/ daß sie Ihm folgen sollen. Ach daß sich dann niemand durch das hof-färtige[178] Leben/ Fleisches= und Augen=Lust[179] auff-halten und hindern ließ.

15 Viel weniger durch Ansehen und Urtheile der Men-schen/ vätterliche Weisen/ alte Meynungen und Vorurt-heile/ am allerwenigsten von seiner eigenen Vernunfft und eigenen Willen! sondern folgte getrost dieser Spur/ die ihm der Heilige Geist aus seinem Heiligen Worte im
20 Hertzen anweist/ weiche weder zur Rechten noch zur Lincken/ und suchte in Glaubens=Begierde Christum Jesum sol lange/ biß er Ihn in seinem innersten vor der Thür anklopffend/ und ruffend/ daß Ihm aufgethan würde/ hörte.[180] In Warheit/ er könte unmöglich irren/

---

175 Vgl. 1Tim 1,17: „Aber Gott, dem ewigen König, dem Unvergänglichen und Unsichtbaren und allein Weisen, sei Ehre und Preis in Ewigkeit!"
176 Einzigen.
177 Vgl. Tit 2,11 f.: „Denn es ist erschienen die heilsame Gnade Gottes allen Menschen und züchtigt uns, daß wir sollen verleugnen das ungöttliche We-sen und die weltlichen Lüste, und züchtig, gerecht und gottselig leben in dieser Welt", in Verbindung mit Apk 3,20: „Siehe, ich stehe vor der Tür und klopfe an."
178 Stolze und anmaßende.
179 Vgl. 1Joh 1,16: „alles, was in der Welt ist: des Fleisches Lust und der Au-gen Lust und hoffärtiges Leben, ist nicht vom Vater, sondern von der Welt".
180 Vgl. Apk 3,20: „Siehe, ich stehe vor der Tür und klopfe an. So jemand meine Stimme hören wird und die Tür auftun, zu dem werde ich eingehen und das Abendmahl mit ihm halten und er mit mir."

wo er diesem süssesten/ schönsten gewissesten und besten Führer auffthäte/ und annähme/ was Er ihm geben würde/ nemlich Worte des ewigen Lebens.[181] Ach wie würde er erkennen und erfahren/ daß Er sey CHristus der Sohn GOTTES/ der ihn je und je geliebet/ und nun aus lauter Güte zu sich und seinem Vater gezogen![182] O wie würde er von Ihm als ein Beladener/ nach rechtschaffener Bekehrung/ so erquicket werden/[183] daß er [12] alles Bettel=Tands[184] der Welt in ihrem größten Pracht/ Reichthum/ Ehren=Stand und Wollust vergessend und überdrüßig werden müste! O man lasse sich ja so gleich zu dieser Seligkeit bringen/ und versäume keinen Augenblick/ dann man hat nimmermehr Zeit genug sie zu geniessen und zu erschöpffen!

Meines Orts[185] bekenne ich/ daß mich allezeit/ Arbeit und Leiden gereuet hat/ und noch reuet/ die nicht auff dieses einige Nothwendige[186] gerichtet gewesen. Es soll mich aber auch nun keine Schmach/ Verwerffung/ Mühe und Todt gereuen/ wo ich das warhafftige neue Leben in CHristi JESU Gemeinschafft/ nach Absterbung aller Dinge[187] völlig erlangen kann. Diß sey mein Werck Tag und Nacht/ daß ich zum Maaß des vollkommenen Alters CHristi[188] zu rechter Zeit gelangen möge. Andere mögen sich diese Seligkeit noch so leicht einbil-

---

181 Vgl. Joh 6,68: „Du hast Worte des ewigen Lebens."
182 Vgl. Jer 31,3: „Ich habe dich je und je geliebet; darum habe ich dich zu mir gezogen aus lauter Güte."
183 Vgl. Mt 11,28: „Kommet her zu mir alle, die ihr mühselig und beladen seid; ich will euch erquicken."
184 Bettelhaften, gehalt- und wertlosen Sachen. Bezeichnen Zusammensetzungen mit Bettel- an sich schon wertlose, geringe Dinge, so wird dies durch das Wort Tand (Wertloses, Nichtiges, Trödel) nochmals verstärkt.
185 Ich meinerseits.
186 Vgl. Lk 10,42: „eins aber ist not".
187 Nachdem alle Dinge mir gestorben sind.
188 Vgl. Eph 4,13: „bis daß wir alle hinkommen zu einerlei Glauben und Erkenntnis des Sohnes Gottes und ein vollkommener Mann werden, der da sei im Maße des vollkommenen Alters Christi".

den: ich sehe und erfahre wohl/ daß CHRIstus wahr ge-
redet: *Ringet darnach/ daß ihr eingehet durch die enge*
Pforte/ dann viel werden/ das sage ich euch/ NB. tracht-
ten hinein zu gehen/ und werdens doch nicht können![189]
5 *Item, Wenig sind/ die die enge Pforte und den schmalen*
Weg finden![190] *Drum laßt uns stets wachen und beten/*[191]
und diß auffs Blut kämpffen wider alle Sünde/[192] *damit*
wir frölich überwinden![193] Wovon künfftig in der neuen
Edition des H. Macari[194] ein mehrers.[195]

---

189 Lk 13,24.
190 Mt 7,13 f.
191 Vgl. Mt 26,41 / Mk 14,38; Mk 13,33.
192 Vgl. Hebr 12,4: „Denn ihr habt noch nicht bis aufs Blut widerstanden in
     den Kämpfen wider die Sünde".
193 Die hier kursiv gesetzten Sätze sind im Original fett und in größerer
     Schrift gedruckt.
194 Ein Denckmahl Des Alten Christenthums/ Bestehend in des Heil. Macarii
     und anderer Hocherleuchteten Männer aus der Alten Kirche Höchster-
     baulichen und Außerlesenen Schrifften, Goslar 1699. – Die erste Auflage
     war drei Jahre zuvor erschienen: Des Heiligen MACARII Homilien/ Oder
     Geistliche Reden/ Um das Jahr Christi CCCXL. gehalten/ Anjetzo ihrer
     Vortreflichkeit wegen zum ersten mahl Ins Teutsche übersetzt [...], Goslar
     1696.
195 Mehr (zu lesen sein wird). Zu Arnolds Ausgaben des „Makarios" (in Wahr-
     heit: Symeons von Mesopotamien) und dessen Rezeption durch Arnold vgl.
     Dörries 148–193.

Herrn Gottfried Arnold
Königl. Preußischen Inspectoris
zu Perleberg
öffentliches
Zeügniß/

daß die Gießische THEOLOGI Jhm zu
seiner Kirchen-und Ketzer-Historie
keinen Vorschub gethan/
wie die Rostockische THEOLOGI Dieselbe jüngsthin in ihrer Verantwortung beschuldiget.

Herrn Gottfried Arnold

Königl. Preußischen Inspectoris

zu Perleberg

öffentliches

Zeugniß/

daß die Gießische THEOLOGI Ihm zu

seiner Kirchen= und Ketzer=Historie

keinen Vorschub gethan/

wie die Rostockische THEOLOGI Diesel=

be jüngsthin in ihrer Verant=

wortung[1] beschuldiget.

---

1   Der gesamten theologischen Fakultät auff der Universität Rostock Christ-
    liche Verantwortung wieder der theol. Fakultät in Giessen also genandte
    Lehr= und Ehren=Rettung [...], Rostock 1712.

[3] Nachdem die Herrn Theologi zu Rostock in einer Schrifft wider die Theologische Facultät zu Gießen unter andern diese wider alle Warheit beschuldiget/ als hätten die Giessischen Herrn Theologi mir zu der Kirchen- und Ketzer-Historie Vorschub gethan[2]/ und an solchem Wercke Theil genommen/ dieses aber der Warheit durchaus nicht gemäß ist/ obschon an sich selbst keinem litterato[3] zu verdencken stünde/ wenn er einem andern etwas zu einem Wercke communicirte: als habe hiemit freywillig und bloß nach meinem besten Wissen und Gewissen als vor dem lebendigen GOtt bezeugen wollen/ daß wohlermeldete Herrn Theologi zu Giessen zu der Zeit/ als ich daselbst gestanden/ von meinem Vorhaben mit gedachtem Buche nichts gewust/ weniger mir etwas dazu communiciren können/ am [4] allerwenigsten mich dazu gereitzet[4] haben; sondern was sie mir etwa dann und wann von Scriptis gelehnet[5]/ solches alles nur in genere[6], wie litterati oder Collegen untereinander pflegen/ geschehen sey. Gestalt[7] ich auch in Giessen das allerwenigste von diesem Wercke geschrieben/ sondern nur die erste Vorrede sammt denen ersten Büchern kaum verfertiget/ und jene also gleich vor meinem Abzug daselbst datiret habe.[8] Weßhalben die Herrn Rostockischen Theologi auch hierin/ wie in allen andern Läster-Worten wider mich eine offenbahre Unwarheit begehen/ welche ihnen GOtt zeitig zu erkennen gebe/ ehe ihre Bande[9] noch härter werden möchten. Geschrieben Perleberg den 4. Nov. 1719.

Gottfried Arnold Königl. Preußischer Inspector.

---

2   Gefördert, begünstigt.
3   Gebildeten, Gelehrten.
4   Angereizt, angestachelt.
5   Von Schriften ausgeliehen.
6   Allgemein,
7   Zumal.
8   Vgl. dazu Schneider, Gottfried Arnold in Gießen S. 14.
9   Fesseln. S. o. Text Nr. 8, Anm. 8.

10. Arnolds Gedoppelter Lebenslauf

Seel. Hn. Gottfried Arnolds
Ehemals ProfeſſorisHiſtoriarum zu Gieſſen
letztens Paſtoris zu Perleberg und deſſelben Crayſes
Inſpectoris, wie auch Königl. Preußiſchen
Hiſtoriographi

Gedoppelter

Lebens=Lauff

Wovon der eine von Ihm ſelbſt projectiret
und aufgeſetzt worden

Auf vieler eyfriges Verlangen zum Druck
befodert.

Leipzig und Gardelegen

Bey Ernſt Heinrich Campen / Buchh. 1716.

Seel.[1] Hn. Gottfried Arnolds/

Ehemals Professoris Historiarum[2] zu Giessen

letztens Pastoris zu Perleberg[3] und desselben Crayses[4]

Inspectoris[5], wie auch Königl. Preußischen

Historiographi[6]

Gedoppelter[7]

Lebens=Lauff/

Wovon der eine von Ihm selbst projectiret[8]

und aufgesetzt worden

Auf vieler eyfriges Verlangen zum Druck

befodert.[9]

Leipzig und Gardelegen

Bey Ernst Heinrich Campen/ Buchh. 1716.

---

1   Vgl. DWb 16,523: „Man bezieht das wort im allgemeinen auf alle verstorbenen, von denen man hofft, daß sie das ewige leben haben; so wird es zu
einem freundlichen beiwort für liebe verstorbene und dient dazu, sie als
solche zu bezeichnen."
2   Professor der Geschichte.
3   Perleberg in der Prignitz.
4   Kirchenkreis.
5   Inspektor entspricht einem Dekan oder Superintendenten.
6   König Friedrich I. von Preußen hatte Arnold am 27.1.1702 den Titel eines
königlich-preußischen Historiographen verliehen. Vgl. Büchsel, Weg 86–88
und 251–254, hier auch 252f. die Ernennungsurkunde.
7   [Ver-] Doppelter, zweifacher.
8   Entworfen. Vgl. das Nachwort.
9   Befördert.

[A2r] Kurtz=gefaßter
Lebens=Lauff
Seel. Hrn. Gottfried Arnolds/
Den Er selbst projectiret gehabt.

Er ist gebohren im Jahr 1666 am 5. September zu Annaberg[10]/ einer Berg=Stadt[11] im Meißnischen Ertz=Ge-
birge gelegen. Sein Vater ist gewesen Herr Gottfried Ar-
nold/ an der Stadt=Schulen alda Collega Sextus[12]. Seine
Mutter aber Frau Maria/ gebohrne Lahlin.[13] Diese ist
ihm bald im 5ten Jahr seines Alters gestorben/[14] dahero
er etwas kümmerlich[15] erzogen worden/ und bald im 13.
Jahr fremden Leuten dienen und Kinder informiren[16]
müssen.

Im Jahr 1682 ist er auf das Gymnasium zu Gera[17] ge-
zogen/ und hat daselbst 3. Jahr in denen gewöhnlichen
studiis humanioribus[18] zugebracht/ worauff er Anno
1685 auf seines Vaters Gutachten[19] nach Wittenberg[20]

---

10 Heute: Annaberg-Buchholz.
11 Eine Bergstadt ist historisch gesehen eine Siedlung in der Nähe von Erz-
   vorkommen (Annaberg: Silber), die zum Zweck der raschen Ansiedlung
   von Unternehmen und Arbeitern mit dem Stadtrecht (Annaberg: 1497),
   anderen besonderen Rechten (Bergregal) und steuerlichen Privilegien ausgestattet worden war.
12 Sechster Kollege bezeichnet die Rangordnung im Lehrerkollegium.
13 Geborene Lahl, verwitwete Meyer.
14 Hier irrt Gottfried Arnolds Erinnerung; seine Mutter starb 1673. – An den
   frühen Tod der Mutter anknüpfende Erwägungen bei Gert Haendler, Psy-
   chologische und theologische Gesichtspunkte bei der Kirchengeschichtsschreibung Gottfried Arnolds, in: Forschung und Erfahrung im Dienst der
   Seelsorge. Festgabe für Otto Haendler, Göttingen 1961, S. 129–138.
15 Kärglich, bescheiden.
16 Unterrichten.
17 Gymnasium Rutheneum (heute: Goethe-Gymnasium), gegründet 1608.
   Arnold erlebte 1683 die endgültige Wiederherstellung der während des
   Dreißigjährigen Krieges abgebrannten Schulgebäude und die Eröffnung eines Schultheaters.
18 Studia humanitatis oder studia humaniora war seit dem Renaissance-Hu-
   manismus die Bezeichnung für die Gesamtheit des humanistischen Bil-
   dungsprogramms. Es umfasste die Fächer Grammatik, Rhetorik, Poesie,
   Moralphilosophie und antike Geschichte.
19 „Weil der Vater es für gut erachtete."
20 Die Universität Wittenberg war damals eine Hochburg der lutherischen

gekommen[21] und die academischen Jahre in Philosophia und Philologia[22] zugebracht. Da ihm denn insonderheit publice und privatim, wie auch privatissime[23] an die Hand gegangen in Philosophicis und Mathesi[24] Herr
5 D. Walther[25]/ Herr Prof. Röhrensee[26] und Herr Prof. Donati[27], in Philologia Graeca, Antiquitate & Historicis[29] Herr Prof. Schurtzfleisch[29]/ in Ebraicis Herr Prof. Dassovius[30]. Hernach da er ad Theologiam vulgarem und Scholasticam[31] nach gemeiner Weise und Vorschrifft de-
10 rer Anführer[32] geschritten/ hat er meistentheils Herrn D. Quendstedten[33] und Herrn D. Walthern[34]/ auch

---

Orthodoxie. Vgl. Heiner Lück, „Wittenberg, Universität", in: TRE 36 (2004), S. 232–243, bes. 240.

21 Immatrikuliert am 18. Juni 1685 als „Gottofredus Arnoldi Annaebergensis Misnicus". Fritz Jundtke (Hg.), Album Academiae Vitebergensis. Jüngere Reihe, II: 1666–1710, Halle 1952, S. 7.

22 Wie alle Studenten musste Arnold zunächst ein Grundstudium der *artes liberales* absolvieren, bevor er nach Ablegung des Magisterexamens das Studium in einer höheren Fakultät (Theologie, Jura oder Medizin) fortsetzen konnte. Zur philosophischen Fakultät und ihren Lehrern vgl. Heinz Kathe, Die Wittenberger Philosophische Fakultät 1501–1817, Köln 2002.

23 *Publice, privatim, privatissime* bezeichnet Arten von universitären Veranstaltungen: öffentlich, privat und ganz privat, d. h. für wenige Zuhörer und meist in der Wohnung des Professors.

24 Mathematik.

25 Michael Walther (1638–1692). Vgl. Zedler 52 (1747), Sp. 1857–1861, Jöcher 4 (1751), Sp. 1803f.; Paul Tschackert, ADB 41 (1896), S. 120 f.

26 Christian Röhrensee (1641–1706). Vgl. Zedler 32 (1742), Sp. 272 f., Jöcher 3 (1751), Sp. 2167 f.

27 Christian Donat(i) († nach 1691). Vgl. Zedler 7 (1734), Sp. 1249, Jöcher 2 (1750). Sp. 179 f.

28 In griechischer Philologie, Altertumskunde (alter Geschichte) und Geschichte.

29 Conrad Samuel Schurtzfleisch (1669–1718). Vgl. Gerhard Menk, Conrad Samuel Schurzfleisch und seine Familie, in: Nachlaß der Familie Schurzfleisch. Bestandsverzeichnis und Bibliographie, bearb. v. Gerhard Menk in Verb. mit Jutta Fulsche und Michael Knoche, Weimar 1994 (Repertorien des Thüringischen Hauptstaatsarchivs Weimar 1), S. 1–53, bes. S. 10–44.

30 Theodor Dassow (1648–1721). Vgl. Jöcher 2 (1750), Sp. 36f.; Carl Gustav Adolf Siegfried, ADB 4 (1876), S. 762.

31 Die gewöhnliche und Schultheologie. Zur Kritik an der *theologia scholastica* vgl. Seeberg 211 f. Hinter dieser Bezeichnung verbirgt sich auch Arnolds Kritik an der herkömmlichen orthodoxen Theologie.

32 Unterweiser, Instruktoren.

33 Johannes Andreas Quenstedt (1617–1688), einer der letzten bedeutenden Vertreter der lutherischen Hochorthodoxie, seit 1660 ordentlicher Profes-

Herrn D. Deutschmann[35] bey welchem er im Hause und am Tisch[36] gewesen/ gehöret. **[A2v]**

Er hat sich aber bey diesen seinen Academischen Jahren öffter dieser verborgenen Wohlthat GOttes erinnert/ daß er durch die hefftige und recht unmäßige Begierde zum Studiren von andern Lastern der Jugend[37] bewahret/ noch durch die mehr als heydnische Exempel der Lehrer und Studenten verführet worden. Doch wurde das Laster des Ehrgeitzes[38] in ihm gewaltig auffgeblasen durch die gewöhnliche Reitzungen seiner Anführer/ wie sie ihn denn auch schon Anno 1686 beredeten/ Magister zu werden.[39] Allein GOtt hatte nach seiner grossen Barmhertzigkeit[40] etwas heylsamers über ihn beschlossen: Wie er ihn denn auch von Kindheit an

sor der Theologie in Wittenberg. Vgl. August Tholuck / Johannes Kunze, RE3 16 (1905), S. 380–383; Matthias Plathow, BBKL 7 (1994), S. 1095; Walter Sparn, RGG⁴ 6 (2003), Sp. 1864. – Da Quenstedt schon am 22. Mai 1688 starb, kann Arnold bei ihm nur noch zwei Semester gehört haben.

34   Michael Walther war seit 1687 Professor der Theologie.

35   Johannes Deutschmann (1625–1706), 1657 außerordentlicher, 1662 ordentlicher Professor in Wittenberg, Ephorus der kursächsischen Stipendiaten, 1688 Propst der Schlosskirche. Vgl. August Tholuck, Der Geist der lutherischen Theologen Wittenbergs im Verlaufe des 17. Jahrhunderts, 1852, S. 221 f.; Julius August Wagenmann, ADB 5 (1877), S. 93; Paul Tschackert, RE³ 4 (1898), S. 589; Kenneth Appold, RGG⁴ 2 (1999), Sp. 772.

36   Wie andere Privatleute boten auch Professoren in ihren Häusern Unterkunft und Verpflegung für Studenten.

37   Vgl. 2Tim 2,22; auch Hi 13,26.

38   Vgl. Spener, PD 72, 1–3: „diejenige/ welche zwar stattlich studiren/ aber auch stattlich schwermen/ sauffen/ prachtiren/ ihren ehrgeitz in den Studiis und andern hervor lassen/ und in summa zeigen/ sie leben nach der welt und nicht nach Christo".

39   Die Magisterpromotion fand am 28. April 1687 statt. Das Dekanatsbuch der philosophischen Fakultät gibt an, dass die Magisterpromotion unter dem Dekanat von Christian Röhrensee erfolgte. Als Mitglieder der Prüfungskommission werden außerdem die Professoren Andreas Sennert, Constantin Ziegra und Georg Caspar Kirchmaier genannt. Gleichzeitig mit Arnold legte Johann Franz Buddeus (1667–1729), später Theologieprofessor in Jena, das Magisterexamen ab. Unter den 25 Kandidaten steht er an dritter Stelle, während Arnold den 15. Platz einnimmt. Universitätsarchiv Halle-Wittenberg, Rep. 1 Nr. XXXXV, 1, Bd. 3: 1600–1741, fol. 327. Zu Sennert vgl. Kenneth Appold, RGG⁴ 7 (2004), Sp. 1209, zu Buddeus vgl. Ernst Koch, RGG⁴ 1 (1998), Sp. 1826.

durch seinen guten Geist verborgentlich[40] zum Gebet
und zu seiner Furcht angehalten hatte. Dahero risse er
ihn unversehens aus solchen Abführungen[42] heraus/ indem er von einem Chur=Sächsischen Hofrath Herrn
5 Christoph Rittern[43] Anno 1689 nach Dreßden begehret
ward/ des Obristen Götzens[44] Sohn in Studiis zu guberniren[45]/ wie auch hernach des General Birckholtzens[46]
Sohn[47].

Allhier bekam er erst Zeit und Anlaß/ in der wahren
10 Theologia Practica[48] sich zu üben. Wie denn auch GOTT
selbst dazu den rechten Grund ihm legete, durch einen
inwendigen gewaltigen Trieb[49] zum Gebet und Kampff
wider alles böse. Weswegen er auch vielen/ sonderlich sei-

---

40   Vgl. 1Petr 1,3.

41   In verborgener Weise.

42   Ablenkungen, Abwegen.

43   Dr. Christoph Ritter, sächsischer Hofrat, Besitzer des Herrenhauses Pauls-
berg (Radebeul). Nicht aufgeführt bei Carl Eduard Vehse, Geschichte der
deutschen Höfe seit der Reformation. Abth. 5: Geschichte der Höfe des
Hauses Sachsen. Theil 4, Hamburg 1854.

44   Oberst Götz. Nicht ermittelt; nicht bei Vehse (wie vorige Anm.).

45   Lenken, (an-)leiten, erziehen, vom französ. gouverner.

46   General Cuno Christoph von Birckholtz († 10.12.1700). – Leichpredigt: Der
Heroische Glaube Eines Heldenmüthigen Christens/ Als [...] Cuno Christoph von Birckholtz/ Auff Liebstadt [...] Erb-Herr/ Seiner Königl. Maj. in
Pohlen und Chur=Fürstl. Durchl. zu Sachsen [...] General [...] Zu War-
schau in Pohlen am 10. Decembr. 1700. in dem Herrn seelig verstorben und
Dessen verblichner Leichnam [...] auff Seine Herrschafft Liebstadt ge-
bracht/ und [...] am 27. eiusd. mit Standes=mäßigen Ceremonien, beyge-
setzet ward/ In einer Auff Begehren des Orts gehaltenen Leichen=Predigt
[...] fürgestellet von Johann David Schwerdtnern/ SS. Theol. Doctore, und
der Pirnischen Inspection Superintendenten, Pirna: Ludewig, 1700 [VD17
14:012351A].

47   Wahrscheinlich: Johann Georg von Birckholtz (* 1680). Er ist 1698 Respondent bei einer Disputation an der Universität Frankfurt an der Oder:
Disputatio Juris Gentium Publici, De Armis Illicitis Quam [...] Praeside
[...] DN. HENRICO COCCEJO [...] publice defendendam suscipiet JO-
HANNES GEORGIUS DE BIRCKHOLTZ, Eques Saxonicus, D. XXIV. No-
vembr. An. MDCXCVIII., Frankfurt an der Oder [1698]. Frdl. Hinweis auf
diese Disputation von Dr. Klaus vom Orde, Halle.

48   Vgl. Spener, PD 69,8 f.: „[...] weil Theologia ein habitus practicus ist/ alles
zu der praxi des Glaubens und Lebens gerichtet werden muß".

49   (Von Gott gewirkter) innerer Antrieb, Drang, Regung. Gottes Geist treibt
den Geist, die Seele des Gläubigen an (Röm 8,14) und lenkt seine Lebensführung. Vgl. Langen, S. 27 f.

nen domesticis[50] unerträglich wurde/ welche mit Worten
und Wercken sich in ihren Sünden bestraffet sahen; Also
daß er zuletzt in einer vornehmen Familie/ darinnen er
lebete/ seinen Abschied[51] unversehens bekam.

Unterdessen hatte er einen Zutritt[52] auch zu dem da-   5
mahligen Churfürstl. Ober Hoff-Prediger Herrn D. Spe-
nern[53]/ dessen Collegiis[54] und Predigten[55] er allezeit fleißig beywohnete. Hierauff wurde er Anno 1693 von
Dresden nach Quedlinburg erfordert[56] zu dem damahligen Churfürstl. Stiffts=Hauptmann[57] Herrn von Stam-   10
men[58], dessen Söhne anzuführen[59]. Bey diesem verbliebe er 4 Jahrlang/ und genoß sonderlich von GOtt
viel Gnade zum Wachsthum und Befestigung in dem
göttlichen [A3r] Beruff[60] und Zug[61] zu Christo. Inmassen[62] denn auch die Gabe des Geistes zum gemeinen   15

---

50 Hausgenossen, Mitbewohnern im Haus.
51 Entlassung.
52 Zugang.
53 Philipp Jacob Spener (1635–1705), seit 1686 Oberhofprediger in Dresden.
    Zu seiner Dresdner Zeit vgl. Johannes Wallmann, Pietismus 57 f.; Martin
    Brecht, Philipp Jakob Spener, sein Programm und dessen Auswirkungen,
    in: ders. (Hg.), Geschichte des Pietismus, Bd. 1, Göttingen 1993, S. 329–
    333, und ausführlich Wolfgang Sommer, Die lutherischen Hofprediger in
    Dresden. Grundzüge ihrer Geschichte und Verkündigung im Kurfürsten-
    tum Sachsen, Stuttgart 2006, S. 211–237.
54 Nicht *collegia pietatis* (Dibelius 44), die Spener in Dresden nicht gehalten
    hat (Wallmann 57; Brecht 331 mit Anm. 7), sondern „Versammlungen von
    Candidaten" (Albrecht Ritschl, Geschichte des Pietismus, II, Bonn 1882
    [Reprint: Berlin 1966], 306 u. Anm. 2).
55 Spener predigte allerdings meist in der kleinen Schlosskapelle. „Abgesehen
    vom Hof war für weitere Besucher kaum Platz" (Brecht 331).
56 Angefordert, eingeladen, berufen.
57 Der Stiftshauptmann war der Vertreter des Schutzherrn, zunächst des
    Kurfürsten von Sachsen und seit 1698 des Kurfürsten von Brandenburg,
    beim freien Reichsstift Quedlinburg und seiner Äbtissin. Zu den rechtli-
    chen Verhältnissen vgl. Schulz 1–12.
58 Adrian Adam von Stammer († 1703), Stiftshauptmann von 1687 bis zu sei-
    nem Tode. Vgl. Schulz 7.
59 (Durch Unterricht) anzuleiten.
60 Berufung.
61 Zum (göttlichen) „Ziehen" / „Zug" vgl. Langen 45 und 47, Dörries 118–124
    sowie unten Anm. 284.
62 Zumal.

Nutze[63] sich bald äuserte durch einige öffentliche Zeugnisse und Schrifften von der ersten Christlichen Lauterkeit der ersten Kirchen/[64] nachdem sonderlich seine Studia auf die Historie/ als eines von denen nützlich-
5 sten Wissenschafften mit gerichtet wurden.

Immittelst[65] berieffen ihn im Jahr 1697 des Herrn Landgrafen von Hessen=Darmstadt Hochfürstliche Durchlaucht[66] aus eigenen freyen Trieb[67] zur Professione Historiarum ordinaria[68] auf dero Universität
10 Giessen/ wohin er auch aus guter Meynung folgete/ nachdem ihm von andern Hoffnung gemachet war/ der Jugend besser dienen zu können. Er continuirte[69] auch mit Lesen und Disputiren[70] eine Zeitlang/[71] fand aber nicht diejenige Gewissens=Freyheit[72] und Freudigkeit
15 dabey/ und hingegen einen stetigen gewaltigen Zug Gottes zu bessern und nöthigern Dingen. Dannenhero[73] er endlich im Gemüth gedrungen ward/ die Profession zu resigniren/[74] ob ihn schon der Landes=Herr und Universität ungern liessen[75]. Wovon die vielmahl gedruckte
20 offenhertzige Bekäntniß[76] ein mehres besagen. Also wandte er sich wiederum anno 1698 nacher Quedlin-

---

63 Vgl. 1Kor 12,7.
64 Vgl. Dünnhaupt Nr. 4.1., 5.1., 6.1., 7.1. und 8.1.
65 Inzwischen, indessen.
66 Landgraf Ernst Ludwig von Hessen-Darmstadt (1688–1739). Vgl. die Charakteristik bei Mack 7 f.
67 Auf eigene Initiative. Vgl. auch Arnold in seiner Antrittsvorlesung: „impetu animi sapientissimi proprio".
68 Ordentlichen Professur der Geschichte.
69 Fuhr fort.
70 Welche Vorlesungen Arnold im Winter 1697/98 gehalten hat, ist nicht bekannt, da für dieses Semester das Lektionenverzeichnis nicht erhalten ist. Es ist nur eine Disputation bekannt. S. o. Text Nr. 5 und das Nachwort.
71 Nur ein Semester! Arnold verließ Gießen bereits wieder Ende März 1698. S. o. Text Nr. 6.
72 Zu Arnolds Forderung und Verständnis von Gewissensfreiheit vgl. Seeberg 193–196.
73 Deshalb.
74 Auf die Professur zu verzichten.
75 Gehen ließen, entließen.
76 Vgl. Text Nr. 7, Anm. 10.

burg[77] und lebte privatim in Herrn Hof=Diaconi Sprögels[78] Hause/ jedoch daß er die Zeit äuserlich brauchte
mit Elaboration und Publication vieler nicht undienli-
cher Schrifften aus dem Gottseligen Alterthum.[79]

Nach Verfliessung einiger Jahre aber gefiel es GOTT   5
wohl/ ihm zum Dienst seines Evangelii von Jesu Christo zu ziehen/ indem der verwitbeten Hertzogin von
Sachsen=Eisenach Durchlaucht[80] aus freyen Trieb[81]
ihn verlangeten/ an dem Hof zu Altstedt[82] das Wort zu
predigen/ dahin er auch anno 1700 im December zog/   10
und ob es wol anfänglich viel Schwierigkeit auf Seiten
einer Widerwärtigen[83] gab: so wurde doch nach und
nach durch den Augenschein aller Gegensatz[84] der Unwissenden gestillet.

---

77 Zu Arnolds (zweitem) Aufenthalt in Quedlinburg vgl. Martin Schmidt,
    Gottfried Arnold, seine Eigenart, seine Bedeutung, seine Beziehung zu
    Quedlinburg, in: ders., Wiedergeburt und neuer Mensch, Witten 1969
    (Arbeiten zur Geschichte des Pietismus 2), S. 331–341; Büchsel, Wandlun-
    gen 154–159.
78 Johann Heinrich Sprögel (* 11.10.1644 Quedlinburg, † 25.2.1722 Stolp).
    Vgl. Martin Schulz, Johann Heinrich Sprögel und die pietistische Bewe-
    gung Quedlinburgs, Diss. theol. (masch.) Halle 1974; Uwe Czubatynski,
    BBKL 22 (2003), Sp. 1263–1265; Christian Peters, RGG[4] 7 (2004), Sp.
    1625 f.
79 Schriften aus der zweiten Quedlinburger Zeit „aus dem Gottseligen Al-
    terthum" sind außer der hier fertiggestellten Unparteyischen Kirchen-
    und Ketzer-Historie [...], 2 Bde., Frankfurt am Main 1699–1700 nur noch:
    VITÆ PATRUM Oder Das Leben Der Altväter und anderer Gottseligen
    Personen [...], Halle 1700; Auserlesene Send-Schreiben Derer Alten [...],
    Frankfurt und Leipzig 1700. Vgl. Dünnhaupt Nr. 17.1. und 19.1.
80 Herzogin Sophie Charlotte von Sachsen-Eisenach (1671–1717), Tochter
    des Herzogs Eberhard III. von Württemberg, Witwe des Herzogs Johann
    Georg II. von Sachsen-Eisenach (1665–1698).
81 Auch hier legt Arnold Wert auf die Feststellung, dass die Berufung auf In-
    itiative der Herzoginwitwe geschah. Vgl. oben Anm. 67.
82 Allstedt, heute: Landkreis Mansfeld-Südharz. Über die Allstedter Zeit vgl.
    Rudolf Herrmann, Gottfried Arnold in Allstedt, Thüringer Fähnlein 4
    (1935) 426–435; wieder abgedruckt in: Thüringer kirchliche Studien 3
    (1976) 145–160; Büchsel, Weg 76–91.
83 Vielleicht zu lesen: eines Widerwärtigen (Gegners). Damit könnte Herzog
    Johann Wilhelm von Sachsen-Eisenach (1666–1729, reg. seit 1698) ge-
    meint sein. Über seinen Konflikt mit Arnold wegen dessen Weigerung, den
    Eid auf die Formula Concordiae zu leisten vgl. Büchsel, Weg 86–91 und
    251–254.
84 Widerspruch.

Dieweil aber bey obgedachten[85] Beruf die göttliche Weiß-[A3v]heit aus vielen Ursachen vor gut erkannte/ daß er nicht mehr alleine seyn und leben solle; So ward ihm von GOTT eine Gehülffin beygefügt/[86] und auch
5 durch die gewöhnlich äuserliche Copulation[87] anno 1700[88] den 5. September ordentlich anvertrauet/[89] nemlich Jungfer Anna Maria Sprögelin[90] obgedachten Herrn Sprögels damahligen Hof Diaconi, nachmahls Pastoris und Inspectoris in Werben[91]/ und Frau Su-
10 sanne Margarethen Sprögelin[92]/ eheleiblich Tochter/ bey deren Umgang und Gesellschaft die Weisheit Gottes viel Gnade und Gutthaten äuserlich und innerlich/ auch mit einem zwiefachen Ehe=Seegen nemlich ein Töchterlein[93] und Söhnlein[94] beschencket/ welche aber
15 bald nach einander Anno 1709 aus dieser Sterblichkeit[95] zum vollkommenen Anschauen[96] Gottes eingegangen[97] sind/ erzeuget.

---

85 Oben erwähnten.
86 Vgl. Gen 2,18: „Und Gott der HERR sprach: Es ist nicht gut, daß der Mensch allein sei; ich will ihm eine Gehilfin machen, die um ihn sei."
87 Trauung.
88 Arnold irrte sich im Jahr seiner Hochzeit! Die Trauung fand erst 1701 statt.
89 Die Trauung wurde an Arnolds 35. Geburtstag im Hause seiner Schwiegereltern in Quedlinburg „in aller stille ohne wenig anwesende" gefeiert; der trauende Pfarrer war Magister Pletz, Pfarrer an der Wiperti-Kirche in Quedlinburg, ein Pate der Braut. Vgl. den Kirchenbuch-Eintrag bei Büchsel, Weg 79, Anm. 289. Vgl. dort auch S. 77–82 zur Beurteilung von Arnolds Heirat.
90 Anna Maria Arnold, geb. Sprögel (*21.3.1681 [Kirchenbucheintrag bei Büchsel, Weg 78, Anm. 285], † unbekannt).
91 Heute: Hansestadt Werben (Elbe), nordwestl. von Havelberg.
92 Susanna Margaretha Sprögel, geb. Wagener (1656–1730), seit 1674 verheiratet mit Johann Heinrich Sprögel. Arnold gab von ihr heraus: Consilia und Responsa Theologica; oder Gottsgelehrte Rathschläge und Antworten [...] nebenst neuen Geistlichen Gedichten/ der weißheit Garten=Gewächs genannt, gemein gemacht von Gottfried Arnold, Frankfurt am Main 1705.
93 Sophia Gothofreda, * 26.9.1704, getauft 30.9. (Kirchenbuch-Eintrag Allstedt bei Büchsel, Weg 89, Anm. 347), † 1709.
94 Johann Gottfried, * 26.6.1707, getauft 27.6.1707 (Kirchenbuch-Eintrag Werben bei Büchsel, Weg 89, Anm. 347), † 1709. Büchsel verweist auf den bisher unbekannten Umstand, dass Johann Porst (vgl. Udo Sträter, RGG[4] 6 [2003], Sp. 1500) einer der Paten war.
95 Vgl. 1Kor 15,53f.; 2Kor 5,4.

Nach der Zeit ward er Anno 1703 im September von E[inem] E[hrbaren] Rath nach Aschersleben zu der Freyen Prediger=Stelle/ an der gemeinschafftlichen Kirchen[98] berufen; Weil aber die Fürstliche Frau Witwe ihn nicht ziehen lassen wollte/ auch in besagter Stadt viele Unruhe damahls sich erhub; So verbliebe er annoch an gedachtem Hofe biß Anno 1705 im Frühling Seine Königliche Majestät[99] in Preussen ihn zu der Inspection[100] der Werbenschen Dioeces[101] in der Alten Marck[102]/ und E[in] E[hrbarer] Rath daselbst zu dem Pastorat ordentlich berief/[103] dahin er denn auch folgete/ aber nicht viel über 2 Jahre verbleiben durffte. Massen[104] E[in] E[hrbarer] Rath und Gemeine zu Perleberg[105] um seine Person bey Seiner Königlichen Majestät beständig und einmüthig anhielten/ daß er ihnen Anno 1707 im Herbst zum Inspectore und Pastore daselbst verordnet ward.

So weit gehet der von dem seeligen Herrn Inspectore selbst gestellte Entwurff/ welchem noch etwas von seiner übrigen Lebens=Zeit/ letzten Cranckheit und seeligem Abschied beyzufügen ist.

96 Vgl. 2Kor 5,7: „denn wir wandeln im Glauben, und nicht im Schauen" und Ps 11,7: „die Frommen werden schauen sein Angesicht".

97 Eingehen (in den Himmel, das Paradies etc.) nach Mt 25,21.23: „gehe ein zu deines Herrn Freude!"

98 Die Marktkirche in Aschersleben diente als Simultankirche der lutherischen und der reformierten Gemeinde.

99 Friedrich I. von Preußen (1701–1713).

100 Amt des Inspektors (s. o. Anm. 5).

101 Diözese ist eine – in der evangelischen Kirche heute nicht mehr gebräuchliche – Bezeichnung für einen kirchlichen Verwaltungsbezirk. Hier handelt es sich um die Inspektur (Superintendentur, Dekanat) Werben. Zu Werben s. o. Anm. 91.

102 Die Altmark erstreckt sich vom Drawehn im Westen bis an die Elbe im Osten, grenzt südlich an die Magdeburger Börde und nördlich an das Wendland. Sie gehörte zur Markgrafschaft Brandenburg und dem daraus hervorgegangenen preußischen Staat.

103 Zur Berufung nach Werben vgl. Büchsel, Weg 92–94 (99).

104 Weil.

105 S. o. Anm. 3. Der Aufsatz von Walter Delius, Gottfried Arnold in Perleberg, in: Jahrbuch für Berlin-Brandenburgische Kirchengeschichte 43 (1968), 155–160, bietet leider nur die Inhaltsangabe von Perleberger Predigten.

Mit was Fleiß/ Weisheit und unverdrossenen Muth er sich nun durch die geschenckte Gnade GOttes/ der Erbauung **[B1r]** seines Nechsten und sonderlich seiner anvertrauten Gemeinen angenommen/ und fürnehmlich
5 dahin gearbeitet/ daß das falsche Christenthum entdeckt[106] und zernichtet[107]/ die seligmachende und lebendige Erkäntniß JEsu Christi aber denen Seelen möchte beygebracht werden/ darff[108] keines erzwungenen und mühsamen Beweises/ indem dessen vielfältige Schrifften[109] jederman davon belehren können; Des Zeugnisses
10 derer Gemeinen und vieler anderer/ so ihn nicht ohne Betrübniß verlohren/ zu geschweigen/ in welcher Treue/ Liebe und hertzlicher Sorgfalt er denn gleich einem Licht sich selbst je mehr und mehr verzehret und zu seiner langwierigen[110] Mattigkeit[111] und hitzigen Fieber ein
15 ziemliches contribuiret[112]/ welches auch/ ungeachtet alle ersinnliche Mittel zu Hemmung derselben gebrauchet worden/ doch dermassen überhand genommen/ daß er 1714 da er am 2. Pfingst=Tage[113] eine Leich=Predigt gehalten/ auf der Cantzel von einer Ohnmacht überfallen/
20 und nachdem er in grosser Schwachheit die Predigt vollendet/ nach Hause gebracht und bettlägerig worden.

Da er nun vermercket/ daß sich der erfreuliche Abend seines zeitlichen Lebens heran nahete/ an welchem er
25 aus aller Sünden und Amts=Last völlig befreyet/ und als ein frommer und treuer Knecht in seines HErrn Freude solte eingeführet werden/[114] hat er sich nach

---

106 Enthüllt, aufgedeckt.
107 Vernichtet, zerstört.
108 Bedarf.
109 Vgl. das Schriftenverzeichnis bei Dünnhaupt.
110 Hier: andauernd, chronisch.
111 Schwäche, Erschöpfung.
112 Beigetragen.
113 21. Mai 1714.
114 Vgl. Mt 25,23: „Ei du frommer und getreuer Knecht, du bist über wenigem getreu gewesen, ich will dich über viel setzen; gehe ein zu deines Herrn Freude!"

derselben welche er offt im Vorschmack empfunden/
hertzlich gesehnet/ seine liebe Gemeine dem Ertz=Hir-
ten der Seelen/ seine Ehe=Liebste/ so dieses Kleinod
nicht ohne grossen Schmertz verlohren/ dem Richter aller frommen Wittwen/[116] seine Seele aber ihrem Eh-   5
ren=König[117] und himmlischen Bräutigam[118] befohlen/
welche denn/ nachdem sie den 30. Maji a.c.[119] nachmittags um 1 Uhr der gebrechlichen und sterblichen Lei-
bes=Hütte[120] von der Hand des HErrn entkleidet/[121]
nunmehr sich vor dem Angesicht des Lammes ohn Auf-   10
hören ergetzet/ die herrliche Erndte des hier ausge-
streuten guten Saamens[122] geniesset/ und der Vereinigung mit ihrer/ bey der letzten Erscheinung Christi[123]
zu verklärenden Leibes=Behausung/[124] **[B1v]** erwar-
tet/ nachdem in dieser Sterblichkeit zugebracht worden   15
48 Jahr weniger 3 Monat.

Der entseelte Cörper ist bey Volckreicher Versamm-
lung auf dem Perlebergischen Kirchhofe/ (welches insonderheit noch vor dem Abscheide ist beliebet worden [125]) zu seinem Ruhekämmerlein[126] gebracht und er-   20
wartet der frölichen Auferstehung.

---

115 Vgl. 1Petr 5,4.
116 Vgl. Ps 68,6: Gott, „der ein Vater ist der Waisen und ein Richter der Wit-
     wen“.
117 Vgl. Ps 24,7–10: König der Ehren.
118 Jesus als Bräutigam vgl. Mt 9,15 par.; Mt 25,1ff.; Joh 3,29.
119 Anno currentis, des laufenden Jahres.
120 Der Leib als „Hütte“ vgl. 2Kor 5,1 f.
121 Vgl. 2Kor 5,4: „Denn dieweil wir in der Hütte sind, sehnen wir uns und sind
     beschwert; sintemal wir wollten lieber nicht entkleidet, sondern überklei-
     det werden, auf daß das Sterbliche würde verschlungen von dem Leben.“
122 Vgl. 2Kor 9,9f.
123 Wiederkunft Christi am Ende der Zeiten, vgl. 2Thess 2,8; 1Tim 6,14; 2Tim
     1,10; 4,1.8; Tit 2,13.
124 Vgl. Phil 3,21: „welcher unsern nichtigen Leib verklären wird, daß er ähn-
     lich werde seinem verklärten Leibe“.
125 „Was so (von Arnold) noch vor seinem Tode gewünscht worden war.“
126 Vgl. Jes 57,2 und das Lied „Herzlich lieb hab ich dich, o Herr“, von Martin
     Schalling, EG 397, V. 3: „Der Leib in sein’m Schlafkämmerlein gar sanft
     ohne alle Qual und Pein ruh bis zum Jüngsten Tage.“

Nun der HErr/ HErr/ der diesen seinen treuen Knecht so gnädig ausgespannet[127]/ wolle allen/ die nach seinem heiligen Willen unter solcher Bürde noch seufzen/ einen standhafften und unverdrossenen Muth

5 schencken/ in der Liebe Christi immerfort zu arbeiten/ auch zugleich mit der endlich bevorstehenden Abend=Ruhe[128] und zubereiteten Crone des Lebens[129] erfreuen/ ja einen jeden zu seinem letzten Stündlein gnädig zubereiten um seiner Liebe und Verdienstes Wil-

10 len

Amen.

---

127 Das Ausspannen von Zugtieren wird hier als Bild auf den Knecht übertragen.

128 Ruhe als Bild für die himmlische Vollendung in Hebr 4,1–10.

129 Krone des Lebens: vgl. Jak 1,12: „Selig ist der Mann, der die Anfechtung erduldet; denn nachdem er bewährt ist, wird er die Krone des Lebens empfangen, welche Gott verheißen hat denen, die ihn liebhaben." Apk 2,10: „Sei getreu bis an den Tod, so will ich dir die Krone des Lebens geben."

Historie von Gottfried Arnold erstlich gewesenen Professore Historiarum zu Giessen/ letztens Kirchen Inspectore zu Perleberg[130] in der Alten=Marck Brandenburg/ wie auch Königlichem Preußischen Historiographo. 5

Dieser so gottseelige und erleuchtete/ als in vielen Wissenschaften und Studien gelehrte Mann ist gebohren Anno 1666 den 5. September zu Annaberg einer Berg=Stadt im Meißnischen Ertz=Gebirge. Sein Vater 10 war Gottfried Arnold/ Collega Sextus an der Stadt= Schulen alda/ seine Mutter Maria/ gebohrne Lahlin/ welche ihme aber im 5ten Jahr seines Alters durch den Tod entzogen und er dahero was kümmerlich erzogen worden/ daß er bald im 13. Jahr frembden Leuten die- 15 nen und Kinder informiren müssen.

Im Jahr 1682 ist er auf das Gymnasium zu Gera gezogen und hat daselbst 3 Jahre in denen gewöhnlichen Studiis **[B2r]** humanioribus zugebracht. Worauf er Anno 1685 auf seines Vaters Gutachten nach Witten- 20 berg gekommen/ und die erste Academische Jahre auf Philosophiam, Philologiam und Mathesin gewand/ und in Philologia, graeca antiquitate & Historicis sich sonderlich des berühmten Prof. Schurtzfleisches bedienet/ und in Theologia vulgari & Scholastica nach gemeiner 25 Weise und Vorschrifft der Anführer/ die Doctores Quendstedt/ Walthern und Deutschmann gehöret/ bey welchem letztern er auch im Hause und am Tische gewesen.

Er hat sich aber offt dieser verborgenen Wohlthat 30 GOttes erinnert/ daß er bey diesen Academischen Jahren durch die hefftige und recht unmäßige Begierde zum Studiren von andern Lüsten und Lastern der Ju-

---

130 Perleberg s. o. Anm. 3 und 105.

gend[131] bewahret/ und durch die mehr als Heydnische Exempel der Lehrer und Studenten nicht verführet worden. Denn ob man zu Athen unter den Heydnischen Philosophis und Studenten solch ein ungezogenes
5 fleischlich gesinntes wildes lasterhafftes Wesen jemahls gefunden und gelesen/ als bey unsern so genandten Christlichen Academien, mögen alle Gelehrten in der gantzen Welt urteilen.

Dennoch wurde das Laster des Ehrgeitzes/ wie der
10 seelige Mann selbsten bezeuget hat/ in ihm gewaltig aufgeblasen durch die gewöhnliche Reitzungen[132] seiner Anführer; Wie sie ihn denn auch schon Anno 1686 beredeten/ Magister zu werden/ und dergestalt sein ehrwürdiges M.[133] wie andere ihr D.[134] oder andere/ ohne-
15 dem bewuste Tituln vor oder hinter seinen Namen zu setzen; welche Eitelkeit Balthasar Schuppius[135] in seinem eignen Exempel recht derb durchgezogen[136] hat. Allein GOtt hatte was heylsames durch seine grosse Barmhertzigkeit über ihn beschlossen/ wie er ihn denn
20 auch von Kindheit an durch seinen guten Geist verborgentlich[137] zum Gebet und zu seiner Furcht angehalten hatte/ wie dies der seelig Verstorbene zum Lob GOttes selbst aufgezeichnet hinterlassen. Dahero riß er ihn unversehens und wider seinen Willen aus solchen Abführungen[138] heraus/ indem er von einem Chur=Sächsi-
25 schen Hoff=Rath/ Christoph Rittern **[B2v]** Anno 1689

---

131 Vgl. 2Tim 2,22; auch Hi 13,26.
132 Verlockung, Verführung.
133 Abkürzung des Magistergrades vor oder hinter dem Namen.
134 Abkürzung des Doktorgrades vor oder hinter dem Namen.
135 Balthasar Schupp (1610–1661), lutherischer Theologe. Vgl. Alexander Vial, Balthasar Schupp. Ein Vorläufer Speners, Mainz 1857; Carl Bertheau, ADB 33 (1891), S. 67–77; Christian Peters, RGG⁴ 7 (2004), Sp. 1040.
136 Tadeln, verspotten, vgl. DWb 2, 1718.
137 Auf verborgene Weise.
138 Abwegen, Abirrungen.

nach Dreßden begehret ward/ des Obristen Götzen Sohn/ wie auch hernach des General Birckholtzens Sohn in Studiis zu guberniren[139].

Allhier bekam er erst Zeit und Anlaß in der wahren Theologia, die da ist practica,[140] sich zu üben; worzu GOtt selbst den rechten Grund in ihm legte durch einen inwendigen gewaltigen Trieb[141] zum Gebet und Kampff wider alles Böse. Weswegen er auch vielen/ sonderlich seinen Haußgenossen unerträglich wurde/ welche mit Worten und Wercken sich in ihren Sünden bestraffet sahen/ also daß er zuletzt in einer vornehmen Familie/ darinnen er lebete/ seinen Abschied unversehens bekam.[142] Denn so gehets; die Welt kann keine andere vertragen/ als die ihre Thorheiten/ ihren Aberglauben und ihre Sünden gutheissen und auf ihren Theatro mitmachen! Das Stillsitzen und Stillschweigen ist ihr schon ein Greuel/ will geschweigen/ das Bestraffen. Unterdessen hatte er auch seinen Zutritt zu dem damahligen Churfl. Ober= Hof=Prediger/ Doctor Spenern/ dessen Predigten und Collegiis Pietatis[143] er fleißig beywohnete.

Hierauff wurde er Anno 1693 von Dreßden nach Quedlinburg zu dem damahligen Churfürstl. Stiffts= Hauptmann Herrn von Stammen beyden Söhnen erfordert[144]/ denselben mit guter Leitung an Hand zu gehen; bey welchen er 4 Jahre lang verbliebe/ und daselbst sonderlich von GOtt viel Gnade zum Wachsthum und Befestigung in dem göttlichen Beruff und Zug[145] zu Chri-

---

139 S. o. Anm. 45.
140 Weil die Theologie im Sinne Philipp Jacob Speners „ein habitus practicus ist, (muß) alles zu der praxi deß Glaubens und Lebens gerichtet werden". Spener, Pia desideria 69,8 f.
141 S. o. Anm. 49.
142 Welche der beiden von Arnold selbst genannten Familien (des Obersten Götz und des Generals Birckholtz) hier gemeint ist, bleibt ungewiss.
143 S. o. Anm. 54.
144 Angefordert, berufen.
145 S. o. Anm. 60 und 61.

sto genoß/ wie seine eigene Worte lauteten;[146] Inmassen
denn auch die Gaben des Geistes zum gemeinen Nutzen[147] sich bald äusserten durch einige öffentliche Zeugnisse und Schrifften von der ersten Christlichen Lau-
5 terkeit der ersten Christen nach ihren Glauben und
Liebe/ nachdem seine Studia und inclination[148] fürnem-
lich auf die Historien/ als eines von denen nützlichsten
Wissenschafften mit gerichtet waren/ bevorab da ihm
gute Freunde/ welche die Mängel und Partheylichkei-
10 ten in solchem Studio eingesehen/ sich auf selbiges zu
appliciren[149]/ gerathen hatten. **[B3r]**

Damit wir aber nun auf seine nützliche und unge-
mein grosse Arbeit/ die er bey seinem so kurtzen Alter[150]
verrichtet/ und auf seine öffentliche Bedienungen kom-
15 men/ so hat er seine Abbildung der ersten Christen nach
ihrem Glauben und Liebe[151] in folio[152] ohngefehr im 29.
oder 30sten Jahr seines Alters ausgegeben/ und dieses
Buch ihn gleich berühmt gemacht; Darauf folgte seine
Kirchen= und Ketzer=Historie/ in 2 folianten/[153] wor-
20 inn er bewiesen/ daß er ein gantz unpartheyischer Hi-
storien=Schreiber seye. Wo aber einige Fehler hierinn
untergeloffen (wie das nicht anders bey einem Werck
von so vielen/ grossen/ weitläufftigen[154] und offt intrica-
ten[155] Historien seyn kan/ es sey dann daß man eine All-
25 wissenheit von dergleichen einem Schreiber praetendi-

---

146 S. o. S. 145.
147 Vgl. 1Kor 12,7.
148 Neigung.
149 Sich darauf zu verlegen.
150 Bei seinem so kurzen Alter: obwohl er noch so jung war.
151 Die Erste Liebe. Das ist: Wahre Abbildung der ersten Christen, Nach Ihrem Lebendigen Glauben Und Heiligem Leben [...], Frankfurt am Main
1696. – Dünnhaupt Nr. 6.1. Auswahlausgabe von Hans Schneider, Leipzig
2002 (Kleine Texte zur Geschichte des Pietismus 5).
152 Folio (2°) ist ein großes Buchformat von ca. 40–45 cm, das durch einmalige
Faltung des Druckbogens entsteht (zwei Blatt, vier Seiten).
153 S. o. Anm. 79.
154 Ausgedehnten, ausführlichen.
155 Verwickelten, verworrenen, sehr schwierigen.

ren[156] wolle) hat er in seinen Supplementis[157] verbessert
und erkläret: Das gantze Werck dieses Buchs aber gehet
dahin/ zu beweisen: (1) Daß offt mancher gottseeliger
erleuchteter Mann/ wie Christus JESUS und seine Jünger und Apostel/ unschuldig verketzert werden. (2) Daß   5
die Vorsteher der Kirchen/ Bischöffe/ Hirten und Lehrer insgemein die Verfolger der wahren Christen gewe-
sen/ und Spaltungen angerichtet. (3) Daß die Concilien
und Synoden meistens aus Zancksüchtigen Leuten/ die
GOTTES Geist nicht gehabt haben/ bestanden. Wie es   10
denn leyder bey den Synoden der protestirenden[158]
Kirch annoch so gehet/ zu folg der Klag des Reformir-
ten Auctoris, so vermuthlich der berühmte Jurieu[159]
oder Bayle[160] gewesen/ der das Buch l'Esprit de Monsieur Arnaud[161] gemacht/ part. 2. p. 245. alwo er spricht   15
daß unsere Synoden meistens zusammen gebracht und
bestellet würden aus unbedachtsamen Jünglingen/ aus
falschen Brüdern[162]/ aus Altisten[163]/ denen der zeitliche
Nutzen und Profit offt mehr zu Hertzen liege/ als das
Heyl der Kirchen.[164] (4) Daß die Kirche unterm Creutz   20

---

156 Verlangen, Anspruch erheben.

157 SUPPLEMENTA, ILLUSTRATIONES und EMENDATIONES Zur Verbesserung Der Kirchen=Historie/ Heraußgegeben Von Gottfried Arnold.
Franckfurt/ Bey Thomas Fritschen. ANNO M DCC III. – Dünnhaupt Nr. 37.

158 Protestantischen.

159 Pierre Jurieu (1637–1713), calvinistischer Theologe. Vgl. Frederik Reinier
Jacob Knetsch, Pierre Jurieu. Theoloog en Politikus der Refuge, Leiden
1967. Vgl. Irene Dingel, RGG⁴ 1 (2001), Sp. 717

160 Pierre Bayle (1647–1706), Philosoph und Schriftsteller. Vgl. Ulrich Krö-
nauer, RGG⁴ 1 (1998), S. 1192 f.

161 L'ESPRIT DE MR. ARNAUD: Tiré de sa conduite, & des Ecrits de luy & de
ses Disciples, particulierement de l'Apologie pour les Catholiques [...]
SECONDE PARTIE, Deventer 1684. – Verfasser des Werkes war in der Tat
Jurieu, der sich hier mit dem Jansenisten Antoine Arnauld (1612–1694)
auseinandersetzte.

162 Vgl. Gal 2,4.

163 Lies: Ältesten (vgl. das französ. Zitat in der folgenden Anm.: «anciens»).

164 L'Esprit II, 245: «[...] à tout un Synode, composé pour la pluspart de jeunes
gens indiscrets, de faux Freres, d'Anciens qui souvent ont des interêts mon-
dains, qui leur sont beaucoup plus chers que les interêts de la Religion.»

allezeit am schönsten geblühet und niemahls die grös-
seste Menge und die Verfolgerin/ sondern vielmehr die
kleine Heerd[165] und die Verfolgte gewesen. (5) Daß die
widerchristliche falsche Kirche jederzeit ihr Werck
5 **[B3v]** gemacht und ihr Heiligthum gesetzt in äusserlichen Dingen/ Bildern/ Schatten/ Sakramenten/ Manie-
ren und Ceremonien/ und bey solchen Dienst/ womit sie
als eine Hagar was zu verdienen gesucht/ die freye Sara
gehasset und verfolget.[166]

10 Nebst diesen zwey Büchern und voluminibus[167]
seynd auch sonderlich beruffen[168] seine Göttliche Lie-
bes=Funcken/[169] item das Geheimniß der Göttlichen
Sophia/[170] in welchen beyden Büchern er dargethan was
für ein fürtrefflicher teutscher Poet er sey/[171] dessen Ge-
15 dichte so lieblich/ honigfliessend[172] und zierlich[173]/ als
innig und geistlich einem jeden erscheinen; nicht allein

---

165 Vgl. Lk 12,32: „Fürchte dich nicht, du kleine Herde! denn es ist eures Vaters Wohlgefallen, euch das Reich zu geben."

166 Vgl. Gal 4,22–31. – Zum Kirchenverständnis Arnolds vgl. Seeberg 175–180;
Dörries 102–117; Büchsel, Verständnis 57–75, 95–97, 174 ff.; Katharina
Greschat, Gottfried Arnolds „Unparteiische Kirchen- und Ketzerhistorie"
von 1699/1700 im Kontext seiner spiritualistischen Kirchenkritik, in: Zeit-
schrift für Kirchengeschichte 116 (2005), S. 46–62.

167 Bänden.

168 Berühmt. Hier noch nicht: verrufen, berüchtigt.

169 Göttliche Liebes=Funcken/ Aus dem Grossen Feuer Der Liebe GOttes in
CHristo JESU entsprungen; und gesamlet von Gottfried Arnold. Franckfurt am Mayn/ bey Johann David Zunnern/ 1698. – Dünnhaupt Nr. 15.

170 Das Geheimniß Der Göttlichen SOPHIA oder Weißheit […], Leipzig 1700.
– Dünnhaupt Nr. 20. Faksimile-Ndr., hrsg. v. Walter Nigg, Stuttgart 1963.

171 Das Geheimnis der Göttlichen Sophia enthält in einem auch separat ge-
druckten Anhang Poetische Lob= und Liebes=Sprüche und Neue Göttliche
Liebes=Funcken. – Vgl. Stählin, Traugott: Gottfried Arnolds geistliche
Dichtung, Göttingen 1966; Roger Friedrich, Studien zur Lyrik Gottfried
Arnolds, Zürich 1969; Hans Georg Kemper, Deutsche Lyrik der frühen
Neuzeit, 5/1: Aufklärung und Pietismus, Tübingen 1991, bes. 116–141.

172 Honigfließend, lat. mellifluus, schon in der Antike (Augustin, Boethius)
bildlich für lieblich redend, tönend, lautend. Als „Doctor mellifluus", „ho-
nigfließenden Lehrer" wurde der auch von Arnold geschätzte Bernhard
von Clairvaux (um 1090–1153) von Zeitgenossen genannt wegen seiner
herausragenden rednerischen Begabung.

173 „Zierlich" hat ein breites Bedeutungsspektrum von „herrlich" bis „form-
vollendet"; vgl. DWb 31,1195–1210.

aber erhellet dieses aus diesen zween Tractaten/ sondern auch aus allen andern ferner dieses/ daß er ein
Meister der teutschen Sprach/ ja auch seiner Zung/ Feder und Gemüths gewesen/ die er gewust zu zähmen
und zu mäßigen; gestalten darinnen nichts/ als Freund-   5
lichkeit eines demühtigen/ sanfften und stillen Geistes[174] zu erblicken/ auch daselbst wo ers mit den bit-
tersten Widersachern zu thun gehabt. Von seinen vielen
andern Tractaten/ als Theologia Mystica[175], item Predigten über die Evangelien[176] und Episteln[177]/ item dem   10
Leben der Gläubigen[178] etc. nebst sehr vielen Vorreden[179]/ die er vor andere heraus gegebene so alte als
neue Schrifften gestellet/ wollen wir anitzo nichts weiter melden/ als nur dasselbige alle sehr erbaulich/ und
zur Beforderung des in gäntzlicher Verleugnung unser   15
selbsten und aller Creaturen bestehenden wahren Chri-
stenthums dienlich seyn.

---

174 Vgl. 1Petr 3,4.
175 HISTORIA ET DESCRIPTIO THEOLOGIAE MYSTICAE Seu THEOSO-
    PHIAE ARCANAE ET RECONDITAE, itemque veterum & novorum MY-
    STICORVM, Frankfurt am Main 1702. – Dünnhaupt Nr. 33 I. Deutsche
    Neufassung: Historie und beschreibung Der Mystischen Theologie/ oder
    geheimen GottesGelehrtheit/ wie auch derer alten und neuen MYSTI-
    CORVM, Frankfurt am Main 1703. – Dünnhaupt Nr. 33 II. Faksimile-Ndr.,
    Stuttgart ²1969.
176 Die Evangelische Botschafft Der Herrlichkeit Gottes in Jesu Christo, nach
    denen ordentlichen Sonn= & Fest=Tags=Evangelien vorgetragen. Aus de-
    nen alten Kirchenlehrern erläutert/ und nebenst einigen andern geistli-
    chen Reden/ Wie auch Kurtzm Betrachtungen über den Psalter auf Be-
    gehren ans Licht gestellet von Gottfried Arnold, Frankfurt am Main 1706.
    – Dünnhaupt Nr. 44.
177 Die Verklärung JEsu Christi in der Seele/ aus denen gewöhnlichen Sonn=
    und Fest=Tags=Episteln/ auf dem Fürstlichen schlosse zu Allstedt gezei-
    get durch Gottfried Arnold. Nebenst kurtzen anmerckungen über die Pa-
    ßion. Frankfurt am Main 1704. – Dünnhaupt Nr. 40.
178 Das Leben Der Gläubigen Oder Beschreibung solcher Gottseligen Perso-
    nen/ welche in denen letzten 200. Jahren sonderlich bekandt worden/ aus-
    gefertigt durch Gottfried Arnold, Halle 1701. – Dünnhaupt Nr. 27.1.
179 Vorreden zu Jan van Ruysbroeck (Dünnhaupt Nr. 26), Petrucci (Dünn-
    haupt Nr. 35), Peter Allix (Dünnhaupt Nr. 45), Nikolaus Schröder (Dünn-
    haupt Nr. 46), Thomas von Kempen (Dünnhaupt Nr. 61).

Anno 1697 ward er zur Profession der Historien nach Giessen beruffen/ legte aber/ nachdem obgemeldtes Buch Kirchen= und Ketzer=Historie unter der Preß[180]/ und Ihro Königl. Majestät in Preussen[181] dediciret[182]
5 war/ solches Amt Anno 1698 freywillig nieder/ und ließ darüber ausgehen eine offenhertzige Be **[B4r]**känt-niß[183] der Ursachen/ warum er sein academisches Amt verlassen. Aus welcher Anno 1699 gedruckten[184] Be-käntniß wir dieses Nachfolgende anhero setzen müs-
10 sen/ um zu sehen/ was für ein zartes/ durch den Heili-gen Geist Christi erwecktes und erleuchtetes Gemüth in dem Manne gewesen.

Er schreibet dann von sich selbst also.[185]

§ 2. Ich bin alsbald in meinen zartesten Jahren von
15 der göttlichen Hand[186] immerdar mercklich gerühret[187] und gezogen/[188] auch öffters empfindlich[189] und nach-drücklich gezüchtiget worden. Und da ich gleich aus na-türlicher Blindheit am wenigsten treulich gefolget/ so hat mich doch immerzu der Heilige Geist in meiner Ein-
20 falt[190] unter vielen Verführungen vor denen Lüsten der Jugend[191] und anderen Ausbrüchen der Boßheit bewah-ret/ hingegen aber mit grosser Liebe zu sich gelocket[192].

---

180 Im Druck.
181 Kurfürst Friedrich III., erst seit 1701 König Friedrich I. von Preußen.
182 Gewidmet.
183 S. o. Text Nr. 7, Anm. 9.
184 Die Schrift erschien bereits 1698.
185 Der folgende Text ist ein umfangreiches Zitat aus Arnolds Schrift *Offen-hertziges Bekenntnis* (abgekürzt: OB). Abweichungen von der Vorlage be-schränken sich meist auf orthographische Varianten und werden nicht no-tiert. Hingewiesen wird nur auf solche Veränderungen, die bewusst vorge-nommen sein könnten.
186 OB: Weißheit.
187 (Von Gott) innerlich angerührt, bewegt. Vgl. Langen 37 f.
188 S. o. Anm. 61.
189 Fühlbar, (be-)merkbar. Vgl. schon Luther, WA 2,113,2 f.: „Daraus werden rechte Christen, die Christum erkennen und empfindlich schmecken."
190 Einfalt im ursprünglichen Sinn von Einfachheit im Sinne von Eingestal-tigkeit, Ungeteiltheit, Schlichtheit (Gegensatz: Zwiespältigkeit). Die reli-giös positive Wertung (vgl. Luther: „Wir aber wollen jnn der einfalt des glaubens bleiben, wie uns die Schrifft leret"; WA 37, 54,25 f.) wird im Pie-

Dergestalt ist mir der wahrhafftige Hirte Christus JEsus unermüdet nachgegangen/ als einem armen Schaaffe/[193] und hat mich unter vielen Treiben des Gesetzes und anderer menschlichen Zuchtmeister[194]/ wie auch unter vergeblicher Bestrebung nach eigener Gerechtigkeit und Heiligkeit[195] solange mühseelig beladen[196] werden lassen/ biß ich endlich von ihm selbst wahrhafftig ergriffen und zu seinem lebendigen Erkäntniß durch die Krafft seines erleuchtenden[197] Geistes gebracht worden. Da ich nun zuvor das meiste in Buchstaben/ in vielen Lesen/ Lernen/ Hören/ Nachschlagen (so auch an sich selbst gut war) wie auch in denen kirchlichen und academischen Ubungen suchte: war es mir zwar eine Handleitung[198] und Zeugniß zu Christo JEsu/ indem die Schrifft in einem dunckeln Orte meines Hertzens als ein Licht auch mir davon zeugte;[199] Alleine zu ihm selber war ich doch nicht kommen[200] zu unserm einigen Meister und Propheten. Als

---

tismus besonders betont. Vgl. Johann Heinrich Schröder: „worinnen die Demut und Einfalt regieret" (Eins ist not, EG 386,5); Tersteegen: „Mache mich einfältig, innig abgeschieden" (Gott ist gegenwärtig, EG 165,7). Zu diesem Sprachgebrauch vgl. Goethe: „Unsre Kirche behauptet, daß Glauben und nicht Werke selig machen [...] darum verlangt Gott zur Seligkeit keine Thaten, keine Tugenden, sondern den einfältigsten Glauben" (Brief des Pastors zu *** an den Neuen Pastor zu ***, Weimarer Ausgabe I. Abt., 37,158,17).

191 S. o. Anm. 37.
192 Vgl. Joh 5,00; Da 20,9; Hos 2,16; Hi 36,16
193 Vgl. Lk 15,4.
194 Vgl. Gal 3,24.
195 Eph 4,24.
196 Mt 11,28.
197 OB: verklärenden.
198 Anleitung, Hinführung, Unterricht.
199 Vgl. Joh 5,39: „Suchet in der Schrift; denn ihr meinet, ihr habet das ewige Leben darin; und sie ist's, die von mir zeuget" und 2Petr. 1,19: „Und wir haben desto fester das prophetische Wort, und ihr tut wohl, daß ihr darauf achtet als auf ein Licht, das da scheint in einem dunklen Ort [...]".
200 Das Zeugnis von und die Begegnung mit Christus werden unterschieden (Blaufuß, Edition 208, Anm. 26).

aber dieser Morgenstern[201] selbst anfing[202]/ erfuhr ich
ohne viele Worte aus lauter Gnaden dasjenige in der
That/[202] was ohnlängst in denen Göttlichen Liebes=
Funcken sonderlich im Anfang aus wahrhaffter Erfah-
5 rung durch Gottes Gnade[204] bezeuget worden.[205]

[§ 3.] Immittelst[206] hat der Feind/ der mir mein Heyl
nicht gönnete/ auff 1000. Orten[207] mich hieran zu hindern gesucht. Zuvor[208] zog mich meine Lust[209] und Fä-
higkeit annoch sehr auff vieles Wissen/ sonderlich auff
10 die Philologie und darinnen auff die Antiqvitet/ Historiam Civilem und Criticam. Hierinne nun litte der Geist
unter grosser Mühseeligkeit sehr viel Gefahr und Schaden. Es zog[210] mich **[B4v]** auch die Liebe GOttes durch
stetige Gegensätze[211] und Zeugniße gewaltig davon
15 ab/[212] und auff das eine Nothwendige[213]/ so gar/ daß ich
etlichemal nicht nur alles unnütze studiren zu unter-
lassen/ sondern auch alle meine Bücher biß auff wenige
abzuschaffen/[214] durch die äusserste Beängstigung[215]
meines Hertzens und Uberzeugung der grossen Eitel-
20 keit gedrungen wurde; Jedoch weil meine natürliche
Begierde zu vieler Zerstreuung/ und so fort zu Lob der

---

201 Vgl. 2Petr 1,19: „[…] bis der Tag anbreche und der Morgenstern aufgehe
     in euren Herzen." Vgl. Dörries 31 und v.a. 50. Zur Interpretation vgl. Büch-
     sel, Verständnis 24 f.
202 OB: auffgieng.
203 OB: in der That nacheinander.
204 OB: Wort.
205 Nachweise aus Göttliche Liebes-Funcken (s. o. Anm. 169) bei Dörries 50
     Anm. 6.
206 Mittlerweile, inzwischen.
207 OB: auff tausenderley Arten.
208 OB: Zuförderst.
209 OB: natürliche Lust.
210 S. o. Anm. 61.
211 Widersprüche.
212 OB: offt davon gewaltig ab.
213 Lk 10,42.
214 Vgl. dazu Breymayer, Katalog 61–64.
215 Büchsel, Wandlungen, 153 f.

Leute so gar groß war/ und ich dahero immer wiederum in die scheinbahre[216] Lust der Gelehrsamkeit einginge/ als ließ es GOTT aus heiligen Ursachen[217] endlich zu/ daß ich mich biß zum höchsten Eckel und Uberdruß mit solchen Dingen/ wie dorten die Israeliten mit dem 5 Fleisch füllen[218] mochte.

§ 4. Gleichwol wurde mein Sinn hierbey auff einigen guten Zweck gelencket/ indem ich endlich nach vieler Bemühung in andern Wissenschafften und Sprachen hauptsächlich auff die Kirchen=Historie gerieth.[219] 10 Nun hatte ich ohne dem nach Erkäntniß des tieffen Verfalls in der gantzen so genannten Christenheit[220] keinen Vorsatz in ein öffentliches Kirchen=Amt zu gehen/ zumahlen ich mich auch zu denen äusserlichen Ceremonien, und denen dabey fast nöthigen Vorstellungen[221] 15 gantz nicht tüchtig und geneigt fand.[222] Daher geriethen viele nebenst mir auff die Gedancken/ ich könte meine gantze Lebens=Zeit am nützlichsten ausser öffentlichen Aemtern/ in Untersuchung und Entdeckung[223] der bißher unter uns Deutschen sehr unbe- 20 kandten und verfälschten[224] Kirchen=Geschichte zubringen. Ich ließ mir also hierinnen eine Arbeit nach der anderen aufbürden/ und geriethe so ferne von meinem Haupt= Zweck (nach dem besten Theil zu streben[225])

---

216 Hier: trügerisch, wesenlos, vergeblich, erdichtet. DWb 14, Sp. 2436.
217 Üb: Absichten.
218 Vgl. Ex 16,3.
219 Vgl. Dörries 58 und 140, auch 67.
220 Zu dem Verfallsgedanken bei Arnold vgl. Seeberg, Kap. 5; Büchsel, Verständnis 43–45 und 87–90 sowie alle Darstellungen der *Unparteiischen Kirchen- und Ketzerhistorie*.
221 Riten.
222 Vgl. Dörries 54.140.
223 Aufdeckung, Entlarvung.
224 Vgl. seine Antrittsvorlesung (oben Text Nr. 4).
225 Vgl. Mt 6,33; Lk 10,42. Vgl. Johann Heinrich Schröder, Eins ist not (EG 386,2): „da, da ist das beste, notwendige Teil, mein Ein und mein Alles, mein seligstes Heil".

ab/ und hingegen in weitläufftigkeit[226]/ daß ich zuletzt gar unversehens überredet[227] ward/ die Historien auff einer Universität öffentlich zu profitieren.[228]

§ 5. Hierzu musten nun viel scheinbahre[229] Ursachen
5 dienen/ und zwar insgemein die mir noch beywohnende[230] Einbildung/ ob wäre das Schul=Wesen[231] vor dem Kirchen=Staat[232] einem erleuchteten Gemüthe noch etwas erträglicher und dienlicher zur Erbauung/[233] welches ich desto eher geglaubet/ je weniger ich
10 noch davon erfahren/ nachdem ich bereits 10. Jahr[234] ausserhalb Universitäten gelebet/ zuvor **[C1r]** aber wenig von dem allgemeinen Verderben empfunden oder angemercket hatte.[235]

§ 7. Ich hatte aber kaum die gewöhnliche Verrichtun-
15 gen bey diesem Amte angetreten/[236] so empfunde ich alsobald in meiner Seelen allezeit und durchgehends die gröste Angst und Bedrängniß.[237] – Ich bemühete mich mit Lesen/ Disputiren[238] und andern Exercitiis[239] treu-

---

226 Lästige, überflüssige und hinderliche Breite der Arbeiten.
227 In einer Passage des § 5 aus dem OB, die der Verfasser des zweiten Lebenslaufs ausgelassen hat (s. u. Anm. 235), erzählt Arnold, dass er den Ruf nach Gießen zunächst abgelehnt habe, dann aber von Freunden zur Annahme überredet worden sei. Vgl. dazu Schneider, Ausätze I, 95.
228 Etwas öffentlich lehren, vortragen, besonders als Professor. DWb 13, Sp. 2163. – Hier ist die zweite Hälfte des § 4 aus dem OB ausgelassen.
229 S. o. Anm. 216.
230 Innewohnende.
231 Vgl. Wilhelm August Schulze, Die Pädagogik Gottfried Arnolds, in: EvTh 14 (1954) 131–144.
232 Die Kirche in ihrer äußeren Verfassung.
233 Zu Arnolds Sicht seiner Berufung nach Gießen und seiner dortigen Wirksamkeit vgl. Seeberg 2–5; Dörries 55–58; Büchsel, Wandlungen 149–154; Schneider, Ausätze I, 89–113.
234 OB: ins zehende Jahr. – In Wirklichkeit erst acht Jahre, nämlich seit Arnolds Weggang aus Wittenberg im Sommer 1689.
235 Eine längere Passage aus dem OB (die zweite Hälfte von § 5 sowie § 6) ist ausgelassen.
236 Amtsantritt am 1. September 1697, am 2. September 1697 Antrittsvorlesung. S. o. Text 3.
237 OB: ob ich wol dieselbe vor andern möglichst verbarg.
238 S. o. Anm. 70.
239 Übungen.

lich und fleißig zu seyn/ und suchte mich sonsten nach Möglichkeit zu beruhigen; allein die bald erfolgende Reu überwoge alles (GOTT weiß/ ich lüge nicht[240]) womit auch einige Creatur mir gefallen wolte. Da giengen bey allen Schrifften[241] und Gelegenheiten die stätige Bestraffungen und Warnungen des Heiligen Geistes in meinem Hertzen unaussetzlich[242] an und vor sich. Der Eckel vor den hochtrabenden ruhm=süchtigen Vernunffts=Wesen des Academischen Lebens[243] wuchse täglich/ und das Geheimnis der Boßheit[244]/ so in mir und anderen lage/ wurde zu meinem hefftigen Entsetzen nachdrücklich entdecket.[245] Weil ich so gar alles Christo und seiner Niedrigkeit/ Liebe und Einfalt/ ja dem lebendigen Glauben und gantzen Weg des Heyls[246] gerad entgegen stehen sahe.

§ 8. Alsobald aber begunte die Barmherzigkeit Gottes[247] mich nach und nach meiner heimlich geführten und subtilen Neben=Absichten/ bey Annehmung[248] dieser Function zu überzeugen. Denn/ ob es wol in dem Haupt=Zweck mir ein grosser Ernst war/ so entdeckte mir doch der Heilige Geist bey solchem meinem inwendigen Jammer/ auch offtmals unter dem Gebet/ meine geheime Lust an Aemtern/ Tituln und Ehren/ die Furcht vor der Nachrede/ als könte ich zu keinem

---

240 2Kor 11,31.
241 OB: Schritten.
242 Ohne Aussetzen, unaufhörlich.
243 Zu Arnolds Kritik am Universitätsbetrieb vgl. Schneider, Gießen 284f. mit Anm. 116.
244 2Thess 2,7.
245 Es fehlt aus OB: Bey allen Verrichtungen/ Collegiis, Disputationen und anderen Actibus fühlte ich die empfindlichsten Gemüths=Schmerzen/ und was von Christi Leben übrig war/ fand hier beynahe sein Ende. Alle Worte und Wercke gaben mir lauter Stiche in mein zerschlagenes Gemüth.
246 Vgl. Apg 16,17.
247 Es fehlt aus OB: (ungeachtet aller Entschuldigungen/ Einwürffen und Beschönungen/ so die Vernunfft machte)
248 S. o. Anm. 227.

Dienst gelangen/ die Beysorge[249]/ wie ich mich lebenslang erhalten wollte/ und in summa heimlichen Ehrgeitz und Bauchsorge[250]/ und hingegen Furcht und Flucht vor dem armen Leben Christi.[251] Item Furcht vor Schmach und Feindschaft derer Welt=Leute[252] etc.[253]

§ 9.[254] Zwar mangelte es nicht an unzähligen Gegensätzen[255]/ Vorschlägen und Einwürffen der Vernunfft und aller Creaturen/ die mir offt hart zusetzten/ item an Widersprechungen und Versuchungen – welches alles mich nöthigte/ mich der meisten Zusammenkünfften zu

---

249 Besorgnis, Befürchtung.
250 Sorge um die Nahrung und das leibliche Wohl. Vgl. Luther: „es plaget und martert uns Christen so gar seer diese Bauchsorge oder die zeitliche narung" (WA 16, 258,14 f.); „viel prediger und pfarher […] verachten beide yhr ampt und diese lere, ettliche aus grosser hoher kunst, etlich aber aus lauter faulheit und bauch sorge" (WA 30 I, 125,4–7. – Wortspiel: Beisorge … Bauchsorge.
251 Es fehlt aus OB: „und seinem wahren Geheimniß des Creutzes/ welche Versuchungen sich so gar unter denen so genanten Ständen und Aemtern unvermerckt einmischen/ daß ich wohl bey dieser offenherzige Bekäntniß sagen mag: Wer davon frey und rein ist/ (und zwar in der Stunde des Gerichtes Gottes) der werffe den ersten Stein [vgl. Joh 8,7] auff mich. Auch stellte mir die …" – Die „Nachfolge des armen Lebens Christi" spielt in der Geschichte des Mönchtums eine zentrale Rolle, das Thema wurde auch von der spätmittelalterlichen Mystik aufgegriffen. Zur Bedeutung des gleich betitelten (als Werk Johann Taulers betrachteten) Buches für Arnold vgl. Hanspeter Marti, Die Rhetorik des Heiligen Geistes. Gelehrsamkeit, poesis sacra und sermo mysticus, in: Mißfeldt (wie Anm. 76), S. 62–68 und 75 f.
252 Welt-Leute, Welt-Menschen oder Welt-Kinder (vgl. Lk 16,8; 20,34) sind die nach dem Maßstäben der Welt lebenden Menschen. Vgl. Langen, S. 118 und 399. Johann Arndt, WChr I,10, Überschrift: „Das Leben der jetzigen Weltkinder ist gar wider Christum; darum ist es ein falsches Leben und ein falsch Christenthum." I,10,1: „Und in Summa, das ganze Leben der Weltkinder zu dieser Zeit ist nichts denn Weltliebe, eigene Liebe, eigene Ehre, Eigennutz."
253 Es fehlt aus OB: so subtil nach/ daß mir mein Elend dißfalls immer mehr offenbar ward/ wie ich nehmlich noch immer der völligen Creutzigung und Tödtung zu entgehen suchte/ dabey die Vernunfft über die Gleichstellung der Welt zum Deckmantel einige verhoffte Erbauung und Gewinnung brauchen wollte.
254 Es fehlt aus OB: Hier wurde ich nun von beyden Seiten so in die Enge getrieben/ daß ich mich zu meinem Vater durch Christum desto ernstlicher wendete/ und ihn im verborgenen hefftig um seine alleinige gewisse Führung anrieff. Auff eine äusserliche Befreyung durffte ich anfangs vor ihm nicht dencken/ sondern mich in seinen Rath und treue Regierung ergeben.
255 Widersprüchen.

enthalten/ und die Zeit auf Gebet und Flehen[256] zu
[C1v] wenden. Zu dem gewöhnlichen Schmausen aber
und Gastereyen hatte ich vollends gar nicht gehen kön-
nen/ nachdem derselben Greuel auch von Welt=Hert-
zen[257] nicht geleugnet wird.[258]   5

Darauf beschreibet er noch mehrere Ursachen die
ihn bewogen seinen Dienst und Professorat aufzuge-
ben.

Hiernechst begab er sich denn wieder nach Quedlinburg; allein da er meinet daselbst in der Stille und Ruhe   10
privatim zu leben/ da bringt ein Theil der Prediger die
Fürstliche Aebtißin[259] gegen ihn in Harnisch/ und lässet
eine sehr scharffe Schrifft[260] gegen ihn ausgehen/ und
beschuldiget ihn unerweißlicher[261] Stück.[262] Dahero
Seine Königliche Majestät in Preußen[263] eine Commis-   15
sion dahin sendet/[264] und ihn sowohl als den damahligen
Hoff=Diaconum hernach Pastorem und Inspectorem in
Werben Johann Henrich Sprögeln[265] (dessen Tochter
Anna Maria/[266] er Arnoldi hernach Anno 1700 den
5. September auf vorgegangene solenne Copulation[267]   20

---

256 Phil 4,6.
257 Weltlich gesinnte Menschen.
258 Hier endet die eingefügte längere Passage aus dem OB.
259 Anna Dorothea von Sachsen-Weimar (1657–1704), seit 1684 Äbtissin des
     Stifts Quedlinburg. Vgl. Regina-Bianca Kubitscheck, BBKL 30 (2009), Sp.
     46–48.
260 [Gerhard Meier,] Wahre Nothwendigkeit Des Kirchen= und Abend-
     mal=Gehens/ In kurtzen und abgenöthigten Anmerckungen/ Uber einige
     Capitel/ Der sogenannten Erklärung Hrn. M. Gottfried Arnolds/ Vom Kir-
     chen= und Abendmahl=Gehen/ Den Qvedlinburgischen Gemeinden
     Gründlich fürgestellet Von Dem ordentlichen Predigt=Ampt daselbst,
     Quedlinburg 1701 [VD18 10324275].
261 Unbewiesener, nicht zu beweisender.
262 Zum Separatismusstreit in Quedlinburg vgl. Büchsel, Weg 35–49.
263 Kurfürst Friedrich III., seit 1701 König Friedrich I., hatte 1698 von Kur-
     fürst August von Sachsen die Schutzherrschaft über das Stift Quedlinburg
     übernommen.
264 Vgl. Büchsel, Weg 43–49.
265 S. o. Anm. 78.
266 S. o. Anm. 90.
267 Feierliche Trauung. Vgl. dazu aber oben Anm. 89.

geheyrathet/ bey deren Umgang/ wie er selbst bezeuget/
die Weißheit GOttes viel Gnade und Gutthaten äusser-
lich und innerlich erzeiget) in Schutz nimmt/ und die
Autores gemeldter Schrifft zum Beweißthum ihrer An-
5 schuldigungen vorfordern lässet/ die sich aber unterm
Vorwand/ es sey ihnen als immediate[268] unter der Fürstlichen Aebtißin stehenden Predigern solches zu thun
verboten/ solcher Christlichen Pflicht entziehen.

Nach Verfliessung einiger Jahren aus freyen Trieb
10 berufft ihn die verwittibte[269] Hertzogin zu Sachsen Ei-
senach zu sich nach Altstett/ um in aller Gewissens=
Freyheit[270] an ihrem Hoff zu predigen und zu lehren/
woselbst er auch obgedachte Erklärung der Sonn= und
Festtag=Evangelien und Episteln gethan/ und zu Pa-
15 pier gebracht.[271] Aber hier fand er auch seine Verfolger/
die ihm zu mächtig waren; jedoch wurde nach und nach
aller Gegensatz der Unwissenden gestillet/ also/ das er
von 1700 bis 1705 an diesem Hoff verbliebe/[272] da Seine
Königliche Majestät im Preussen ihn selbiges Jahr zur
20 Inspection der Dioeces Werben[273] und der daselbstige
Rath zum Pastorat ihrer Stadt ordentlich berieffe/ dahin er auch folgte/ und kaum 2 Jahr daselbst verbleiben
konte/ indem der Rath und Bürg=[C2r] gerschafft zu
Perleberg[274] bey Seiner Majestät beständig um ihn an-
25 hielten/ daß er ihnen Anno 1707 zum Inspectore und
Pastore auch gegeben ward.

---

268 Unmittelbar. Quedlinburg war ein reichsunmittelbares Stift (stand aber
    unter der Schutzherrschaft Sachsens, seit 1698 Preußens). Vgl. Clemens
    Bley (Hg.), Kayserlich – frey – weltlich. Das Reichsstift Quedlinburg im
    Spätmittelalter und in der frühen Neuzeit, Halle 2009 (Studien zur Lan-
    desgeschichte 21).
269 Verwitwete.
270 S. o. Anm. 72.
271 S. o. Anm. 176 f.
272 S. o. Anm. 83.
273 Als Inspektor (s. o. Anm. 5) des Kirchenkreises (s. o. Anm. 101) Werben.
    Vgl. oben Anm. 103.
274 S. o. Anm. 105.

Es ist leicht zu erachten/ was für Urtheile wegen dieser Veränderung entstanden/ da er vormahls seine Profession, die unter allen die Unschuldigste scheinet/ abgeleget/ und nun nicht allein ein Predig=Amt an/ sondern auch eine Frauens=Person/ ob schon eines [5] frommen und erleuchteten Predigers fromme Tochter/ als eine Schwester im Glauben[275] zur Ehe nimmt/ da er vormahls nach seinem Buch der göttlichen Sophia[276] und andern geschienen/ sehr fern von dergleichen Vornehmen[277] zu seyn.[278] Allein allen denselben Urtheilen [10] begegnet er in seiner Erläuterung seines Sinnes und Verhaltens an das Quedlinburgische Ministerium[279] p. 62. §. 21. 22. 23. da er spricht: Wer nur einigen Anfang von denen verborgenen und seltsahmen Führungen GOttes an seiner eigenen oder andern Seelen erfahren [15] hat/ der mag nach und nach capabel[280] werden auch von paradoxen Dingen ein solch gesundes Urtheil zu fällen/

275 Vgl. 1Kor 9,5.
276 Das Geheimniß Der Göttlichen SOPHIA oder Weißheit/ Beschrieben und Besungen von Gottfried Arnold, Leipzig 1700. – Dünnhaupt Nr. 20.
277 Vorhaben, Entschluss zur Ausführung einer Handlung, Absicht, Plan u. ä.; DWb 26, 1358.
278 Vgl. auch Arnolds Bemerkung in seinem Brief an Bengel (?) vom Mai 1714, in: Johann Albrecht Bengel, Briefwechsel, Bd. 1, hg. v. Dieter Ising, Göttingen 2008, Nr. 75, S. 327 f. mit Anm. 20. Frdl. Hinweis von Dr. Dieter Ising. – Zu Arnolds Eheauffassung vgl. Wolfgang Breul, Gottfried Arnold und das eheliche und unverehelichte Leben, in: Udo Sträter u. a. (Hg.), Alter Adam und Neue Kreatur. Pietismus und Anthropologie. Beiträge zum II. Internationalen Kongress für Pietismusforschung 2005 (Hallesche Forschungen 28), Tübingen 2009, S. 357–369; ders., Marriage and marriage-criticism in Pietism : Philipp Jakob Spener, Gottfried Arnold, and Nikolaus Ludwig von Zinzendorf, in: Jonathan Strom (ed.), Pietism and Community in Europe and North America 1650–1850, Leiden 2010, S. 37–53.
279 Gottfried Arnolds Fernere Erläuterung seines sinnes und verhaltens beym kirchen= und Abendmalgehen/ in einer Rede und Antwort/ auff die unter dem namen eines gantzen Ministerii von Etlichen Quedlinburgischen Predigern vorgebrachte unerfindliche Aufflagen: zusampt einer freundlichen Duplica an den Herrn Hof=Rath Pfanner, Frankfurt am Main 1701. – Dünnhaupt Nr. 30.
280 Fähig.

daß nicht wiederum gerichtet werden darff.[281] Diejenigen aber können allein des Geistes Sinn und Rath[282] in göttlichen Lichte recht bemercken/ welche von allen Vorurtheilen/ selbst gemachten Sectirischen Meinungen[283] und eigenen Wegen/ durch denselben Geist erlöset/ und hingegen dem unvermischten (lautern reinen) und allerheiligsten Zug[284] des Vaters in und zu seinem Sohn[285] offen und untergeben bleiben. Solche geübte Sinnen[286] mögen alleine wissen/ wie viele und gantz unterschiedene Zustände und Beschaffenheiten einer Seelen sich nach und nach wechselweise ereignen/ und wie mancherley seltsame Aufgaben und Proben[287] offte nach einander von GOtt vorgelegt werden; daß dahero auch in äusserlichen Neben=Dingen[288]/ die nicht das Wesen der himmlischen Güter[289] selbst angehen/ manche Abwechselungen[290] sich äussern mögen/ die der Ver-

---

281 Vgl. 1Kor 2,14: „Der natürliche Mensch aber vernimmt nichts vom Geist Gottes; es ist ihm eine Torheit, und er kann es nicht erkennen; denn es muß geistlich gerichtet sein."
282 Vgl. Röm 8,27; 11,34; 1Kor 2,16.
283 Nach Arnolds Kirchenbegriff (s. o. Anm. 166) sind gegenüber der wahren unsichtbaren Kirche alle verfassten kirchlichen Vergemeinschaftungen „Sekten", ihre „parteilichen" Lehren daher „sektiererische Meinungen". Vgl. Büchsel, Verständnis 93–95.
284 Zug, s. o. Anm. 61.
285 Vgl. Joh 6,44: „Es kann niemand zu mir kommen, es sei denn, daß ihn ziehe der Vater, der mich gesandt hat". Vgl. auch Bartholomäus Crasselius: „Zeuch mich, o Vater, zu dem Sohne, damit dein Sohn mich wieder zieh zu dir" (Dir, dir Jehova, will ich singen, vgl. EG 328,2).
286 Vgl. Hebr 5,14: „Den Vollkommenen aber gehört starke Speise, die durch Gewohnheit haben geübte Sinne zu unterscheiden Gutes und Böses."
287 Erprobungen, Prüfungen.
288 Als Adiaphora (von griech. ἀδιάφορα = „nicht unterschiedene" Dinge) bezeichnete die protestantische Theologie „Mittel-" oder „Nebendinge", die nicht heilsrelevant sind (Arnold: „nicht das Wesen der himmlischen Güter selbst angehen"), sondern ethisch neutral sind. Vgl. Markus Friedrich, Orthodoxy and Variation. The Role of Adiaphorism in Early Modern Protestantism, in: Randolph Conrad Head/Daniel Eric Christensen (edd.), Orthodoxies and heterodoxies in early modern German culture. Order and creativity 1500–1750, Leiden 2007 (Studies in central European histories), S. 45–68.
289 Vgl. Hebr 9,11; 10,1: zukünftige Güter; Röm 15,27: geistliche Güter.
290 Veränderungen.

nunfft einander zu wider/ oder eines das andere aufzu-
heben scheinet/ und ungeachtet im Grunde und in dem
angefangenen Wesen (Hypostasi[291] Hebr. 4. 11.) der
neuen Geburt[292] der einmahl vereinigte und offenbahr-
te JEsus Christus gestern und heute und in Ewig=   5
[C2v]keit/ eben derselbige[293] in den seinen bleibt und
nicht verändert[294]/ vielweniger mit dem schädlichen
Stuhl jemahls einig wird[295] etc.

Denn daß der weise GOtt seinen Kindern/ wenn er sie
auf der einen Seiten treu befunden[296]/ hernach auf eine   10
andere Seite und einen gantz andern Weg in äusserlichen Dingen führet/ und so zu sagen eine contraire lec-
tion[297], eben wie dem Abraham/[298] vorlegt und zuweilen
von einer Sach entblösset und entbindet/ darinn er sie
doch hernach wiederum stellet/ ist aus vielen Exempeln   15
in und ausser der Heiligen Schrifft offenbahr.

Dahero hat ein gewisser Freund des seeligen Mannes
bey angerührter[299] seiner Veränderung Ihme geschrieben: Quamvis audiam statum tuum externum muta-

---

291 Gemeint ist wohl (nicht Hebr 4, sondern) Hebr 3,14: τὴν ἀρχὴν τῆς
     ὑποστάσεως, und Hebr 11,1: ἐλπιζομένων ὑπόστασις.
292 Neue Geburt oder Wiedergeburt (vgl. Joh 3,7) ist ein für alle Pietisten
     wichtiger, doch unterschiedlich gebrauchter Begriff. Bei Spener umfaßt er
     die Entzündung zum Glauben, die Rechtfertigung mit der Annahme zur
     Gotteskindschaft und die Schaffung eines neuen Menschen; die radikalen
     Pietisten verstanden darunter im Anschluß an spiritualistische Vorstel-
     lungen einen stufenweisen Prozeß wahrer Christwerdung. Vgl. Johannes
     Wallmann: Wiedergeburt und Erneuerung bei Philipp Jakob Spener, in:
     Pietismus und Neuzeit 3 (1976), S. 7–31 (Lit.).
293 Vgl. Hebr 13,8: „Jesus Christus gestern und heute und derselbe auch in
     Ewigkeit."
294 Vgl. Jak 1,17.
295 Vgl. Ps 94,20: „Du wirst ja nimmer eins mit dem schädlichen Stuhl, der das
     Gesetz übel deutet." Die alttestamentliche Stelle wird hier wohl in Bezie-
     hung gesetzt zu dem „Stuhl des Tieres" in Apk 16,10, dem Sitz der anti-
     christlichen Macht.
296 Vgl. 1Kor 4,2: „Nun sucht man nicht mehr an den Haushaltern, denn daß
     sie treu erfunden werden."
297 Gegenteilige Lektion.
298 Vgl. Gen 22.
299 Erwähnter.

Gottfried Arnold

tum, scio tamen Deum Tuum in Te mutatum non
esse[300], welche Worte ihm/ wie seine Antwort bezeuget
hatte/ sehr tröstlich gefallen. Und das warlich sein JE-
sus in ihme und mit ihme unverändert oder heute wie
5 gestern geblieben/[301] ist aus dessen seeligen Ende und
Abschied[302] zu ersehen.

Anno 1713 ist er mit einer schweren scorbutischen
Kranckheit[303] angegriffen/ so gar/ daß er nicht nur sehr
matt und krafftloß dadurch/ sondern auch so gar einige
10 Zähne darüber verlustiget[304] worden; Von dieser
Kranckheit und scorbutischen Geblüt[305] ward er zwar
durch gebrauchte Arzney in sofern befreyet/ daß er vor-
hatte ins Carls=Bad[306] zu reisen/ und daselbst den
Brunnen zu trincken/[307] allein es blieb doch noch einige
15 Schwachheit übrig/ dannenhero[308] als auf den ersten
Pfingst=Tag[309] Anno 1714 die Soldaten die Kirche unter der Communion[310] einfielen/ einige junge Leuthe
mit Gewalt (wie man sagt) daraus zu holen und zum

---

300 „Wenngleich ich höre, dass sich dein äußerer Stand geändert hat, so weiß
    ich doch, dass dein Gott in dir sich nicht geändert hat.“
301 S. o. Anm. 293 (Hebr 13,8).
302 Abscheiden, Sterben.
303 Skorbut ist eine Krankheit, die – wie erst später entdeckt wurde – durch
    Mangel an Vitamin C entsteht. Die Leistungsfähigkeit und die Arbeitskraft
    lassen erheblich nach. Skorbut kann zum Tod durch Herzschwäche führen.
    Vgl. Sabine Streller/Klaus Roth. Von Seefahrern, Meerschweinchen und
    Citrusfrüchten. Der lange Kampf gegen Skorbut, in: Chemie in unserer
    Zeit 43/1 (2009) 38–54.
304 Verlustig gegangen. – Lockerung und Ausfallen der Zähne gehören zu den
    typischen Symptomen der Skorbut-Erkrankung.
305 Die damalige Medizin betrachtete Skorbut (zu Recht) als eine Störung der
    Zusammensetzung des Blutes (ohne aber die genaue Ursache zu kennen).
306 Karlsbad, tschech. Karlovy Vary. Der Kurbetrieb war vor allem durch die
    Besuche des russischen Zaren Peters des Großen 1711 und 1712 gefördert
    worden. Vgl. Heinz Schubert, Karlsbad. Ein Weltbad im Spiegel der Zeit,
    München 1980. Im Juni 1702 war Arnold schon einmal „nach dem Egeri-
    schen Brunnen“ (d.h. nach Franzensbad, tschech. Františkovy Lázně) ge-
    reist (Supplementa, Vorrede).
307 Eine Brunnenkur zu machen.
308 Daher, deshalb.
309 20. Mai 1714.
310 Während der Feier des Abendmahls.

Krieg zu zwingen/[311] so bekam sein mattes Geblüt[312]
durch den Schrecken einen solchen Anstoß/ daß er nicht
mehr der vorige war/ und wiewohl er den zweyten
Pfingst=Tag als den 21. May noch eine Leich=Predigt
Nachmittag thate/ so seynd ihm doch die Leibes Kräffte ⁵
dergestalt entgangen[313] daß der Burgermeister den Kü-
ster auf die Kantzel geschickt daß er hinter den lieben
Mann stehen solte/ aus Sorge er möchte umfallen; Es ist
aber dennoch die Predigt wiewol mit sehr schwacher
Stimm vollendet/ und er darauf gleich nach Hause ge- ¹⁰
bracht da er denn 3 Tage auf einen Stuhl **[C3r]** geses-
sen und in einem Kindlichen Umgang mit GOtt[314] sehr
herrliche Meditationes, und wenn ihn jemand was
fragte/ allezeit überaus freundlich aber gar kurtz ge-
antwortet/ gehabt/ als einer/ dem mans angemercket/ ¹⁵
daß er mit wichtigen Objecten zu thun habe. Nach solchen 3 Tagen hat er sich endlich für[315] grosser Mattigkeit im Schlaffrock aufs Bette geleget und ist vergnügt
geblieben.

²⁰

---

311 Die brutale Zwangswerbung, durch die der Soldatenkönig Friedrich Wil-
helm I. (1713–1740) Soldaten für seine Armee rekrutieren ließ, war berüchtigt. Vgl. Max Lehmann, Werbung, Wehrpflicht und Beurlaubung im
Heere Friedrich Wilhelms I., in: ders., Historische Aufsätze und Reden,
Leipzig 1911 135–152. Die Soldatenanwerbungspraxis wurde 1718, wenige
Jahre nach Arnolds Tod, von Victor Tuchtfeld, Pfarrer von Dössel und Do-
bis im Saalekreis, scharf angegriffen. Daraufhin wurde er zunächst für ein
Jahr in der Berliner Hausvogtei inhaftiert, 1719 amtsenthoben und erneut
1725 bis 1730 unter dem Verdacht der Geistesgestörtheit im Friedrichs-
hospital (Charité) in Gewahrsam gehalten. Vgl. Carl Hinrichs, Preußen-
tum und Pietismus. Der Pietismus in Brandenburg-Preußen als religiös-
soziale Reformbewegung, Göttingen 1971, 137 ff.; Hans Schneider, Jung-
Stillings „Niclas", in: Frömmigkeit unter den Bedingungen der Neuzeit.
Festschrift für Gustav Adolf Benrath zum 70. Geburtstag, Darmstadt/Kas-
sel/Karlsruhe 2001, S. 155–168, hier 157 f.
312 Schwacher Kreislauf.
313 Die körperlichen Kräfte dermaßen geschwunden.
314 Religiöser Verkehr mit Gott, Verbindung zu Gott in kindlich-vertraulicher
Weise.

Kam jemand inzwischen zu ihm/ so vermahnete er sehr ernstlich/ zu einem rechten Durchbruch[316]/ und zu einer ernsten Verleugnung und Ausgang aus der Welt/ und zu einem beharrlichen Eindringen zu GOTT. Wenige Tage vor seinem Ende/ da er im Bette lage und ein Schirm[317] vor seinen Augen stund/ worauf ein Baum und daran=hangendes Schild gemahlet war/ mit dieser Uberschrifft: Des Glaubens Tapfferkeit:[318] sprach er: wenns nur erst hiesse: Des Glaubens Aufrichtigkeit. Das kam her aus der Armuts seines Geistes.

Zu seiner hinterlassenen Wittib[319] hat er zuvor mehrmahlen gesagt/ daß er das Früh=Jahr nicht würde durchkommen/ und [bei] währender Kranckheit sprach er zu ihr; Er wüste nun gewiß/ daß es GOttes Wille nicht wäre/ daß er hier länger bliebe/ sie solte sich ansehen als einen Weinstock/ dem die Stütze und der Stab genommen würde/ woran derselbe gebunden wäre.

Unter vielen andern Reden war auch dieses/ daß er sagte: Er hätte nicht gemeinet/ das GOtt ihn so ruhig auf dem Tod=Bette würde machen! und ferner darauf: wiewohl! wiewohl! ach wiewohl ist mir! siehestu nicht/ fragte er seine Hauß=Frau/ die Engel! ach wie schön!

Nachdem er etwas zu seiner Erquickung zu sich genommen/ so sprach er: Ich esse GOtt in allen bissen Brod![320] Conf.[321] Joh. 6. 27. Er schmeckete in dem Genuß der irrdischen Speiß/ wie gut/ süß/ kräfftig und heilsam das ewige Göttliche Wort und Wesen sey. Ps. 34. Hebr. 6/ 5.

---

315 Vor.
316 Vgl. oben Text 7, Anm. 19.
317 Wohl ein Wandschirm vor dem Bett des Sterbenden.
318 Offenbar ein auf den Wandschirm gemaltes Emblem.
319 Arnolds Witwe Anna Maria, geb. Sprögel.
320 Zu Arnolds Verständnis des wahren inneren Abendmahls der Wiedergeborenen vgl. Seeberg 185–188. „Dies geistliche Abendmahl genießt man nicht nur im äußern Abendmahl, sondern auch beim Essen und Trinken überhaupt, ja ‚alle Augenblicke in der gantzen Lebenszeit' und ‚ohne Unterlaß'" (Seeberg 186).

Doch so hoch er in GOtt aufgezogen[322] war/ in so tieffe
Angst gerieth er wieder; es muste ihm seine Hauß=
Frau in solcher Angst im Bett auf die Knie helffen/ denn
er wollte nicht auf dem Rücken lie=[C3v]gend beten/
so sprach er: Vater ists möglich so gehe dieser Kelch von   5
mir/ doch nicht wie ich wil/ sondern wie du wilt.[323]

Einige Stunde vor seinem Tode/ da jederman mei-
nete/ es wäre mit ihm zu Ende kommen/ richtete er sich
im Bette gantz alleine auf und rieff laut aus: Frisch auf!
Frisch auf! Die Wagen her und fort! Ohne Zweiffel hat   10
er die Wagen/ womit Elias gen Himmel gefahren/[324] er-
blicket und gemeinet. Darauf ward er stille und ver-
schied gantz sanfft unterm Singen und Gebet einiger
seiner lieben Freunde den 30. Maj. nachmittags gegen 2
Uhr/ seines Alters im 48sten Jahr/ niemand als seine   15
Wittib hinterlassende/ denn seine zwey kleine Kinder
waren Anno 1709 vor ihm seelig gestorben.[325]

Bedencklich[326] ist es auch/ und nicht zu vergessen/
daß er kurtz vor seinem Ende mit sehr beweglichen
Worten gesagt: Die Gerichte[327] der letzten Zeit werden   20
unerträglich seyn.[328]

Den Freytag darauf[329] ist er in der Stille beygesetzt/
und die Parentation[330] von seinem geliebten Collega Jo-

---

321 Confer = vergleiche.
322 In die Höll gezogen.
323 Mt 26,42.
324 Vgl. 2Kön 2,1 und 11.
325 S. o. Anm. 93 und 94.
326 Zu bedencken.
327 Strafen als Vollzug des Gerichtsspruchs. DWb 5, Sp. 3648. Vgl. Apk 16,7:
     „Ja, HERR, allmächtiger Gott, deine Gerichte sind wahrhaftig und ge-
     recht." Vgl. auch Apk 19,2.
328 Vgl. über die endzeitlichen Bedrängnisse Mt 24,21 f.: „Denn es wird alsbald
     eine große Trübsal sein, wie nicht gewesen ist von Anfang der Welt bisher
     und wie auch nicht werden wird. Und wo diese Tage nicht verkürzt wür-
     den, so würde kein Mensch selig; aber um der Auserwählten willen werden
     die Tage verkürzt." Ebenso ähnliche Texte.
329 1. Juni 1714.
330 Grab- oder Leichenrede.

hannes Cruse[331] gethan worden. Doch seynd fast[332] wenige Bürger in der Stadt geblieben/ sondern ein grosses Volck aus ungemeiner Liebe zu den Seeligen und bey aller seiner Weißheit/ demüthigen und friedfertigen
5 Mann/ der Leiche mit vielen Thränen nachgefolget. In solcher Parentation und Gedächtniß=Predigt ist des seeligen Mannes Geist nach der Wahrheit also characterisieret/ welches wir alhier kurtz zusammen fassen/ (1) daß er gewesen eines erleuchteten Verstandes. (2)
10 Einer barmhertzigen Schärffe. (3) Einer unverdrossenen Munter= Wach= und Arbeitsamkeit/ (4) und einer klugen Einfalt.

Wir mögen allen seinen Lästeren/ die da lästern/ was sie nicht wissen[333] noch verstehen/ wünschen/ daß sie
15 auch solche Dinge auf ihrem Sterbe=Bette möchten empfinden/ und solche Worte sprechen können. Es ist fast ohnmöglich/ daß jemand noch das Hertz haben solte/ wenn er ansiehet das Ende des Glaubens dieses Mannes/ und solchen seeligen Ausgang seines Wandels/
20 Heb. 13, 7.[334] böses von ihm zu reden oder zu gedencken/ ohne sich vor dem gerechten Richter=Stuhl GOttes zu fürchten.[335] **[C4r]**

331 Johannes Kruse (Crusius) (* 6.7.1683 Perleberg, † Neuenbrook 24.9.1750). Vgl. Gottfried Winter, Berühmt gewordene Pfarrerssöhne aus der Prignitz, in: Mitteilungen des Vereins für Geschichte der Prignitz 11 (2011), S. 180–195, hier 187.
332 Nur.
333 Vgl. 2Petr 2,12
334 „Gedenkt an eure Lehrer, die euch das Wort Gottes gesagt haben; ihr Ende schaut an und folgt ihrem Glauben nach."
335 Vgl. Röm 14,10: „Du aber, was richtest du deinen Bruder? Oder, du anderer, was verachtest du deinen Bruder? Wir werden alle vor den Richtstuhl Christi dargestellt werden"; 2Kor 5,10: „Denn wir müssen alle offenbar werden vor dem Richtstuhl Christi, auf daß ein jeglicher empfange, nach dem er gehandelt hat bei Leibesleben, es sei gut oder böse."

Ein Freund[336] des seel. verstorbenen Mannes hat ihm zu Ehren dieses Klag= und Trost=Lied gemacht.

Nachdem[337] man in Erfahrung kommen, daß sich hin und wieder Spötter gefunden, welche nachfolgendes Epicedium[338], so ein rechtschaffener Knecht Gottes, der mehr auf Realia[339] und Sachen, als auf künstliche Worte siehet, in Eil ehemals entworfen, hönisch herdurch zu ziehen[340], sich nicht zu enthalten vermocht, man aber solchen elenden Gemüthern die Gelegenheit zum cavilliren[341], zu benehmen rathsam erachtet, ungeachtet des Epicedium an sich selbst, wenn es nach dem unschuldigen[342] Sinn des Herrn Auctoris verstanden wird, keiner Veränderung in Worten bedurfft hätte; als hat man ein und andere Redens=Art, dem Herrn Auctori aber nicht zu dem geringsten Praejudiz[343], ändern wollen, in gutem Vertrauen, er werde sich, um der Liebe willen, den guten Willen eines Freundes nicht mißfallen lassen.

5

10

15

---

336 Verfasser nicht bekannt.
337 Im Wiederabdruck des Gedichts in der 1719 gedruckten Gedächtnis=Rede ist der Satz „Ein Freund des seel. verstorbenen Mannes hat ihm zu Ehren dieses Klag= und Trost= Lied gemacht" durch diese Erläuterung ersetzt. Es folgt dann eine korrigierte Version des Gedichts, die hier in der rechten Spalte kursiv wiedergegeben wird.
338 Trauergedicht. Im 17. und 18. Jahrhundert erlebten die Epicedien im evangelischen Deutschland eine Blütezeit infolge der Popularität gedruckter Leichenpredigten, denen als Anhang häufig Epicedien beigegeben wurden.
339 Wirkliche Dinge und Tatsachen.
340 Verspotten, durchhecheln.
341 Neckereien treiben, bespötteln, sophistisch argumentieren.
342 Arglos.
343 Ohne Anerkennung eines Verschuldens.

Klage und Trost der Kirchen GOttes
über dem tödtlichen Hintritt[344]
des an Treu und Arbeit unvergleichlichen Dieners
JEsu Christi. G. A.

1.

Ach ein Held in Israel[345]
Ist mir durch den Tod entgangen/
Drum so ächzet meine Seel
Und sich nätzen[346] meine
Wangen/
Liebste Söhne/ dencket doch.
Was für Heyl und Sieg annoch
Durch sein Hand und güldnem
Munde[347]
Weiter zu gewarten[348] stunde.

2.

Seht ihr nicht das krumme Thier
Daß nur auf dem Bauche
kriechet[349]
Wie es sey entseelet schier?
Wie die Boßheit dorten lieget?
Seht ihr nicht
der Würmer[350] Meng
Selbstheit[351]/
Geld=Lieb/ Welt=Gepräng[352]/

[Korrigierte Fassung 1719]
1.

Ach ein Held in Israel
Ist mir durch den Tod entgangen!
Klag' und ächze meine Seel!
Netzet euch ihr meine Wangen!
Liebste Söhne, dencket doch,
Was für Lehr und Trost annoch
Aus Arnoldi Hand und Munde
Weiter zu erwarten stunde.

2.

Sehet an das krumme Thier,
Das nur auf dem Bauche
schleichet,
Ist es nicht geborsten schier?
Liegt sein Muth nicht fast
erbleichet?
Sehet, wie der Schlangen Heer,
Eigen=Liebe, Eigen=Ehr,

---

344 Hinscheiden, Tod.
345 Held in Israel vgl. 1Sam 15,29, dort als Gottesbezeichnung.
346 Sich (mit Tränen) benetzen.
347 Vielleicht Anspielung auf den Kirchenvater Johannes von Antiochien (†
407), dem wegen seiner Predigten der Beiname „Chrysostomos" (griech.
„Goldmund") beigelegt wurde.
348 Erwarten.
349 Vgl. Gen 3,14: „Da sprach Gott der HERR zu der Schlange: Weil du solches
getan hast, seist du verflucht vor allem Vieh und vor allen Tieren auf dem
Felde. Auf deinem Bauche sollst du gehen […]."
350 Metapher für Götzen, vgl. Ez 8,10: „allerlei Bildnisse der Würmer und
Tiere […] und allerlei Götzen des Hauses Israel".
351 Die (unberechtigte) Liebe des eigenen Selbst, Selbstsucht, auch Eigendün-
kel, DWb 16, Sp. 478. Vgl. August Langen, Der Wortschatz des 18. Jahrhunderts, in: Friedrich Maurer u. Heinz Rupp, Deutsche Wortgeschichte,

Wahn/ Götz/ Irrthum/
Heucheleyen
Wie sie so zerschmettert seyen?

Heucheley und alle Götzen
Wahn und Irrthum sich entsetzen.

3.

Solche Werck hat GOtt gethan
Durch den Mann
in kurtzen Jahren/
Die ich kaum kan treffen an
Unter meiner Streiter=Schaaren.
Tausend seynd durch seinen Fleiß
Loßgewirckt[353]
von dem Geschmeiß[354]
Und gereiniget der Tempel[355]
Durch sein Ruth und
gut Exempel.

3.

Grosse Werck hat GOtt gethan
Durch den Mann in kurtzen Jah-
ren,
Wenig treff ich solcher an
Unter meinen Streiter=Schaaren.
Viele sind durch seinen Fleiß
Loßgewirckt von dem Geschmeiß
Seine Lehr und sein Exempel
Fegete {des HErren die
Hertzen=} Tempel.

4.

Seine unverdroßne Treu
Ist bekannt in allen Landen,
Neider, die ihn ohne Scheu
Richten, machen sich
zu schanden.
Meinem theuren Ehrenhold*
Bleibet seine Ehr und Sold,

4.

Dis sein Werck an GOttes Hauß
Engel= Holl=
und Sachsen Lande
Pfalz und Schweitz[356]
posaunen aus
Zu des blassen Reiders[357]
Schande/
Drum auch meinem *Ehrenhold**
Bleibet ewge Ehr zum Gold/

Bd. 2, Berlin/New York ³1974, S. 71: „Auch eines der bekanntesten sprach-
lichen Merkmale der mittelalterlichen Mystik, die Abstrakta auf -heit und
-keit, sind im Pietismus häufig. Teils sind es Ableitungen vom Part. Praet.
wie Abgezogenheit, Abgestorbenheit, Entsunkenheit, Geborgenheit, Ein-
gesunkenheit, Zerschmolzenheit usw., teils Ableitungen von reinen Adjek-
tiven: Beugsamkeit, Leidentlichkeit, Faßlichkeit, Inwendigkeit, Willenlos-
heit, Ledigkeit, Naheheit, Selbstheit usw."

352 Weltliche Pracht(entfaltung). „Welt" ist (wie im Joh) hier negativ verstanden als die Macht, die den Menschen an das Irdische und die Sünde bindet
und von Gott fernhält. Vgl. Anm. 38 und 251.

352 Befreit.

354 Unrat, Ungeziefer (Joel 1,4; 2,25), Gesindel.

355 Vgl. Mk 11,15–19 parr.; Joh 2,13–17.

356 England wird wohl genannt wegen Arnolds Kontakten zur philadelphi-
schen Sozietät, in den Niederlanden erschien schon 1701 eine Übersetzung
der Kirchen- und Ketzerhistorie, Sachsen war Arnolds Heimat mit den Orten seiner Studien und ersten Wirksamkeit, in der Pfalz und in der Schweiz
fanden Arnolds Schriften schon früh Verbreitung.

Und sein Nahm
im Ruhm hienieden
Wie sein Geist bey
Gott im Frieden.**

Und wie er im
Ruhm hienieden
So sein Geist bey
GOtt im Frieden.**

5.

Du Gespenst der Frömmigkeit[358]
Wähne nicht das aus der Welt
Das gehaßte Licht beyseit
Sey gerückt mit diesem Helde!
Nein! Die Wahrheit/
so nicht fleucht/
Sie forthin noch heller leucht/
Und wird balde denen funckeln
Die noch sitzen
in dem Dunckeln.[359]

5.

Du Gespenst der Frömmigkeit,
Meinst du, daß mit diesem Helde
Das gehaßte Licht bey Seit
Und geschlagen aus dem Felde?
Nein! die Wahrheit so
nicht fleucht,
Sondern immer heller leucht,
Wird bald andern,
die im Dunckeln
Annoch sitzen, herrlich funckeln.

6.

Denn das Heil gewirckt
durch ihn
Wird kein Neid noch Zeit
verstöhren[360];
Auch sein Rauch=Faß[361]
immerhin
Deiner Pest und
Seuche mehren[362]
Ja der Saame/ den er hat
Fortgepflanzt durch Rath
und That

6.

Denn, was Gott gewirckt
durch Ihn
Wird kein Neid noch Zeit
verstören;
Auch sein Rauch=Faß
immerhin
Deiner Pest und
Seuche wehren
Ja der Saame, den er hat
Fortgepflanzt durch Rath
und That,

---

357 Vgl. Apk 6,8: „Und ich sah, und siehe, ein fahles Pferd. Und der daraufsaß,
des Name hieß Tod."
358 Hier im Sinne von Blendwerk, Täuschung, Trug, vgl. DWb 5,4141.
359 Vgl. Ps 107,10: „Die da sitzen mußten in Finsternis und Dunkel"; Jes 9,1:
„Das Volk das im Finstern wandelt, sieht ein großes Licht; und über die da
wohnen im finstern Lande, scheint es hell." Jes 42,7: „die da sitzen in der
Finsternis"; Lk 1,79: „auf daß er erscheine denen, die da sitzen in Finsternis und Schatten des Todes".
360 Vernichten, zerrütten oder verscheuchen, DWb 25,1772f.
361 Vgl. Apk 8,3: „Und ein andrer Engel kam und trat an den Altar und hatte
ein goldenes Räuchfaß; und ihm ward viel Räuchwerk gegeben, daß er es
gäbe zum Gebet aller Heiligen auf den goldenen Altar vor dem Stuhl."
362 Lies: wehren.

Und sein wohlbeöhlte[363]
Schrifften/
Werden dir[364] den Tode stifften.[365]

Und die Geistes=vollen
Schrifften
Werden deinen Tod mit stifften.

* Arnold, ** Gottfried. **[D1r]**

---

363 Gut gesalbten, voll von Salbung (vgl. 1Joh 2,20 und 27). Pietistischer Be-
     griff, der die Einwirkung des göttlichen Geistes auf den Wiedergeborenen
     bezeichnet. Vgl. Langen, S. 55 f. Arndt, WChr I,24,21: „ein rechter Christ,
     der mit dem Geist Christi gesalbet ist".
364 „Dir" bezieht sich – wie zuvor „deiner Pest und Seuche" auf „Gespenst der
     Frömmigkeit" in V. 5.
365 Herbeiführen, bewirken, DWb 18,2883.

Grabschrifft/
So auf des seel.[366] Herrn Gottfried Arnolds
Leichen=Stein eingehauen.[367]
* * *

Hier ruhet der entseelte Cörper
Des in GOtt seeligen
Herrn Gottfried Arnolds

Weyland[368] Inspectoris zu Werben und Perleberg/ gebohren zu Annaberg den 5. Septembr. 1666, der gewesen ist im Leben ein treuer Knecht JEsu Christi[369]/ dessen Evangelium er mündlich und schrifftlich ausbrei-
tete/ ein Liebhaber des Nechsten/[370] dem er sich zum
Dienst gäntzlich aufgeopfert/[371] und ein Mitgenoß der
Leiden/ die in Christo JEsu sind/[372] so wol der innerli-
chen und verborgenen/ worinn sein irrdischer Sinn in
den Tod JEsu gegeben/ und das Leben JEsu in ihm of-
fenbahret worden;[373] als auch der äusserlichen/ in welchen durch Schmach und Widerspruch sein Glaube/
Liebe und Gedult geübet[374] worden/ dessen Widrige[375]

---

366 S. o. Anm. 1.
367 Nach der Feststellung von Franz Dibelius im Jahre 1873 war schon damals
     der Grabstein nicht mehr vorhanden und nicht einmal die Grabstätte Ar-
     nolds auf dem Friedhof in Perleberg noch bekannt. „Vor ungefähr 30 Jah-
     ren hat dort noch ein Stück von jenem großen Denkstein als Schwelle an
     einer Hausthür gedient; jetzt ist auch diese letzte Spur verschwunden." Di-
     belius 189.
368 Vormals.
369 Vgl. Röm 1,1; Phil 1,1; Tit 1,1; Jak 1,1; 2Petr 1,1; Jud 1,1.
370 Vgl. „Du sollst deinen Nächsten lieben wie dich selbst." Lev 19,18; Mt 19,19
     u. ö.
371 Vgl. Phil 2,17: „Und ob ich geopfert werde über dem Opfer und Gottes-
     dienst eures Glaubens, so freue ich mich und freue mich mit euch allen,"
     und 2Tim 4,6: „Denn ich werde schon geopfert, und die Zeit meines Ab-
     scheidens ist vorhanden."
372 Vgl. Apk 1,9: „Mitgenosse an der Trübsal" und 1Petr 5,1: „der Mitälteste
     und Zeuge der Leiden, die in Christo sind".
373 Vgl. 2Kor 4,11: „Denn wir, die wir leben, werden immerdar in den Tod ge-
     geben um Jesu willen, auf daß auch das Leben Jesu offenbar werde an un-
     serm sterblichen Fleische."
374 Hier in durativ-iterativer Verwendung: durch wiederholte Tätigkeit ge-
     schickt machen, besser ausbilden, vervollkommnen. DWb 23,66.

dort[376] sehen werden/ in welchen ihre Zungen und Federn gestochen haben;[377] Und nun nach seinem Tode ist er theilhafftig der Herrligkeit/ die offenbaret wird/[378] und ein Mitgenoß[379] der Freude seines HErrn/ in welche er als ein treuer Knecht den 30. May 1714 eingegangen und über viel gesetzet worden/[380] alwo dann inzwischen hier der Cörper biß zum Tage der seeligen Aufferstehung sanffte ruhet[381]/ seine Seele mit Freuden lobsinget[382] dem Lamme/ das alleine würdig ist zu nehmen

Lob/ Preiß/ Danck/
Krafft/ Macht/ Stärcke und Herrlichkeit
in die Ewigkeiten/[383]
mit dem unsere Gemeinschafft
unverrückt bleibe.[384]

---

375 Dämon Widersacher.

376 In der jenseitigen Welt.

377 Vgl. Joh 19,37: „Sie werden sehen, in welchen sie gestochen haben."

378 Vgl. 1Petr 5,1: „teilhaftig der Herrlichkeit, die offenbart werden soll".

379 Vgl. Apk 1,9.

380 Vgl. Mt 25,21 und 23: „Ei du frommer und getreuer Knecht, du bist über wenigem getreu gewesen, ich will dich über viel setzen; gehe ein zu deines Herrn Freude!"

381 Vgl. „sanft geschlafen", Jer 31,26.

382 Vgl. Ps 118,15: „Man singt mit Freuden vom Sieg in den Hütten der Gerechten".

383 Vgl. Apk 5,12: „Das Lamm, das erwürget ist, ist würdig, zu nehmen Kraft und Reichtum und Weisheit und Stärke und Ehre und Preis und Lob."

384 Vgl. Eph 6,24: „Gnade sei mit euch allen, die da liebhaben unsern Herrn Jesus Christus unverrückt!"

Editorische Hinweise

Die Texte des Bandes sind von Hans Schneider ediert und kommentiert; die Übersetzung der lateinischen Stücke (Nr. 4 und Nr. 5) ins Deutsche ist gemeinsam von Monika Rener und Hans Schneider erarbeitet worden. Das Personenregister erstellte stud. theol. Matthias Westerweg, Marburg.

Druckvorlagen

Vorlesungsverzeichnis der Universität Gießen für das Sommersemester 1697 und Ausschnitt aus dem Vorlesungsverzeichnis mit Ankündigung der Vorlesungen Arnolds

Einblattdruck, 2°.
Universitätsarchiv Gießen, all Kb 02 Bl. 51.
Die Gießener Lektionenverzeichnisse (Indices lectionum) sind seit 1650 (mit Lücken) erhalten.

Arnolds Religionsrevers

Universitätsarchiv Gießen, Phil K 8 (Personalakte Arnolds).
Von Arnold eigenhändig geschrieben und mit seinem privaten Siegel versehen.

Eintrag im Dekanatsbuch der Philosophischen Fakultät der Universität Gießen über Arnolds Amtsantritt

Universitätsarchiv Gießen, Phil C Nr. 4–1, S. 196.

Arnolds gedruckte Antrittsvorlesung

22 S. 4°
VD17 12:137850A
Exemplare: SUB Göttingen, LB Coburg; UB Augsburg; SB Regens-
burg; UB Bayreuth; SB München (auch digital), ULB Jena; Bibl.
der Franckeschen Stiftungen Halle; ULB Münster, UB Freiburg, WLB
Stuttgart, UB Tübingen.

Disputationsthesen aus der Dissertation Historia Georgi Saxoniae Ducis 1697

44 S. 4°. – Thesen: S. 43 f.
VD17 3:625274L und VD17 12:189909S
Vgl. Hermann Schüling: Die Dissertationen und Habilitationsschriften der Universität Gießen 1650–1700. Bibliographie, Gießen 1982,
273, Nr. 1589.
Exemplare: SB Preußischer Kulturbesitz Berlin, ULB Halle, SB München, UB Gießen, LSUB Dresden, LB Hannover, ULB Halle (auch digital)

Eintrag im Dekanatsbuch der Philosophischen Fakultät über Arnolds Weggang aus Gießen

Universitätsarchiv Gießen, Phil C Nr. 4-1, S. 198.

Drei Briefe Arnolds an Johann Heinrich May

Eigenhändige Ausfertigung Arnolds.
SUB Hamburg, Sup.epist. 4° 13, fol. 18–20 und 23 (S. 35–39 und 45 f.).
Vgl. Supellex epistolica Uffenbachii et Wolfiorum. Katalog der Uffen-
bach-Wolfschen Briefsammlung, hg. u. bearb. von Nilüfer Krüger, Bd.
1, Hamburg 1978, S. 27.
Die drei Briefe gehören zu einem Corpus von rund 1000 Schreiben an
den Theologieprofessor und Superintendenten Johann Heinrich May
d. Ä. (1653–1719); dieser Briefbestand ist in „Supellex epistolica
Uffenbachii et Wolfiorum" der Staats-und Universitätsbibliothek

185

Hamburg, vor allem in den Quartbänden 13-17, zusammengefasst. In der Arnold-Forschung hat Erich Seeberg diesen Quellenbestand als erster herangezogen. Jürgen Büchsel verzeichnet die Briefe in seiner Übersicht der Korrespondenz Arnolds und referiert kurz den Inhalt (Jürgen Büchsel und Dietrich Blaufuß, Gottfried Arnolds Briefwechsel, Erste Bestandsaufnahme – Arnold an Christian Thomasius 1694, in: Pietismus – Herrnhutertum – Erweckungsbewegung, Festschrift für Erich Beyreuther, 1982, S. 76 f., S. 86 ff.). Rüdiger Mack hat eine – nicht ganz fehlerfreie – Transkription der drei Briefe seiner Untersuchung (Pietismus und Frühaufklärung, 197–205) beigegeben. Sie werden hier in einer neu kommentierten Edition vorgelegt. Die SUB Hamburg fertigte mir ein Digitalisat an und erteilte freundlicherweise die Genehmigung zum Abdruck.

Extract eines Schreibens Godfried Arnold

8 S. 4°
Exemplare: UB Marburg; LB Oldenburg.

Arnolds Öffentliches Zeugnis

2 Bl. (2° gefaltet)
Exemplare: LUB Darmstadt; FLB Gotha; UB Marburg (vermisst).

Arnolds Gedoppelter Lebenslauf

[12] Bl., Frontisp. (Portrait)
VD18 10198326-001
Exemplare: SB Preuß. Kulturbesitz Berlin, UB Gießen; UB München; LSUB Dresden (auch digital); UB Leipzig; UB Tübingen; HAB Wolfenbüttel.

Editionsgrundsätze

Nach den Grundsätzen von EPT werden die Texte diplomatisch getreu abgedruckt, nur zweifelsfreie Druckfehler sind korrigiert. Jedoch werden Umlaute mit übergesetztem e als ä, ö, ü und im Lateinischen alligiertes e (æ, œ) als ae, oe wiedergegeben und die Akzente in den lateinischen Texten weggelassen. Stillschweigend aufgelöst werden der als Konsonantenersatz oder Verdoppelungszeichen übergeschriebene Strich sowie die üblichen Ligaturen und bei den Handschriften auch die eindeutigen Abbreviaturen. Nur bei der Transkription der abgebildeten handschriftlichen Texte werden sie durch ekkige Klammern als Lesehilfe markiert.

Die Interpunktion ist an einigen Stellen zur Erleichterung des Verständnisses behutsam modernisiert.

Nachwort

Am 24. April 1697 wurde das Vorlesungsverzeichnis der Universität Gießen für das beginnende Sommersemester veröffentlicht – damals ein Einblattdruck, auf dem noch die Lehrveranstaltungen aller Professoren der vier Fakultäten Platz fanden (**Text 1**). Hier kündigten Rektor und Senat bereits ohne genauere Spezifikation an, dass der designierte Professor der Geschichte Gottfried Arnold Vorlesungen über die allgemeine und spezielle Geschichte halten werde.[1]

Der auf eine neu errichtete Geschichtsprofessur der Philosophischen Fakultät Berufene war ein akademischer Quereinsteiger. Sein philosophisches Grundstudium an der Universität Wittenberg (1685–1687) hatte er mit dem Grad eines Magister artium abgeschlossen, dort anschließend bis zum Sommer 1689 Theologie studiert und während dieser Zeit auch als Magister in der philosophischen Fakultät unterrichtet.[2] Doch eine akademische Laufbahn hatte er nicht ins Auge gefasst, vielmehr stand er – wohl seit seiner Begegnung mit dem Pietismus – dem universitären Lehrbetrieb und akademischen Leben reserviert gegenüber, wie er auch schon früh zu einer kirchen- und theologiekritischen Haltung gelangt zu sein scheint. Die biographischen Details liegen im Dunkeln. Durch Vermittlung Philipp Jakob Speners fand er Anstellungen als Hauslehrer – zunächst in Dresden und dann in Quedlinburg –, die ihm ein zu-

---

1   Vgl. zum Folgenden: Hans Schneider, Gottfried Arnold in Gießen, in: ders., Gesammelte Aufsätze, Bd. I: Der radikale Pietismus, hg. v. Wolfgang Breul und Lothar Vogel, Leipzig 2011, S. 89–121.

2   Aus dieser Zeit (1687–1689) sind drei von Arnold verfasste Dissertationen erhalten, die unter seinem Vorsitz in Disputationen erörtert wurden (De locutione angelorum; De lotione manuum; De Hermunduris).

rückgezogenes Leben und bescheidenes Einkommen er-
möglichten. Während dieser Zeit widmete er sich wissenschaftlichen Untersuchungen zur Geschichte des
frühen Christentums,[3] die den „Stillen im Lande"[4]
gleichwohl bekannt machten und ihm schließlich auch
zu dem Ruf nach Gießen verhalfen.

Die Universität Gießen[5] war die erste lutherische
Hochschule in Deutschland, die – nach heftigen kir-
chenpolitischen Konflikten mit Vertretern der Orthodoxie – inzwischen von Pietisten dominiert wurde.[6]
Dank der Protektion der hessen-darmstädtischen land-
gräflichen Familie und dem Pietismus zugeneigter Re-
gierungsbeamter waren 1695 die letzten Widerstände
überwunden und die letzten Gegner vertrieben worden.

3   Zunächst erschienen unter dem Kryptogramm G[othofredus] A[rnoldus]
     A[nnabergensis] M[isnicus] zwei Beiträge in einer von Christian Thoma-
     sius lateinisch und deutsch herausgegebenen Zeitschrift: Kurtze Nachricht
     von dem Bruder- und Schwesternamen in der ersten Kirche, in: Historie
     der Weisheit und Torheit, Teil III, Sept. 1693, und Christianorum ad me-
     talla damnatorum historia, in: Historia sapientiae et stultitiae, Teil III, Ok-
     tober 1693. Unter diesem Kryptogramm kamen auch noch heraus die Mo-
     nographie Erstes Martertum/ oder Merckwürdigste Geschichte der ersten
     Märtyrer, o. O. u. J. [Lüneburg: Johann Georg Lipper, 1695], sowie die
     ebenfalls 1695 bei Lipper in Lüneburg verlegten Zwei Send=Schreiben Aus
     der ersten Apostolischen Kirchen, eine Übersetzung des 1. Clemens- und
     des Barnabasbriefes. Erstmals unter Namensnennung des Autors wurden
     1696 die Abhandlung Fratrum sororumque appellatio gedruckt (bei Jo-
     hann Christoph König in Frankfurt am Main), der erneut die Christiano-
     rum ad metalla damnatorum historia beigedruckt war, sowie Die Erste
     Liebe. Das ist: Wahre Abbildung der ersten Christen, ebenfalls 1696 (bei
     Friedeburg in Frankfurt am Main) erschienen.
4   Als „Stille im Lande" bezeichneten Arnold und andere radikale Pietisten
     (nach Ps 35,20) die von der „Welt" zurückgezogen lebenden Christen.
5   Die Universität Gießen von 1607 bis 1907. Beiträge zu ihrer Geschichte, I,
     Gießen 1907; Peter Moraw/Volker Press (Hgg.), Academia Gissensis. Bei-
     träge zur älteren Gießener Universitätsgeschichte, Marburg 1982 (VHKH
     45); Peter Moraw, Kleine Geschichte der Universität Gießen, Gießen ²1990;
     Hans Georg Gundel, TRE 13 (1984), 261–266; Hans Schneider, RGG⁴ 3
     (2000), 927 f.
6   Vgl. Walther Köhler, Die Anfänge des Pietismus in Gießen 1689 bis 1695,
     in: Die Universität Gießen von 1607 bis 1907. Beiträge zu ihrer Geschichte,
     Bd. 2, Gießen 1907, S. 133–244; Rüdiger Mack, Pietismus und Frühaufklä-
     rung an der Universität Gießen und in Hessen-Darmstadt, Gießen 1984;
     ders., Pietismus in Hessen, in: PuN 13 (1987), S. 181–226, hier 191–195.

Die Universität befand sich nun fest in der Hand der pietistischen Professoren, die jetzt ungestört die Reformvorschläge Philipp Jakob Speners in Universität und Kirche zu verwirklichen und durch eine konsequente Personalpolitik abzusichern suchten.[7] Die Berufung Arnolds gehörte in diesen Rahmen.

Arnold hat immer wieder betont, dass er den Ruf auf die Geschichtsprofessur der persönlichen Initiative des Landgrafen verdanke,[8] der ihn nach der Lektüre seiner im Vorjahr erschienenen *Abbildung der ersten Christen*[9] nach Gießen geholt habe.[10] Doch ist die Berufung kaum ohne entscheidende Impulse der Gießener Pietisten denkbar.[11] Zwischen den Gießener Theologen und den Quedlinburger Pietisten um den Hofdiakonus Johann Heinrich Sprögel, dessen Schwiegersohn Arnold später wurde, bestanden seit längerer Zeit Kontakte. In den Auseinandersetzungen um den Pietismus in Quedlinburg hatten Sprögel und seine Freunde wiederholt bei der Gießener Theologen um gutachterliche Stellungnahmen nachgesucht.[12] Bisher ist der Forschung unbekannt geblieben, dass auch Arnold selbst schon im Herbst 1695 die Gießener Theologische Fakultät um ein Gutachten gebeten hatte. Im Dekanatsbuch ist unter dem 18. Oktober vermerkt: „Wir haben dem Herrn Magister Arnold, der sich in Quedlinburg aufhält, ein Gutachten erteilt über gewisse Fragen über das 7. Kapitel des Römerbriefs und 1. Joh 3,9 und andere daraus sich

---

7 Vgl. demnächst Hans Schneider, Die Theologische Fakultät Gießen in der Zeit des Pietismus (wird in PuN erscheinen).
8 So Arnold in seiner Antrittsvorlesung (Commentatio [s.o. Text 4] 19), im Offenherzigen Bekenntnis und im Gedoppelten Lebenslauf.
9 Die Erste Liebe. Das ist: Wahre Abbildung der ersten Christen, Nach Ihrem Lebendigen Glauben Und Heiligem Leben, [...], Frankfurt am Main 1696. Vgl. dazu das Nachwort zu meiner Auswahlausgabe in KTP 5.
10 Offenherziges Bekenntnis (zu den Ausgaben s. u.), § 6.
11 Vgl. Schneider, Aufsätze I, 92–95.
12 Vgl. Schneider, Aufsätze I, 94.

ergebende Sachen."[13] Leider sind weder Arnolds An-
frage noch die Gießener Antwort erhalten. Doch die an-
geführten Bibelstellen lassen erkennen, dass es um die
Frage des Sündigens und der Sündlosigkeit der Wiedergeborenen ging,[14] Arnold somit ein zentrales Thema
pietistischer Theologie angeschnitten und sich als
Quedlinburger Gesinnungsfreund zu erkennen gegeben hatte.

Der Neuberufene trat allerdings erst Anfang September 1697 sein Amt an. Mit drei Begleitern, die am
23. August immatrikuliert wurden, war er in Gießen
eingetroffen.[15] Wie alle neuberufenen Professoren
musste Arnold den Religionsrevers ausfertigen, den er
am 1. September, einen Tag vor seiner Antrittsvorlesung eigenhändig niederschrieb (**Text 2**). Dabei han-
delte es sich um eine im Wortlaut vorformulierte Verpflichtungserklärung,[16] die auf die Gründungszeit der
Universität zurückging und die konfessionellen Kon-
flikte ihrer Entstehungsgeschichte reflektierte.[17] Ar-

---

13   „Responsum dedimus D[omi]n[o] M[agistro] Gothofredo Arnoldi, Quedlin-
     burgi agenti, super quibusdam Questionibus de VII. Capite Ep[isto]lae ad
     Romanos et I. Joh. III.9 et aliis inde fluentibus rebus." Dekanatsbuch der
     theologischen Fakultät (Universitätsarchiv Gießen, Theol C 1, S. 158). –
     Den Eintrag hatte auch ich bei den Quellenstudien zu meinem Aufsatz (s.o.
     Anm. 12) übersehen.
14   Vgl. Röm 7,7–25, bes. 19 f.: „Denn das Gute, das ich will, das tue ich nicht;
     sondern das Böse, das ich nicht will, das tue ich. So ich aber tue, was ich
     nicht will, so tue ich dasselbe nicht; sondern die Sünde, die in mir wohnt."
     1 Joh 3,9: „Wer aus Gott geboren ist, der tut nicht Sünde, denn sein Same
     bleibt bei ihm; und kann nicht sündigen, denn er ist von Gott geboren."
15   Vgl. Schneider, Aufsätze I, 96.
16   Das Formular findet sich im Dekanatsbuch der philosophischen Fakultät
     (Universitätsarchiv Gießen, Phil C 4,1), S. 327–330. Zur Vorgeschichte vgl.
     Wilhelm Diehl, Zur Entstehungsgeschichte der Religions-Reverse. Ein Bei-
     trag aus der hessischen Kirchengeschichte, in: Deutsche Zeitschrift für
     Kirchenrecht 10 (1901), S. 204–219.
17   Die Landgrafschaft Hessen-Marburg war nach dem Tod Ludwigs IV. (1604)
     geteilt worden, der nördliche Teil Oberhessens mit der Landesuniversität
     Marburg an Hessen-Kassel gefallen. Als Landgraf Moritz der Gelehrte hier
     das reformierte Bekenntnis einführen wollte, sah Hessen-Darmstadt die
     testamentarischen Bestimmungen Ludwigs IV. verletzt. Mit den aus Mar-

nold musste sich auf die in der Landgrafschaft Hessen-Darmstadt geltende Sammlung kirchlicher Lehr- und Bekenntnisschriften verpflichten, zu der die Confessio Augustana invariata, die Apologie, die Wittenberger Konkordie, die Schmalkaldischen Artikel und Luthers Katechismen (nicht aber die in Hessen nicht angenommene Konkordienformel[18]) gehörten. Zugleich enthielt der Revers die eidesstattliche Verpflichtung, eventuell bei ihm selbst aufkommende oder bei anderen bemerkte Abweichungen von dieser Lehrnorm anzuzeigen. Diese Bekenntnisverpflichtung wurde in einer Senatssitzung der Universität in Gegenwart von Rektor und Kanzler verlesen, daran schloss sich die Eidesleistung auf den Landesherrn[19] und die Unterzeichnung der Universitätssatzungen[20] an.

Im Dekanatsbuch der Philosophischen Fakultät sind diese Vorgänge, die der feierlichen Antrittsvorlesung vorausgingen, festgehalten (**Text 3**).

Zur Antrittsvorlesung Arnolds hatten Rektor und Senat bereits am 29. August durch ein Plakat alle Universitätsangehörigen („cives Academiae") eingeladen. Es ist als Separatdruck nicht erhalten, doch wurde der Wortlaut später der gedruckten Antrittsvorlesung vorangestellt. Die Vorlesung (**Text 4**) fand dann am 2. September 1697 vormittags um 10 Uhr statt. Ihr Thema

---

burg abgezogenen Professoren gründete Landgraf Ludwig von Hessen-Darmstadt 1607 die Gießener Universität. Vgl. außer der oben in Anm. 1 genannten Lit.: Ernst Schering, Gießen und Marburg. Universitäts- und Fakultätsgeschichte im Kontext konfessioneller Auseinandersetzung, in: Bernhard Jendorff u. a.: Theologie im Kontext der Geschichte der Alma Mater Ludoviciana, Gießen 1983, 11–53; Eva-Marie Felschow/Carsten Lind (Hgg.), Ein hochnutz, nötig und christlich Werck. Die Anfänge der Universität Gießen vor 400 Jahren, Gießen 2007; Horst Carl u. a. (Hgg.), Panorama. 400 Jahre Universität Gießen. Akteure – Schauplätze – Erinnerungskultur, Frankfurt 2007.

18   Vgl. auch Arnold, UKKH II,16,18,33.
19   Formular im Dekanatsbuch der philosophischen Fakultät, S. 330–333.
20   Dekanatsbuch, S. 333.

war im Einladungsschreiben, das vermutlich Arnold selbst entworfen hatte, bereits benannt.

Mit kämpferischem Selbstbewusstsein trägt der Neuberufene ein wissenschaftliches Programm für seine akademische Arbeit vor. Den Zustand der Geschichtswissenschaft bezeichnet er in recht pauschaler Polemik als „korrupt", gründlich verdorben und der Gegenwart unwürdig. Arnold will demgegenüber etwas Besseres bieten, den sachgemäßen, „wahren"[21] Umgang mit der Geschichte aufzeigen. Er würdigt zwar namhafte Historiker des 17. Jahrhunderts und anerkennt ihren vorbildlichen Eifer bei der Sammlung von Quellen, lässt jedoch gegenüber ihren inhaltlichen Darlegungen erhebliche Vorsicht walten. Die Behandlung der Geschichte, vor allem aber der Kirchengeschichte weist nach Arnolds Meinung gravierende Fehler grundsätzlicher Art auf, sodass die Zahl der wahren Historiker gering sei. Forderten einst die heidnischen Geschichtsschreiber wenigstens theoretisch, dass die Wahrheit der Maßstab historischer Darstellung sein solle, so haben die sog. christlichen oder kirchlichen Historiographen dieses Prinzip vielfach missachtet, sodass in ihren Werken oft von Wahrheit ganz wenig, von Trug aber die Fülle berichtet werde. Ein Hauptübel beruhe in der Kritiklosigkeit gegenüber dem überlieferten Quellenmaterial. Man begnüge sich vielfach mit schlichter Wiedergabe historischer Dokumente, ohne deren Quellenwert zu prüfen. Unsichere, böswillig verdrehte oder aus viel späterer Zeit stammende Berichte würden einfach abgeschrieben und weiter tradiert. Autoren mancher Lehrbücher vernachlässigten die zuverlässigen Quellen und folgten zweifelhaften Nachrichten, ließen dabei Wahrheitssinn und Urteilsfähigkeit vermissen. Ohne

---

21   Das Adjektiv „verus" und das Substantiv „veritas" begegnen in der Vorlesung fast 90mal!

auch nur einen einzigen alten Codex gesehen oder einen zeitgenössischen Autor studiert zu haben, kratzten sie alles zusammen, was ihnen in die Quere komme (XII).

Die hauptsächlichen Urheber des verderbten Zustands der Geschichte sieht Arnold im Klerus. Schon in der heidnischen Antike seien die Priester die Geschichtsschreiber gewesen, die eine von ihrem Eigeninteresse geleitete Darstellung der geschichtlichen Vorgänge geboten hätten. Seit dem Verfall der ursprünglichen Reinheit des Christentums hätten auch die christlichen Kleriker in der kirchlichen Geschichtsschreibung die Deutungshoheit beansprucht und die Darstellung der Geschichte in ihrem Sinne und zu ihren Gunsten kräftig manipuliert. Damit verbunden sieht Arnold einen gegenüber den Mächtigen gefallsüchtigen Opportunismus am Werk. Nimmt Arnold auch mit seiner Kritik an der parteilichen Geschichtsklitterung durch den Klerus vor allem die mittelalterliche Geschichte in den Blick, so hat er doch die Behandlung der Geschichte durch alle vorherrschenden Religionsparteien (die durch den Westfälischen Frieden anerkannten drei „praedominanten" Konfessionen: katholisch, lutherisch, reformiert) seiner Zeit im Auge, wie er dann in seiner *Kirchen- und Ketzerhistorie* ausführlich darlegte. Zugespitzt ließe sich sagen: Die vorherrschende Geschichtsschreibung ist vor allem deshalb korrupt, weil sie von den Interessen der herrschenden Religionsparteien geleitet und somit notwendig „parteiisch" ist.

Dieser „korrupten" Geschichtsschreibung stellt Arnold hier bereits sein Programm entgegen: einer Geschichtsforschung und -schreibung ohne Parteilichkeit (IV: „nihil ... ex partium studio"; XXVIII: „procul partium studio"), also eines – wie er in der Kirchen- und Ketzerhistorie formulierte – „unparteiischen" Umgangs mit der Geschichte. Sein Interesse ist vorrangig

ein kritisch-polemisches und seine Methode ist zunächst negativ bestimmt als Destruktion der Geschichtsfälschungen, Demaskierung von deren Urhebern und ihren unlauteren Beweggründen. Dies hat aber zur Voraussetzung eine sorgfältige Beurteilung der Quellen und gewissenhafte Auswertung der zuverlässigen Zeugnisse. Doch wird diese Seite historischer Arbeit weit weniger entfaltet.

Die „modernen" Züge des Arnoldschen Programms, die der aufgeklärten Geschichtsschreibung vorarbeiteten und von dieser rezipiert wurden, werden freilich konterkariert von Arnolds theologischem Standpunkt. Die Abkehr von einer parteilich-konfessionellen Sicht führt ihn keineswegs zu einer Ausblendung der Frage einer göttlichen Lenkung der Geschichte („etsi Deus non daretur", Hugo Grotius). Im Gegenteil! Nach Arnolds Meinung ist nur ein von seiner verderbten Natur befreiter, d. h. wiedergeborener Christ, der in der Nachfolge Christi lebt, wirklich fähig, die Bedeutung geschichtlicher Vorgänge zu verstehen und darin Gottes Ratschluss und Wirken wahrzunehmen. Die Geschichte läuft im ständigen Widerstreit zwischen Christus und Antichrist (XXXII) endlich auf die Wiederbringung aller[22] hinaus. In der rechten Erkenntnis und Unterscheidung dieses Antagonismus liegt nach Arnold der praktische Nutzen des Studiums der Geschichte,[23] der zur rechten Lebensführung und zur Verbesserung der Sitten führt (VIII). Dabei geht es weniger um eine Betrachtung der Geschichte, die Entwicklungen und Zusammenhänge untersucht und darstellt, als um einzelne Geschichten (Arnold spricht meist von „historiae" im Plural[24]).

---

22 Zur Erläuterung s. o. Text 4, Anm. 58.
23 Hatte Spener die Theologie als „habitus practicus" beschrieben (PD 69, 8 f.), so ist für Arnold auch die (Kirchen-) Geschichte eine „praktische" Wissenschaft, die auf die Nutzanwendung für das Leben zielt.
24 Darauf hat Friedrich Flöring, Gottfried Arnold als Kirchenhistoriker, Diss.

Einen Schwerpunkt seiner (wie bisherigen so auch) künftigen Arbeit lässt Arnold in der Antrittsvorlesung erkennen: Er weist hin auf die Bedeutung seines bevorzugten Forschungsgebiets, des christlichen Altertums, das vorbildliche Maßstäbe für die Gegenwart liefere (XXVII). Dabei grenzt er die altkirchliche Idealzeit ein auf das Urchristentum, die neutestamentliche Gründerzeit der Apostel und Apostelschüler (XVII). Die Verfallsidee, die in Arnolds *Erster Liebe* schon erkennbar war und dann in der *Unparteiischen Kirchen- und Ketzerhistorie* breit ausgeführt werden sollte, wird auch hier angesprochen; der Verlust der ursprünglichen Reinheit habe im dritten, ja schon im zweiten Jahrhundert begonnen, als der Rückgang der Verfolgungen einen Zustrom von Heuchlern mit sich gebracht habe.

Auch ein weiteres Grundmotiv der *Unparteiischen Kirchen- und Ketzerhistorie* klingt bereits an: die Rehabilitierung der als Ketzer Geächteten.[25] Sie ist die Kehrseite der Kritik an einer Geschichtsschreibung aus der Sicht der Mächtigen („potentiores") und der herrschenden Religionsparteien. Ein gerechtes Urteil in Arnolds Sinn führt zu einer Neubewertung jener Unschuldigen, die von den vermeintlich Orthodoxen, die in Wahrheit die Gottlosen und Törichten sind, als Ketzer und Fantasten („ut haereticos et nebulones") bezeichnet wurden (XXXII).

Aus dieser Antrittsvorlesung, die bald im Druck erschien,[26] konnten also seine Kollegen sowie die Studenten – sofern diese dem anspruchsvollen Latein beim

---

phil. Gießen 1883, S. 15 f., hingewiesen, der auch schon Ansatzpunkte einer zusammenhängenden Betrachtung ahnen will.

25   Zur Deutung von Häresie und Häretikern in der UKKH vgl. Wolfgang A. Bienert, Ketzer oder Wahrheitszeuge. Zum Ketzerbegriff Gottfried Arnolds, in: ZKG 88 (1977), S. 230–246.

26   Dibelius, der den Text – ohne die beigegebenen Belegstellen – wiedergibt (211–225), erwähnt nicht, dass die Antrittsvorlesung gedruckt wurde, und führt sie auch im Verzeichnis der gedruckten Schriften Arnolds nicht auf.

mündlichen Vortrag zu folgen vermocht hatten! – erahnen, was von dem neuen Geschichtsprofessor künftig zu erwarten war. Doch Arnolds Wirken als Professor der Geschichte an der Gießener Universität währte nur kurz, gerade einmal sieben Monate (September 1697 bis März 1698). Über diese Zeit ist nicht allzu viel bekannt.[27] Neben seinen akademischen Verpflichtungen arbeitete er an seiner *Unparteiischen Kirchen- und Ketzer-Historie,* deren I. Band (Teile I–II) er in Gießen fertig stellte und am 1. März 1698 mit der Vorrede abschloss.[28] Mit Blick auf seine Lehrtätigkeit versichert Arnold im Rückblick: „Ich bemühete mich mit lesen/ disputiren und andern exercitiis treu und fleißig zu sein."[29] Es ist jedoch nur eine einzige Disputation aus dem Wintersemester 1697/98 bekannt, die unter seinem Vorsitz stattfand. Im Anhang der gedruckten Dissertation finden sich zwölf Disputationsthesen, die der Arnold-Forschung bisher verborgen geblieben sind (**Text 5**). Sie stehen also zeitlich zwischen Arnolds Antrittsvorlesung und dem Abschluss des I. Bandes der *Kirchen- und Ketzer-Historie* und werfen ein erhellendes Schlaglicht auf die gleichzeitige Arbeit an seinem magnum opus.

Als Respondent bei dieser Disputation trat ein junger sächsischer Adliger auf, der zusammen mit Arnold im August 1697 nach Gießen gekommen und immatrikuliert worden war: „Johannes Hauboldus ab Einsiedel, eques Saxonicus".[30] Die gedruckte Dissertation[31], die

27   Vgl. Schneider, Aufsätze I, 99–102.

28   Vgl. Schneider, Aufsätze I, 114–119.

29   OB § 7.

30   Vgl. die drei Einträge in der Gießener Matrikel unter dem 23.8.1697 (Ernst Klewitz/Karl Ebel [Hgg.], Die Matrikel der Universität Gießen 1608–1707, Gießen 1898, 131).

31   Vgl. auch Hermann Schüling: Die Dissertationen und Habilitationsschriften der Universität Gießen 1650–1700. Bibliographie, Gießen 1982, 273, Nr. 1589. – Bei J. F. Gerhard Goeters, Gottfried Arnolds Anschauung von

der Disputation zugrunde lag, ist in verschiedener Hinsicht aufschlussreich. Der Respondent, der für die Druckkosten aufzukommen hatte, widmete die Abhandlung „Adriano Adamo a Stammer/ [...] domino, patrono studiorumque promotori".[32] Er stand also in enger Beziehung zu dem Quedlinburger Stiftshauptmann von Stammer, in dessen Haus Arnold von 1693 bis 1697 Hauslehrer (Informator) gewesen war.[33] Die Dissertation handelt über Herzog Georg den Bärtigen von Sachsen (1500–1539); das Thema weist somit einen Bezug zu Quedlinburg auf, da Herzog Georg auch für die Geschichte von Stadt und Stift eine nicht unerhebliche Rolle gespielt hatte.[34] Arnold hatte sich in seiner Wittenberger Studienzeit bereits mit „heimatgeschichtlichen" Themen beschäftigt, als er für eine Disputation eine Abhandlung *De Hermunduris*[35] vorlegte.

Der Dissertation angefügt sind zwölf Disputationsthesen zur Kirchengeschichte,[36] die „Hypomnemata" überschrieben sind. Hypomnemata (griechisch: ὑπόμνημα, Plural: ὑπομνήματα, *hypomnēmata*) bezeichnen eine antike literarische Gattung, nämlich Sammlungen von Zitaten, Aphorismen, Beispielen u. ä.[37] Hier haben sie die Bedeutung von „Merksätzen" und meinen die Thesen der Disputation.

---

der Kirchengeschichte und ihrem Werdegang, in: Traditio, Krisis, Renovatio aus theologischer Sicht. Festschrift Winfried Zeller, Marburg 1976, S. 241–257, hier. 250 und Anm. 25 sind Praeses und Respondent verwechselt.

32 Dibelius 106 lässt die Dissertation fälschlich seinem Vater gewidmet sein.

33 Vgl. Martin Schulz, Johann Heinrich Sprögel und die pietistische Bewegung Quedlinburgs, Diss. theol. (masch.) Halle 1974, S. 7 f.

34 Vgl. Schulz 6.

35 De Hermunduris, Praeside M. Godofredo Arnoldi, Annaeberg. Misnic. Sententiam Exponet Adamus Hermannus, Wiznizensis Lusatus, Elector. Saxon. Alumnus. Ad Diem III. Aprilis, A. O. R. MDCLXXXIX, Wittenberg 1689 [VD17 14:029462D und VD17 32:637084T]. Abgedruckt bei Dibelius 202–209.

36 Historia Georgi Saxoniae Ducis 43–44.

37 Vgl. Manfred Fuhrmann, Hypomnema, in: Der Kleine Pauly. Lexikon der Antike, hg. v. Konrat Ziegler, II, München 1975 [Ndr. 1979], Sp. 1281 f.

Wer ist der Autor der Dissertation und der Thesen? Hat sie Arnold als Praeses verfasst oder stammen sie aus der Feder des Respondenten? Mit dem Hinweis auf die Dedikation bestreiten Dibelius[38] und ihm folgend Seeberg[39] Arnolds Verfasserschaft. Doch die Widmungszuschrift des Respondenten beweist noch keineswegs, dass er auch Autor der Dissertation ist; denn oft wurde eine „Disputation von dem Studenten, der sie gar nicht verfasst hatte, als ein Zeichen seines Fleißes und seiner Fortschritte Verwandten oder Gönnern gewidmet".[40] Auf dem Titelblatt wird Haubold auch keineswegs – wie Dibelius irrtümlich angibt – als Autor bezeichnet, was häufig der Fall war, wenn der Respondent tatsächlich die Abhandlung verfasst hatte. Wenn Haubold in der Widmungszuschrift von seinen „primitiae" spricht, muss das nicht als sein Erstlings*werk* verstanden werden, sondern kann auch die Erstlings*leistung* bedeuten, die er als Respondent in einer Disputation erbrachte.[41] Es wäre recht außergewöhnlich, wenn ein erst wenige Monate immatrikulierter Studienanfänger schon eine selbständige Abhandlung verfasst hätte. Für Arnolds Verfasserschaft spricht außerdem, dass die Dissertation in den frühen Verzeichnisse der Schriften Arnolds[42] als *sein* Werk erscheint und in Arnolds Bibliothekskata-

---

38 Dibelius 106.

39 Seeberg 57, Anm. 1.

40 Wilhelm Martin Becker, Das erste halbe Jahrhundert der hessen-darmstädtischen Landesuniversität, in: Die Universität Gießen von 1607 bis 1907. Beiträge zu ihrer Geschichte, Bd. I, Gießen 1907, S. 148.

41 Auf keinen Fall handelt es sich, wie schon diese Bezeichnung zeigt, um eine „Doktordissertation" (gegen Dibelius 106).

42 Das älteste Verzeichnis der Schriften Arnolds ist der Apologie eines unbekannten Freundes beigedruckt: Eines Freundes Erinnerungen gegen CYPRIANI Anmerckungen über ARNOLDI Kirchen= und Ketzer= Historie [...], Leipzig/Bey Thomas Fritschen/1700. Diese Angaben übernimmt dann das der Ausgabe der *Kirchen- und Ketzerhistorie* von 1740 vorangestellte Werkverzeichnis Arnolds.

log[43] zusammen mit Arnolds Wittenberger Dissertationen aufgeführt wird. In jedem Fall sind aber mindestens die Disputationsthesen von Arnold verfasst, die mit seinen Gedanken, wie sie uns aus anderen Schriften bekannt sind, inhaltlich völlig im Einklang stehen und bis in die Formulierungen Übereinstimmungen aufweisen.

Die beiden ersten Thesen handeln von dem Vorrang der Kirchengeschichte vor der politischen Geschichte, die Thesen 2–6 wenden sich methodischen Fragen zu und die Thesen 7–12 geben Einzelbeispiele für eine „parteiische" Geschichtsschreibung.

Ohne eine ausführlichere Interpretation zu geben, soll hier nur auf einige Aspekte hingewiesen werden:

Arnold lehnt die historische Brauchbarkeit der sog. Vier-Monarchien-Lehre zur Periodisierung der Geschichte ab. Die Lehre von den vier Weltmonarchien[44] geht zurück auf die Auslegung der Vision in Daniel 2 durch den Kirchenvater Hieronymus: Danach zeigt die Abfolge der Tiere bei Daniel die aufeinander folgenden Weltreiche der Assyrer und Babylonier, der Perser, der Griechen und der Römer an. Diese Deutung hatte das mittelalterliche Geschichtsbewusstsein geprägt und auch in der Kunst seinen Ausdruck gefunden.[45] Auch die reformatorische Geschichtsschreibung hatte daran festgehalten. Arnold beruft sich bei seiner Kritik auf

---

43 Catalogus 33 Nr. 253. Vgl. zu diesem Katalog Reinhard Breymayer, Die Bibliothek Gottfried Arnolds (1666–1714), des Verfassers der ‚Unpartheyischen Kirchen- und Ketzerhistorie', in: Linguistica Biblica 6/39 (1976), S. 86–132, und ders., Der wiederentdeckte Katalog zur Bibliothek Gottfried Arnolds, in: Blaufuß/Niewöhner 55–143.

44 Seeberg 467

45 Vgl. etwa die vier Reiterfiguren an der Westfassade des Regensburger Doms und dazu Hartmut Boockmann, Mittelalter, in: Otto Brandt/Arnold Oskar Meyer/Leo Just (Hgg.), Handbuch der deutschen Geschichte, Bd. 5: Athenaion Bildatlas zur deutschen Geschichte, Frankfurt a. M. 1968, S. 33 und 626 zu Tafel 97.

Hermann Conring[46], den er schon in seiner Gießener Antrittsvorlesung als bedeutenden Historiographen genannt hatte[47]. Arnold hält die Vier-Monarchien-Lehre als Gliederungsschema der Geschichte deshalb für ungeeignet, weil mehrere Reiche zur gleichen Zeit bestanden und blühten. (Die Konkretion musste der Respondent in der Disputation liefern.)

In These 4 wendet sich Arnold dem Hauptübel der Geschichtsschreibung zu, der Parteilichkeit der Historiker, die in ihren Urteilen ohne Maß sind und sich in Lob oder Tadel von Liebe oder Hass leiten lassen. Das gilt gleichermaßen für die profane wie für die Kirchengeschichte. Die Folge ist, dass gängige Urteile der Kirchengeschichtsschreibung zu Gottes Urteil in krassem Gegensatz stehen: viele von denjenigen, die zweifellos bei Gott in der himmlischen Herrlichkeit sind, gelten nach dem gewöhnlichen Geschichtsbild als für die Hölle (*Orcus*) bestimmt. Kurz vor Arnolds Ankunft in Gießen hatte Johann Conrad Dippel, mit dem Arnold schnell Freundschaft schloss, seine erste Kampfschrift veröffentlicht, in der er eine entsprechende Umkehrung geltender Anschauungen vornahm.[48] Sieht Arnold hier viele der im *Orcus* Gewähnten im Himmel, so spricht Dippel von der orthodoxen Lehre als *Orcodoxie* (Höllenlehre).

Die Kritik an der herkömmlichen Historiographie wird weitergeführt, indem Arnold in den folgenden Thesen den Klerus als Urheber der Fehlentwicklungen namhaft macht (clerus corruptus: These 6, 10, sacerdo-

---

46 UKKH XVII,11,17 erwähnt, dass „der berühmte Historicus und Politicus Hermannus Conringius" im synkretistischen Streit den Calixtinern beigestanden habe.
47 Arnold, Commentatio 6.
48 Vgl. Stephan Goldschmidt, Johann Konrad Dippel (1673–1734). Seine radikalpietistische Theologie und ihre Entstehung, Göttingen 2001, S. 162–182.

tes: These 5, clerici depravati: These 8), der aus Machtgier die Geschichtsschreibung manipuliert; daher kommen die verdorbenen Urteile (corrupta iudicia: These 9). Beispiele für Geschichtsverfälschung bietet die Geschichte der deutschen Könige und Kaiser im Mittelalter, deren Stellung zur Geistlichkeit darüber entschied, wie ihre Darstellung durch die klerikalen Historiographen in den Geschichtswerken ausfiel (Thesen 7–10).

Der Klerus hat auch – und damit klingt bereits deutlich ein Hauptthema der *Kirchen- und Ketzerhistorie auf*[49] – die Zeugen der Wahrheit verfolgt und unterdrückt, von denen viele durch die Jahrhunderte hindurch als „Ketzer" diffamiert wurden (These 11).

In der Schlussthese verweist Arnold auf einen kürzlich aus den Niederlanden (ex Belgio) empfangenen Brief. Von wem diese Nachricht stammte, enthüllt er in dem Kapitel über die Rosenkreuzer in der *Kirchen- und Ketzerhistorie.*[50] Dort schreibt er: „daß er [J. V. Andreae] der vornehmste erfinder und abdancker dieser fraternität gewesen, und wie ihn auch der alte, und in solchen sachen wolerfahrne Friedrich Breckling, in einem schreiben aus Holland unlängst genennet hat".[51] Die Verbindung Arnolds zu dem Spiritualisten Friedrich Breckling,[52] der seit 1660 in den Niederlanden lebte, ist wohl schon vor der Gießener Zeit zustande gekommen. Ein Brief von Arnolds Freund Johannes Andreas Schilling (der mit ihm nach Gießen gekommen war) vom 30. Oktober 1696, in dem er Breckling das Erscheinen von

---

49 UKKH I, 8, 5, 1 und sehr oft.
50 Vgl. UKKH XVII,18: „Von denen Rosenkreuzern."
51 UKKH XVII,18,3.
52 Vgl. Dietrich Blaufuß, Art. Breckling, TRE 7 (1981), S. 150–153; John Bruckner, Art. Breckling, Biographisches Lexikon für Schleswig-Holstein und Lübeck, 7, Neumünster 1985, S. 33–38; Friedrich Breckling (1629–1711). Prediger. „Wahrheitszeuge" und Vermittler des Pietismus im niederländischen Exil, hg. v. Brigitte Klosterberg und Guido Naschert, bearb. v. Mirjam-Juliane Pohl, Halle 2011.

Arnolds *Abbildung* mitteilte, weist auf bereits beste-
hende Kontakte hin.[53] Von Arnolds Gießener Kollegen
stand der Theologe Johann Henrich May in brieflicher
Verbindung mit Breckling.[54] Dieser stellte dann Arnold
Material für die *Kirchen- und Ketzerhistorie* (Bd. II) zur
Verfügung.[55]

Wann Arnold Gießen verließ und wieder nach Quedlinburg zurückkehrte, war lange Zeit ungewiss.[56] Klar-
heit bringt das Dekanatsbuch der Philosophischen Fakultät, in dem der damalige Dekan Johann Heinrich
May unter dem 7. April notiert hat, dass Arnold „um die
Osterzeit" nach Quedlinburg fortgezogen sei (**Text 6**).
Da Ostern 1698 auf den 30. März fiel, hat er also Gießen bereits Ende März verlassen.[57] Wie May in seinem
Eintrag vermerkte, schickte Arnold sein Entlassungs-
gesuch aber erst von Quedlinburg aus an den Landesherrn. Das geschah erst Monate später. Denn am 10.
Juni 1698 teilte Landgraf Ernst Ludwig dem Gießener
Theologen Bilefeld mit: „Herr Arnoldi hat selbst nun (!)
schrifftlich umb seine Dimission nachgesuchet und will
ihn dann nun nicht aufhalten."[58]

Über die Gründe seiner Amtsniederlegung legte Arnold Rechenschaft ab in einem *Offenherzigen Bekenntnis,* das noch 1698 und in den folgenden Jahren in meh-

---

53 Schneider, Aufsätze I, 197.
54 Vgl. Schneider, Aufsätze I, 197.
55 Vgl. Blaufuß, TRE 7, 151,30–33 (Lit.).
56 Vgl. Schneider, Aufsätze I, 104 mit Anm. 96 f.
57 Dazu passt die Beobachtung, dass Arnolds Unterschrift schon auf einem
    Umlauf bei den Professoren der Philosophischen Fakultät vom 20. April
    fehlt (Universitätsarchiv Gießen, Phil C 3,1, Nr. 108).
58 Staatsarchiv Darmstadt, D 4, Nr. 356/15; Mack 82, Anm. 220.
59 Dünnhaupt Nr. 16.1. bis 16.7 sowie Blaufuß in der Vorbemerkung zu sei-
    ner kritischen Ausgabe in: Antje Mißfeldt (Hg.), Gottfried Arnold. Radika-
    ler Pietist und Gelehrter, Köln – Weimar – Wien 2011, S. 191–261, hier
    193–199. Arnolds Manuskript war vor dem 10. Juni abgeschlossen; denn
    von diesem Tag datiert die Vorrede des Verlegers, die einigen Ausgaben vor-
    angestellt ist.

reren Auflagen erschien[59] und auszugsweise im Gedoppelten Lebenslauf (s. u. Text 10) abgedruckt wurde. Begründungen für seinen Schritt hatte er schon zuvor in einem Brief vom 23. Mai an Johann Heinrich May (**Text 7,1**) gegeben, der z. T. noch polemischer abgefasst ist als die gedruckte Rechenschaft. Am 18. Mai hatte Arnold seinen Gesinnungsfreund[60] Johann Wilhelm Petersen in Niederndodeleben besucht, der sein Amt (als Pastor und Superintendent) zwar nicht freiwillig aufgegeben, aber ebenfalls im Konflikt mit der „Welt" (durch Amtsenthebung) verloren hatte.[61] Petersen hatte ihm einen Brief an Johann Henrich May mitgegeben, dem Arnold schreiben wollte. Diesen Brief an May verfasste Arnold am 23. Mai aus Quedlinburg und legte ihm Petersens Brief bei.[62] Es ist das erste von drei (erhaltenen) Schreiben Arnolds an May (**Texte 7**). Sie dokumentieren, dass trotz Arnolds Aufgabe seiner Professur und seiner harschen Kritik am akademischen Leben weiterhin gute Kontakte zu den Gießener Pietisten bestanden.

Mehr noch als die Amtsenthebungen anderer Radikaler wie Petersen, Horch, Reitz[63] hatte Arnolds freiwillige Niederlegung seines Amtes und seine polemische, kirchen- und gesellschaftskritische Rechtfertigungsschrift erhebliches öffentliches Aufsehen erregt, aber auch vielfältigen Widerspruch und ironische Kommentierung erfahren. Es wurde auch das Gerücht verbreitet, dass Arnold inzwischen seinen Schritt bereue.

---

60 Arnold kannte ihn schon seit seiner Dresdener Zeit, und Johann Christian Lange, der mit Arnold nach Gießen gekommen war, hatte im Hause Petersen als Informator gelebt.

61 Vgl. Markus Matthias, Das pietistische Ehepaar Johann Wilhelm Petersen (1649–1726) und Johanna Eleonora Petersen (1644–1724) geborene von und zu Merlau. Eine Biographie bis zur Amtsenthebung Petersens im Jahre 1692 (AGP 30), Göttingen 1993, bes. 301–330.

62 SUB Hamburg, sup. ep. 4° 13, fol. 18–19.

63 Vgl. Schneider, GdP 1, 404. 406–409.

Auf dieses Echo reagierte Arnold in einem Schreiben an einen unbekannten Adressaten vom 29. November 1698, in dem er seine Entscheidung nochmals verteidigt. Einen Extract daraus ließ er drucken (**Text 8**).[64] Vor allem setzt sich Arnold mit zwei Gegnern auseinander: dem anonymen Verfasser einer gegen August Hermann Francke gerichteten Streitschrift, der darin auch gegen Arnolds *Offenherziges Bekenntnis* polemisiert hatte, und einer direkt gegen diese Schrift publizierte *Erinnerung*, die sogar in mehreren Drucken verbreitet worden war. Deren ungenannter Autor war der der orthodoxe Theologe Johann Gottlob Stoltze (1668–1746), Superintendent in Waldenburg (Sachsen). Die Identifizierung ist möglich durch Stolzes zweite Erwiderung, die unter Namensnennung erfolgte.[65] Stoltze war bekannt mit dem einst Gießener, dann Wittenberger orthodoxen Theologieprofessor Philipp Ludwig Hanneken (1637–1706),[66] wie dessen Glückwunsch zur Verleihung des Wittenberger theologischen Doktorgrades an Stoltze zeigt.[67] Hanneken hatte schon früh Speners Collegia pietatis kritisiert, war, im Streit mit den Pietisten in Gießen unterlegen, nach Wittenberg gewechselt und hatte hier den Kampf gegen den Pietis-

---

64 Zunächst gedruckt als gefaltetes (4 Bl.) Flugblatt im Quartformat mit dem Kopftitel: Extract eines Schreibens/ Von Godfrid Arnold/ de dato 29. Nov. 1698. Darinnen er antwortet/ auf einige Außsprengungen/ als ob seine Resignation ihn gereuet/ als auch/ auff einige Anzapffungen seiner Offenhertzigen Bekandtnüß/ etc., o. O. u. J. [Bibl. der Franckeschen Stiftungen Halle], dann in dem unserer Ausgabe zugrunde gelegten Druck bei Brodhagen in Frankfurt am Main im Jahre 1700.

65 Johann Gottlob Stoltze, Widerhohlte erinnerung und bescheidentliche Antworth auff Gottfried Arnolds […] Gegen=Erinnerung oder Widerlegung der ersten […] offenhertzigen Erinnerung […] warumb er sein anbefolnes Ambt und Profession freywillig niedergelegt […], Leipzig 1701.

66 Vgl. Erich Beyreuther, NDB 7 (1966), S. 620 f.; Markus Matthias, RGG4 3 (2000), Sp. 1435f. (Lit.).

67 Epistola, Qua […] Joh. Gottlob Stolzen […] Titulos Academicos in Theologia summos gratulab[atur], Wittenberg 1700 [VD17 3:699276R].

mus fortgeführt.[68] Stoltzes Beziehung zu ihm gibt einen kleinen Einblick in das orthodoxe antipietistische Netzwerk.

Arnolds Arbeit während der kurzen Gießener Zeit an seiner *Unparteiischen Kirchen- und Ketzerhistorie,* spielte ein Jahrzehnt später noch einmal eine Rolle in den Streitigkeiten um den Pietismus in der Grafschaft Waldeck.[69] In deren Verlauf ergriffen die theologischen Fakultäten in Rostock und Gießen mit gegensätzlichen Gutachten Partei, und es entwickelte sich seit 1712 zwischen beiden Fakultäten eine literarische Fehde, die sich über mehrere Jahre hinzog.[70] Um die Gießener Kollegen zu diskreditieren, bezichtigten die Rostocker sie der Mitwisserschaft und Förderung bei der Ausarbeitung der *Unparteiischen Kirchen- und Ketzerhistorie,*[71] die seit ihrer Veröffentlichung (1699/1700) zu heftigen Kontroversen geführt hatte und mit ihrer kirchenkritische Polemik vielen als ein höchst gefährliches Werk galt. Hier sprang Arnold noch in demselben Jahr 1712 den angegriffenen Gießenern zur Seite und veröffentlichte ein *Öffentliches Zeugnis*, um zu beteuern „daß die Gießenische Theologi ihm zu seiner Kirchen- und Ketzer-Historie keinen Vorschub gethan" (**Text 9**).

---

68 Z. B. im sog. terministischen Streit; vgl. Beate Köster, TRE 33 (2002), S. 78–81, hier 79.

69 Vgl. Wilhelm Irmer, Geschichte des Pietismus in der Grafschaft Waldeck, Diss. theol. Greifswald 1912, und demnächst Wolfgang Breul, Hallesche Generalreform und pietistische Neuordnung in der Grafschaft Waldeck.

70 Die Zusammenstellung der Streitschriften bei Johann Georg Walch, Historische und Theologische Einleitung in die Religionsstreitigkeiten der Evangelisch-Lutherischen Kirchen, Bd. I, 2. Aufl., Jena 1733, S. 906–920, hier 908, ist überholt durch Wilhelm Erman/Ewald Horn, Bibliographie der deutschen Universitäten, Bd. II, Leipzig – Berlin 1904, Nr. 4264–4270, wo auch verschiedene Drucke nachgewiesen sind.

71 Eine Christliche Verantwortung wider der theologischen Fakultät zu Gießen sogenannte Lehr= und Ehrenrettung [...], Rostock 1712. Vgl. Johann Christoph Coler, Historia Gothofredi Arnold [...] , Wittenberg 1718, appendix S. 279 ff.

Arnolds Berufung nach Gießen und die Niederlegung seiner Professur spielen auch eine wichtige Rolle im *Gedoppelten Lebenslauf* (**Text 10**). Er bildet bis heute das Grundgerüst für alle Darstellungen der Biographie Arnolds. Wie der Name andeutet, besteht er aus zwei Teilen bzw. zwei Lebensläufen. Der erste ist eine biographische Skizze, die zwar in der dritten Person verfasst, aber nach den Worten des Herausgebers von Arnold selbst entworfen wurde. Anlass und Motivation zu diesem Selbstzeugnis sind unbekannt. Die autobiographische Schilderung reicht allerdings nur bis zum Herbst 1707, als Arnold die Stelle als Inspektor in Perleberg antrat. An diese Ausführungen sind von einer anderen Person noch einige allgemeine Bemerkungen über Arnolds Wirken in den letzten Lebensjahren und eine Schilderung seines Sterbens angefügt. Die Identität des anonymen Verfassers dieses Schlussteils bleibt verborgen. Es scheint aber, dass es sich um jemanden aus Arnolds engerem Umfeld handelt. In Betracht kommt vor allem seine Witwe Anna Maria, geb. Sprögel. Wie ihre Mutter Susanna Margaretha Sprögel, deren *Consilia und Responsa Theologica* Arnold 1705 ediert hatte,[72] war auch die Tochter eine gebildete Frau. Wenige Wochen nach Arnolds Tod gab sie dessen letztes Werk, die *Theologia experimentalis,* als sein Vermächtnis heraus und versah es mit einer Widmungsvorrede für Graf Heinrich XXIV. Reuß jüngerer Linie.[73]

Dem autobiographischen Abriss aus Arnolds eigener Feder mit dem anonymen Nachtrag folgt im Druck eine

---

72 Consilia und Responsa Theologica; oder, Gottsgelehrte Rathschläge und Antworten/ über denen wichtigen stücken und zuständen eines göttlichen wandels/ nebenst neuen Geistlichen Gedichten/ der weißheit Garten=Gewächs genannt/ gemein gemacht von Gottfried Arnold, Frankfurt a. M. 1705.

73 Vgl. dazu Volker Keding, Theologia experimentalis. Die Erfahrungstheologie beim späten Gottfried Arnold, Münster u.a. 2001, S. 68–71.

zweite Lebensbeschreibung, deren Autor ebenfalls nicht genannt wird. Allerdings handelt sich dabei nicht um eine selbständige und unabhängige Darstellung, sondern Arnolds Entwurf dient weithin als Vorlage – z. T. sogar in wörtlicher Anlehnung. Neben der erbaulichen Zielsetzung der Biographie ist deren apologetischer Charakter unverkennbar. Dem dient auch ein längerer Auszug aus Arnolds *Offenherzigem Bekenntnis,* der eingeschoben ist. Der anonyme Verfasser scheint ebenfalls aus Arnolds Umfeld zu stammen. Einige Übereinstimmungen mit der Leichpredigt, die Arnolds Kollege Johann Kruse (Crusius) bei der Beerdigung gehalten hatte und die er später mit einer Abhandlung zur Verteidigung des Verstorbenen herausgab (s. u.), lassen in ihm den Autor des zweiten Lebenslaufs vermuten.

Der Gedoppelte Lebenslauf ist 1716 – also zwei Jahre nach Arnolds Tod – in der Offizin des Buchhändlers und Verlegers Ernst Heinrich Campe in Gardelegen erschienen. Dem Druck ist ein Titelkupfer mit einem Porträt Arnolds vorangestellt, das der Berliner Kupferstecher Georg Paul Busch[74] für diesen Band angefertigt hatte. Die Umschrift lautet: „GOTTFRIED ARNOLD, S[uae] REG[iae] MAJ[estatis] PRUSS[iae] HISTORIOGRAPH[us] PAST[or] et INSP[ector] PERLEBerg[ensis] NATUS AN[n]ABERG[ae] D[ie] V. SEPT[embris] MDCLXVI DENATUS DIE XXX MAII. MDCCXIV.[75] (Gottfried Arnold, Historiograph Ihrer Königlichen Majestät von Preußen, Perlebergischer Pastor und Inspektor, geboren in Annaberg am 5. September 1666, gestorben am 30. Mai 1714.) Darunter steht zu lesen:

---

74 „G. P. Busch sculpsit Berolini 1716." Zu Georg Paul Busch († 1756) vgl. Ulrich Thieme / Felix Becker, Allgemeines Lexikon der Bildenden Künstler von der Antike bis zur Gegenwart, Bd. 5, Leipzig 1911, S. 281; Andreas Beyer u.a. (Hgg.), Allgemeines Künstlerlexikon, Bd. 15, Berlin – New York 1997, S. 308.

75 S. die Abbildung auf dem Titelcover des vorliegenden Bandes.

„Dis war ein Licht der Welt, Ein scharffes Saltz der Erden,[76]

Ein Wächter, dessen Stimm sehr weit und breit gethönt[77]

Ein Hirt von großer Treu bey seinen lieben Heer-den,[78]

Ein Meister dessen Werck Gott selbsten ehrt und kröhnt;[79]

Wer Christum gründlich kennt, der kennt auch dieses Licht,[80]

Wer jenes liebt und ehrt, der haßt auch dieses nicht."

Der *Gedoppelte Lebenslauf* erfuhr in den folgenden Jahren eine ambivalente Rezeption. Noch im Jahr seiner Veröffentlichung druckte Johann Henrich Reitz die zweite Lebensbeschreibung im IV. Teil seiner *Historie der Wiedergebohrnen* ab.[81] Ob ihm bereits der Gedoppelte Lebenslauf als Buch vorgelegen hat oder ob ihm nur ein Manuskript der zweiten Lebensbeschreibung zur Verfügung stand, lässt sich nicht mit Sicherheit entscheiden. Mit der Aufnahme in diese Biographiensammlung wurde Arnold eingereiht in die Beispiele vor-

---

76   Vgl. Mt 5,13 f.: „Ihr seid das Salz der Erde. Wo nun das Salz dumm wird, womit soll man's salzen? Es ist hinfort zu nichts nütze, denn das man es hinausschütte und lasse es die Leute zertreten. Ihr seid das Licht der Welt. Es kann die Stadt, die auf einem Berge liegt, nicht verborgen sein."

77   Vgl. Jes 52,8: „Deine Wächter rufen laut mit ihrer Stimme".

78   Vgl. 1Petr 5,2–4: „Weidet die Herde Christi, die euch befohlen ist und se-het wohl zu, nicht gezwungen, sondern willig; nicht um schändlichen Ge-winns willen, sondern von Herzensgrund; nicht als übers Volk herrschen, sondern werdet Vorbilder der Herde. So werdet ihr, wenn erscheinen wird der Erzhirte, die unverwelkliche Krone der Ehren empfangen."

79   S. vorige Anm.: „Krone des Lebens" Vgl. auch 2Tim 2,5 („gekrönt") und 4,8 („Krone der Gerechtigkeit").

80   Christus als Licht der Welt: Joh 8,12 u. ö., seine Jünger als Licht der Welt: s. o. Anm. 75.

81   Johann Henrich Reitz, Historie Der Wiedergebohrnen [...], IV. Theil, Idstein 1716, 259–276 (Reprint: Historie Der Wiedergebohrnen. Vollständige Aus-gabe der Erstdrucke aller sieben Teile der pietistischen Sammelbiographie (1698–1745) mit einem werkgeschichtlichen Anhang [...], hg. v. Hans-Jürgen Schrader [Deutsche Neudrucke, Reihe: Barock 29/2], II, Tübingen 1982).

bildlicher christlicher Lebensführung, die anderen Er-
weckten für ihr Leben Orientierung bieten und zur
Nachahmung ermutigen sollten. 1719 druckte auch der
vom Halleschen Pietismus beeinflusste Theologe Johann Caspar Wetzel den Gedoppelten Lebenslauf im ersten Band seiner Biographiensammlung berühmter
Liederdichter nach.[82] Die Publikation des Gedoppelten
Lebenslaufs rief jedoch sogleich auch Arnolds Kritiker
und Gegner auf den Plan, die nun den Kampf, der um
Arnolds Schriften schon zu seinen Lebzeiten entbrannt
war, nach seinem Tode fortsetzten. Als Gegenbild erschien 1717 in Wittenberg eine überaus kritische *Sum-
marische Nachricht von Gottfried Arnold's Leben und
Schriften,* die Johann Christoph Coler verfasst hatte.[83]
Im folgenden Jahr kam sie noch einmal in einer aus-
führlicheren und mit Nachweisen versehenen lateinischen Fassung heraus, zu der Gottlieb Wernsdorf ein
Vorwort verfasst hatte, der einst jüngerer Kommilitone
Arnolds in Wittenberg gewesen war[84] und jetzt dort als
Theologieprofessor und streitbarer Repräsentant der
lutherischen Spätorthodoxie lehrte.[85] Gegen Wernsdorf
wandte sich noch im selben Jahr Arnolds Gesinnungsfreund Johann Wilhelm Petersen mit einer Ehrenrettung des „Bruders" Arnold.[86] Auf die polemischen In-

82 Johann Caspar Wetzel, Hymnopoeographia, oder Historische Lebens-Be-
    schreibung der berühmtesten Lieder-Dichter, I, Herrnstadt 1719, S. 73–86.
83 Johannes Christophorus Colerus, Gottfried Arnold's Leben und Schriften,
    Wittenberg 1717. – Zu Coler als Adjunkt der Wittenberger Artistenfakul-
    tät vgl. Heinz Kathe, Die Wittenberger Philosophische Fakultät
    1502–1817, Köln 2002, S. 268 f.
84 Immatrikuliert am 11.11.1686 (Fritz Jundtke (Hg.), Album Academiae Vi-
    tebergensis. Jüngere Reihe, II: 1666–1710, Halle 1952, S. 369).
85 Johannes Christopherus Colerus, Historia Gothofredi Arnold qua de vita
    scriptis actisque illius [...] exponitur [...]. Cum praefatione Gottlieb Werns-
    dorfi [...],Wittenberg 1718.
86 Johann Wilhelm Petersen, Der gerettete Bruder Hr. Gottfried Arnold/ Wie-
    der Hrn. D. Gottlieb Wernsdorff, Professorem Theologiae in Wittenberg,
    Greiz 1718.

vektiven der Gegner antwortete im folgenden Jahr 1719 auch Arnolds Perleberger Kollege Johann Kruse (Crusius) mit der Veröffentlichung seiner Leichpredigt, die er bei Arnolds Beerdigung gehalten hatte. Er fügte ihr einen „abgenöthigten Lehr=Prüf=Gewissens= und Warnungs-Spiegel[87] und Augen Salbe[88] für alle unbillige und unchristliche Censores des seel. Arnoldi" bei.[89]

Die erbaulichen Schilderungen der Vita im *Gedoppelten Lebenslauf* haben in der Literatur über Arnold[90] – z. T. bis ins 20. Jahrhundert hinein – in vielfacher Weise weitergewirkt. Ebenso blieben die dort mitgeteilten Daten das Grundgerüst für die Darstellung der Biographie Arnolds.[91] Während deren Aufhellung in den letzten Jahrzehnten einige erfreuliche Fortschritte gemacht hat,[92] stellt sie der Forschung doch noch eine große Fülle unerledigter Aufgaben.

---

87 Ein den Gegnern vorgehaltener Spiegel, der zur Belehrung, Prüfung, Gewissenserforschung und Warnung (vor unbedachten Urteilen) dienen soll.

88 Vgl. den Titel einer Schrift Konrad Bröskes: Augen=Salbe/ Vor den Hn. Democritum Und alle/ die seinen falschen Bezeugungen glauben/ Auß Liebe zu ihrer aller Genesung zubereitet, [Offenbach] 1700.

89 Johann Crusius, Gedächtniß-Rede, bey Beerdigung des [...] Herrn Gottfried Arnold [...], Anno 1714 d. 1. Junii gehalten [...] Wie auch einem abgenöthigten Lehr=Prüf=Gewissens= und Warnungs-Spiegel und Augen Salbe für alle unbillige und unchristliche Censores des seel. Arnoldi [...], Perleberg und Gardelegen 1719.

90 Vgl. die Bibliographie der Sekundärliteratur bei Hans Schneider, Arnold-Literatur 1714–1993, in: Blaufuß/Niewöhner 415–424.

91 Vgl. Hans Schneider, Daten zur Biographie Gottfried Arnolds, in: Blaufuß/Niewöhner 411–414; ders., (Abschnitte über Gottfried Arnold), in: GdP 1, S. 410–416 und 2, S. 116–119.

92 Vgl. zuletzt die Arbeit von Büchsel, Weg.

Literaturverzeichnis

Aufgeführt wird hier nur die häufiger und (mit Verfasser und ggf. Kurztitel) abgekürzt zitierte Literatur. Eine ausführliche Zusammenstellung der Sekundärliteratur bis 1993 findet sich bei Hans Schneider, Arnold-Literatur 1714–1993, in: Blaufuß/Niewöhner 415–424.

Blaufuß, Dietrich/Friedrich Niewöhner (Hgg.): Gottfried Arnold (1666–1714). Mit einer Bibliographie der Arnold-Literatur ab 1714, Wiesbaden 1995.

Büchsel, Jürgen: Gottfried Arnold. Sein Verständnis von Kirche und Wiedergeburt, Witten 1970.

Büchsel, Jürgen: Gottfried Arnolds Weg von 1696 bis 1705. Sein Briefwechsel mit Tobias Pfanner und weitere Quellentexte, Halle 2011.

Catalogus Bibliothecae B. Godofredi Arnoldi, Inspectoris et Pastoris Perlebergensis 1714 [Reprint bei Blaufuß/Niewöhner 337–410].

Dibelius, Franz: Gottfried Arnold. Sein Leben und seine Bedeutung für Kirche und Theologie. Berlin 1873.

Dörries, Hermann: Geist und Geschichte bei Gottfried Arnold, Göttingen 1963.

Mack, Rüdiger: Pietismus und Frühaufklärung an der Universität Gießen und in Hessen-Darmstadt, Gießen 1984.

Dünnhaupt, Gerhard: Personalbibliographien zu den Drucken des Barock. Zweite, verb. und wesentlich verm. Aufl. des Bibliographischen Handbuchs der Barockliteratur, I, Stuttgart 1990 [Arnold: 314–352].

Langen, August: Der Wortschatz des deutschen Pietismus, Tübingen ²1968.

Mißfeldt, Antje (Hg.): Gottfried Arnold. Radikaler Pietist und Gelehrter, Köln – Weimar – Wien 2011.

Schneider, Hans: Gesammelte Aufsätze, Bd. 1: Der radikale Pietismus, hg. v. Wolfgang Breul und Lothar Vogel, Leipzig 2011.

Schneider, Hans: Der radikale Pietismus im 17. Jahrhundert, in: Martin Brecht (Hg.), Geschichte des Pietismus, Bd. 1, Göttingen 1993, 391–437 [Arnold: 410–416].

Schneider, Hans: Der radikale Pietismus im 18. Jahrhundert, in: Martin Brecht (Hg.), Geschichte des Pietismus, Bd. 2, Göttingen 1995, 107–197 [Arnold: 116–119].

Seeberg, Erich: Gottfried Arnold. Die Wissenschaft und die Mystik seiner Zeit, Meerane 1923 [Reprint: Darmstadt 1964].

Spener, Philipp Jakob: Pia desideria, hg. v. Kurt Aland, Berlin ³1964.

Strieder, Friedrich Wilhelm: Grundlage zu einer Hessischen Gelehrten und Schriftsteller-Geschichte. Seit der Reformation bis auf gegenwärtige Zeiten, Bd. 1–20, Göttingen – Kassel – Marburg 1781–1863 [Ndr. Göttingen 1988–1989].

Abkürzungen

ADB	Allgemeine Deutsche Biographie
BBKL	Biographisch-bibliographisches Kirchenlexikon
DBE	Deutsche Biographische Enzyklopädie
GdP	Geschichte des Pietismus
LThK	Lexikon für Theologie und Kirche
NDB	Neue Deutsche Biographie
OB	Offenherziges Bekenntnis
PD	Pia desideria
PuN	Pietismus und Neuzeit
RE	Real-Encyklopädie für protestantische Theologie und Kirche
RGG	Die Religion in Geschichte und Gegenwart
TRE	Theologische Realenzyklopädie
UKKH	Unparteiische Kirchen- und Ketzerhistorie

Register der Personen

Manfred Jakubowski-Tiessen (Hrsg.)

Bekehrung unterm Galgen

Malefikantenberichte

168 Seiten | Paperback
ISBN 978-3-374-02855-9
EUR 19,80 [D]

Die hier zusammengetragenen Berichte handeln von Schwerverbrechern: von einem Mörder und einer Mörderin, die zum Tode verurteilt wurden. Sie handeln aber auch von den Pfarrern, die die »Malefikanten« vor ihrer Hinrichtung seelsorgerlich betreut haben. Aufgabe der Geistlichen war es, die Verurteilten vor ihrem Gang zum Schafott zu bekehren und zu einem öffentlichen Bekenntnis ihrer Umkehr zu bewegen.

Im 18. Jahrhundert haben dem Pietismus nahestehende Pfarrer detaillierte Aufzeichnungen darüber verfasst, wobei in der Schilderung die Grausamkeit des Verbrechens und die Gnadenhaftigkeit der Bekehrung bewusst zueinander in Spannung gesetzt wurden.

EVANGELISCHE VERLAGSANSTALT
Leipzig   www.eva-leipzig.de

Tel +49 (0) 341/ 7 11 41 -16   vertrieb@eva-leipzig.de